파워풀
일본어문법

파워풀 일본어문법

2011년 2월 10일 초판발행
2013년 2월 28일 개정판 1쇄 발행
2014년 2월 28일 개정판 2쇄 발행
2015년 2월 27일 개정판 3쇄 발행
2018년 3월 12일 개정판 4쇄 발행
2020년 2월 28일 개정판 5쇄 발행
2021년 8월 13일 개정판 6쇄 발행

저　자 / **배은정, 나유정, 정은주**
발행인 / **김홍구**
발행처 / **부산외국어대학교 출판부**
등　록/ 제 14-11-15호
주　소/ 46234 부산광역시 금정구 금샘로485번길 65
전　화/ 051) 509-6465, 6448 팩스/ 051) 509-6468
인터넷/ http://press.bufs.ac.kr
편　집/ 주간 · 손기섭, 디자인 · 권병철
인쇄처/ 세종문화사 (051) 463-5898
공급처/ 한국출판협동조합 (02) 716-5616~9

ISBN 978-89-8312-379-4 93730

값 15,000원

파워풀
일본어문법

| 배은정 · 나유정 · 정은주 공저 |

부산외국어대학교 출판부

머리말

본서는 일본어 기초문법을 학습한 일본어 전공 학부 학생들이 중・고급 수준의 일본어 문법 실력을 갖출 수 있도록 만들어진 문법수업용 교재이다. 시판되는 문법 교재들 대부분이 초급수준의 문법 내용만을 다루고 있거나 체계성이 결여된 경우가 많아 일본어 전공학생들의 수업용 교재로 채택하기 어려운 것이 현실이다. 이에 일본어 교육현장에서 일본어 문법수업을 담당하고 있는 교수자의 입장에서 일본어 전공학생들을 위한 문법교재 작성의 필요성에서 본서를 출간하게 되었다.

문장 안에는 말의 구성 및 운용상의 규칙이 담겨있고 이를 체계적으로 정립한 것이 문법이라고 할 수 있다. 일본어 문법 수업의 궁극적인 목적은 일본어학의 기초가 되는 일본어 문법의 정확한 이해를 통해 일본어 관련 제반분야에 응용할 수 있는 능력을 기르도록 하는 데에 있다. 이러한 능력 배양을 위하여 본서에서는 일본어의 기본구조를 파악할 수 있도록 품사론을 근간으로 하여 표현문법 형식으로 구성하였다. 표현문법은 문법사항의 개념설명 뿐 만 아니라 실생활에서의 구체적인 장면에 필요한 표현과 적절한 표현까지 함께 다룬 것이라 할 수 있다.

따라서 본서에서는 문법수업에서 학생들이 이해하기 힘든 문법사항과 유사표현 그리고 한국인 학습자들이 의문을 가지거나 오용을 일으키기 쉬운 부분에 대한 바른 표현을 제시하여 실제 언어생활에 활용할 수 있도록 하였다. 이는 각각의 문법항목에서도 제시가 되어있으며 문법사항이 녹아들어 있는 독해문제를 통해서도 장면에 따른 바른 표현을 익힐 수 있도록 하였다.

모쪼록 이 교재가 일본어학부 학생들의 일본어실력향상 및 바른 언어생활에 기여할 수 있기를 바라마지 않는다. 그리고 지면을 빌어 감수를 맡아주신 오다 야스히로 선생님과 독해문제를 출제해 주신 아홉 분의 부산외대 일본어학부 네이티브 선생님들께 다시 한 번 감사의 말씀을 드리며 본서의 출간을 위해 수고해주신 부산외대 출판부 담당자선생님께도 감사를 드린다.

집필진 일동

이 책의 구성과 특징

본서는 주 3시간의 문법수업으로 1학기와 2학기의 두 학기 동안 학습할 수 있도록 구성하였다. 즉, 한 주에 3시간씩 15주 동안으로 합계 45시간의 강의 분량이다. 문법사항의 알기 쉬운 설명과 체계성을 중시한 것이 본서의 가장 큰 특징이다. 각 문법사항별 본문 내용의 구성은 다음과 같다.

문법사항 설명 및 예문

- 각 문법사항별 접속방법과 중요 포인트는 한 눈에 알기 쉽도록 표로 정리.
- 각 문법사항 설명 이해를 돕기 위한 예문은 실제의 쓰임을 중시한 실용적인 예문으로 구성.

Tip

- 유사표현에 관한 차이점 등을 팁을 통해 간단하고 명료하게 제시.
- 간과하기 쉬운 것, 잘못사용하기 쉬운 문법 사항에 대한 보충설명.
- 문법적으로는 바르지만 대우표현의 관점에서 틀린 것에 대한 주의사항 설명.

Q&A

- 한국인 일본어 학습자가 의문을 가지기 쉬운 내용에 대해 한국어와 일본어의 문의 구조, 대우표현에 의한 차이에서 오는 뉘앙스의 차이가 잘 이해될 수 있도록 질의 답변 형식으로 구성.

심화학습

- 한 단계 더 높은 중・고급 수준의 문법으로 나아가기 위한 문법사항을 제시하여 좀 더 발전된 응용학습이 가능하도록 구성.

연습문제

- 각 문법항목에서 배운 문법사항을 확인학습하기 위한 문제로 구성.
- 객관식, 주관식 문제로 구성하여 문법사항 확인 및 작문 등의 응용학습이 가능하도록 구성.

독해문제

- 각 문법사항 학습 후 지문을 통해 실생활에서 쓰이는 문법사항을 다시 한 번 숙지하여 문법공부와 아울러 독해와 작문공부까지 가능하도록 구성.
- 실제의 문법사항이 어떤 상황에서 쓰이는 지의 이해를 돕고 바른 사용을 할 수 있도록 상황제시에 중점을 둔 구성.
- 독해지문은 보통체와 정중체의 2가지로 제시하여 문어체와 구어체를 둘 다 익힐 수 있도록 구성.
- 독해지문 작성은 다년간의 일본어교육경험을 가진 일본인 네이티브 교사들이 직접 작성.

목 차

3. 형용사 · 78

4. 동사 · 91

5. 시제(テンス) · 118

6. 상 (アスペクト) · 129

7. 수동 · 152

8. 사역 · 167

9. 사역수동 · 182

10. 가능 · 자발 · 192

14. 경어 • 350

15. 부사 • 383

16. 접속사 • 395

1 명사

자립어로 활용이 없으며 사물의 이름을 나타낸다. 주로 주어와 목적어가 될 수 있으며 아래에 「が」, 「は」, 「も」등의 조사를 붙여 사용한다. 명사는 크게 보통명사, 고유명사, 대명사, 수사 등이 있다.

1.1 보통명사

명사의 종류의 하나로 넓게 일반적인 사물을 가리킨다. 명사 중에서 가장 그 수가 많다. 물질을 나타내는 명사도 있으며, 추상적인 개념을 나타내는 명사도 있다.

ex) 山, 川, 鳥, 自動車, 勇気, 悲しみ, 平和, 真実 등

1.2 고유명사

사람, 장소, 국가, 작품명 등의 특정한 사물의 이름을 나타낸다.

ex) 富士山, 坊っちゃん, 釜山, 自民党, アメリカ 등

1.3 대명사

고유명사나 보통명사를 사용하지 않고 반복되는 것을 피하기 위해서 그 명칭 대신에 사용되어지는 명사이다.

(1) 인칭대명사

ex) 私, あなた, かれら, だれ 등

① 1인칭대명사 : 나, 즉 말하는 사람 자신을 가리키는 대명사이다.

・「わたし」 : 일반적인 1인칭 대명사로「わたし」보다 더 격식을 차린 것이「わたくし」이다.

ex) それはわたしの傘です。(그것은 내 우산입니다.)

・「ぼく」 : 남성어로, 남자아이들이 자신을 가리켜 부르거나, 성인 남성이 친밀감을 포함한 표현에 사용된다.

ex) ぼくはこの大学の職員です。(나는 이 대학의 직원입니다.)

cf) ぼく、何歳? (너, 몇 살이니?)

・「おれ」 : 남성어로, 동년배나 아랫사람에게 쓴다.

ex) おれはこれからも夢に向かって頑張るつもりだ。

(나는 앞으로도 꿈을 향해 노력할 작정이다.)

・「自分」 : 자기 자신을 가리키는 대명사이다.

ex) 自分のことは自分でやります。

(자신의 일은 자신이 하겠습니다.)

② 2인칭대명사 : 너, 당신 즉 상대방을 가리키는 대명사이다.

・「あなた」 : 2인칭을 지칭하는 일반적인 표현이다.

ex) あなたの名前は何ですか。(당신 이름은 무엇입니까?)

・「きみ」　: 동년배나 손아랫사람을 가리키는 말로, 주로 남자가 쓴다.

ex) きみはこの家の息子なの。(너는 이 집 아들이니?)

・「お前」　: 친한 상대에 대해서, 혹은 동년배 이하를 조금 쉽게 부르는 말이다.

ex) お前なんかにそんなこと言われたくない。

(너따위에게 그런 말 듣고싶지 않아!)

TIP

2인칭의 상대를 나타내는「あなた」는 정중한 표현이지만 그 사용에 주의할 점이 있다. 일반적으로「あなた」는 2인칭의 상대를 나타낼 때 사용한다고는 하지만 일상생활에서「あなた」가 사용되는 경우는 여보, 당신에 해당하는「あなた」와, 싸움을 할 경우 상대를 지칭해서 사용하는 경우 이외에는「あなた」를 지칭하여 사용하기 보다 상대의 이름을 부르는 경우가 많다. 이러한 이유로 윗사람에게「あなた」를 사용하는 것은 결례가 될 수 있기 때문에 주의가 필요하다. 윗 사람일 경우는 상대의 직책이나 직함을 붙여「山田先生」「木村社長」등과 같이 사용한다. 직함을 붙여 사용할 수 없는 경우에는 상대방의 이름에「さん」을 붙여 쓴다.

③ 3인칭대명사 : 제 3자를 가리키는 대명사이다.

・「彼」　: 3인칭 남자를 지칭하는 일반적인 표현이다.

ex) 彼は何をする人ですか。(그는 무엇을 하는 사람입니까?)

・「彼女」　: 3인칭 여자를 지칭하는 일반적인 표현이다.

ex) 彼女のことはよく知っています。

(그녀에 관해서는 잘 알고 있습니다.)

・「彼ら」　: 3인칭 복수를 지칭하여 사용하는 말이다.

ex) 彼らが生きる世界。(그들이 사는 세상.)

田中さんと木村さんのこと聞いた？彼ら、来月移動になるそうだよ。

(다나카씨랑 기무라씨 이야기 들었어? 그 사람들 다음 달에 인사이동이 된다고 하던데.)

◈ **인칭대명사 정리**

1인칭	わたし　わたくし　ぼく　おれ 自分
2인칭	あなた　君　お前
3인칭	彼　彼女　彼ら
부정칭	誰　どなた

(2) 지시 대명사

사물・장소・방향을 나타내는 대명사를 지시대명사라고 한다. 화자와 가리키는 사물의 위치 관계에 따라 나눌 수 있다. 지시 대명사는 크게 현장지시와 문맥지시로 나누어 생각할 수 있다.

ex) これ, それ, あれ, どれ, あちら 등

◈ **다양한 지시어**

가리키는 것		こ (이-)	そ (그-)	あ (저-)	ど(어느-)
명사적용법	사물을 가리키는 것	これ(이것)	それ(그것)	あれ(저것)	どれ(어느것)
	방 향	こちら(이쪽) こっち(이쪽)	そちら(그쪽) そっち(그쪽)	あちら(저쪽) あっち(저쪽)	どちら(어느쪽) どっち(어느쪽)
	장 소	ここ(여기)	そこ(거기)	あそこ(저기)	どこ(어디)
명사수식적 용법	수식하는 명사한정 수식하는 명사속성	この(이) こんな(이런)	その(그) そんな(그런)	あの(저) あんな(저런)	どの(어느) どんな(어떤)
부사적용법	방 법	こう(이렇게)	そう(그렇게)	ああ(저렇게)	どう(어떻게)

① 현장지시

대화를 하는 장면 중에서 눈에 보이는 것과 눈에 보이지 않는 것을 가리키면서 사용한다. 사용하는 방법은 한국어표현과 유사하다.

①－1. 말하는 사람이 듣는 사람과 같은 영역에 있다고 느끼고 있을 때의 사용방법

「こ」계열 : 말하는 사람과 듣는 사람의 영역에 있는 것을 가리켜 사용한다.

ex) A : この花はなんといいますか。(이 꽃은 뭐라고 합니까?)

B : これは百合といいます。(이건 백합이라고 합니다.)

「そ」계열 : 말하는 사람과 듣는 사람의 영역에서 조금 먼 것을 가리켜 사용한다.

ex) A : 私のかばんはどこにありますか。(제 가방은 어디에 있습니까?)

B : そこの机の上にあります。(거기 책상 위에 있습니다.)

「あ」계열 : 말하는 사람과 듣는 사람의 영역에서 「そ」계열로 나타내는 것보다 좀 더 멀다고 느끼는 것을 가리켜 사용한다.

ex) A : あれは何ですか。(저것은 무엇인가요?)

B : あれはパソコンです。(저건 컴퓨터입니다.)

①－2. 말하는 사람이 듣는 사람과 다른 영역에 속해있다고 느끼고 있을 때의 사용방법으로 눈에 보이지 않는 사물을 마치 눈에 보이는 듯이 설명할 수 있다.

「こ」계열 : 말하는 사람이 자신의 영역에 속해있다고 생각하는 것을 가리켜 사용한다.

「そ」계열 : 말하는 사람이 듣는 사람의 영역에 속해있다고 생각하는 것을 가리켜 사용한다.

ex) A : (別の部屋にあるお母さんに向かって)お母さん、これ何?

(엄마, 이거 뭐예요?)

B : これ何?って言われても私には見えないんだけど・・・。

(이게 뭐야라고 해도 나한텐 안 보이는데...)

A : あ、ごめん。(向うで箱を見せながら)この白い箱。(아, 미안. 이 흰색 상자)

B : それね。お祖父さんからのお土産。 (그거, 할아버지 선물.)

「あ」계열 : 말하는 사람이나 듣는 사람, 그 어느 쪽에도 속하지 않는다고 생각하는 것을 가리켜 사용한다.

ex) A :むこうからやってくる男の人は誰ですか。(저 쪽에서 오고 있는 남자는 누군가요?)

B :あの人は鈴木さんですよ。(저 사람은 스즈키씨에요.)

A :ああ、あの人が鈴木さんですか。(아, 저 사람이 스즈키씨인가요?)

② 문맥지시

말하는 사람과 듣는 사람이 화제로서 삼고 있는 사항이나, 기억 안에 있는 요소를 가리켜 사용하는 용법이다.

②－1「こ」그룹

: 화자와 청자가 공통적으로 거론된 내용을 알고 있을 때

ex) (수업에서 시대설명을 들으면서)

A : あのう、この時代にはもう冷蔵庫はありましたか。

(이 시대에는 벌써 냉장고가 있었습니까?)

B : いいえ、この時代には冷蔵庫はまだありませんでした。

(아니요, 이때에는 아직 냉장고는 없었습니다.)

②－2－1「そ」그룹

: 화자는 화제로서 나온 것을 알고 있지만, 청자는 모를 것이라고 화자가 생각하고 있을 때

ex) 今年の夏休みには沖縄に行きました。そこで古い友人に会いました。

(이번 여름방학에는 오키나와에 갔습니다. 거기에서 옛 친구를 만났습니다.)

②－2－2「そ」그룹 : 회화의 상대가 화제로서 거론한 것을 화자가 모를 때

ex) A : 先週、自分の夢について書いてくるようにと、お話しましたが…。

(지난주에 자신의 꿈에 대해서 적어오도록, 이야기했습니다만…)

B : えっ?そんな話は聞いていませんが。

(그런 이야기는 안 들었는데요.)

②－3「あ」그룹

: 화자와 청자 양쪽이 화제로 삼고 있는 것을 알고 있을 때(과거의 경험 등)

ex) あの時のステーキは本当においしかった。

(그 때의 스테이크는 정말 맛있었다.)

1.4 수사

수량을 세거나, 혹은 순서를 셀 때 사용하는 말을 수사라고 한다. 수사는 자립어로 활용이 없는 것은 명사와 같으나 단독으로 주어가 되는 경우가 적고, 수식어로서 쓰인다.

(1) 숫자를 나타내는 표현

① 한수사

중국의 한자의 유입에 따른 숫자로 한국, 일본에 비슷한 소리가 많다.

숫자	일본어	숫자	일본어	숫자	일본어	숫자	일본어	숫자	일본어
0	れい・ゼロ	1	いち	2	に	3	さん	4	よん・し
5	ご	6	ろく	7	なな (しち)	8	はち	9	きゅう (く)
10	じゅう	11	じゅういち	12	じゅうに	13	じゅうさん	14	じゅうよん (じゅうし)
15	じゅうご	16	じゅうろく	17	じゅうしち (じゅうなな)	18	じゅうはち	19	じゅうきゅう (じゅうく)
20	にじゅう	30	さんじゅう	40	よんじゅう (しじゅう)	50	ごじゅう	60	ろくじゅう
70	ななじゅう (しちじゅう)	80	はちじゅう	90	きゅうじゅう	100	ひゃく	200	にひゃく
300	さんびゃく	400	よんひゃく	500	ごひゃく	600	ろっぴゃく	700	ななひゃく
800	はっぴゃく	900	きゅうひゃく	1000	せん	2000	にせん	3000	さんぜん
4000	よんせん	5000	ごせん	6000	ろくせん	7000	ななせん	8000	はっせん
9000	きゅうせん	10000	いちまん	100000	じゅうまん	1000000	ひゃくまん	천만	せんまん
억	おく	조	ちょう						

② 고유수사

일본어의 경우는, 한국어와는 달리 1～10까지만 고유수사가 존재하며 10이후로는 한수사를 사용해 수를 센다.

숫 자	일본어	숫 자	일본어	숫 자	일본어
하나	ひとつ	둘	ふたつ	셋	みっつ
넷	よっつ	다섯	いつつ	여섯	むっつ
일곱	ななつ	여덟	やっつ	아홉	ここのつ
열	とお	열하나	じゅういち	열둘	じゅうに

③ 날짜와 시간을 나타내는 표현

◈ 달 　　　　　　　　　　　　　　　　　　　몇 월 : 何月(なんがつ)

월	일본어	월	일본어	월	일본어
1월	いちがつ	2月	にがつ	3월	さんがつ
4월	しがつ	5월	ごがつ	6월	ろくがつ
7월	しちがつ	8월	はちがつ	9월	くがつ
10월	じゅうがつ	11월	じゅういちがつ	12월	じゅうにがつ

◈ 일 　　　　　　　　　　　　　　　　　　　몇 일 : 何日(なんにち)

일	일본어	일	일본어
1일	ついたち cf)いちにち	2일	ふつか
3일	みっか	4일	よっか
5일	いつか	6일	むいか
7일	なのか	8일	ようか
9일	ここのか	10일	とおか
11일	じゅういちにち	12일	じゅうににち
13일	じゅうさんにち	14일	じゅうよっか
15일	じゅうごにち	16일	じゅうろくにち
17일	じゅうしちにち	18일	じゅうはちにち
19일	じゅうくにち	20일	はつか
21일	にじゅういちにち	22일	にじゅうににち
23일	にじゅうさんにち	24일	にじゅうよっか
25일	にじゅうごにち	26일	にじゅうろくにち
27일	にじゅうしちにち	28일	にじゅうはちにち
29일	にじゅうくにち	30일	さんじゅうにち
31일	さんじゅういちにち		

◆ 시　　　　몇 시 : 何時(なんじ)

1시	いちじ	2시	にじ	3시	さんじ	4시	よじ
5시	ごじ	6시	ろくじ	7시	しちじ	8시	はちじ
9시	くじ	10시	じゅうじ	11시	じゅういちじ	12시	じゅうにじ

◆ 분　　　　몇 분 : 何分(なんぷん)

1분	いっぷん	2분	にふん	3분	さんぷん	4분	よんぷん
5분	ごふん	6분	ろっぷん	7분	ななふん	8분	はっぷん
9분	きゅうふん	10분	じゅっぷん じっぷん	11분	じゅういっぷん	12분	じゅうにふん
20분	にじゅっぷん (にじっぷん)	30분	さんじゅっぷん (さんじっぷん) (はん(半))	40분	よんじゅっぷん (よんじっぷん)	50분	ごじゅっぷん (ごじっぷん)

◆ 그 외 시간을 나타내는 표현

그저께	어제	오늘	내일	모레
おととい 一昨日	きのう 昨日	きょう 今日	あした 明日	あさって 明後日
지지난주	지난주	이번주	다음주	다다음주
せんせんしゅう 先々週	せんしゅう 先週	こんしゅう 今週	らいしゅう 来週	さらいしゅう 再来週
지지난달	지난달	이번달	다음달	다다음달
せんせんげつ 先々月	せんげつ 先月	こんげつ 今月	らいげつ 来月	さらいげつ 再来月
재작년	작년	올해	내년	내후년
おととし 一昨年	きょねん 去年	ことし 今年	らいねん 来年	さらいねん 再来年

◈ 그 외 대표적인 조수사

물건 일반(~개)	작은 물건 (~개)	긴 물건 (~송이, 자루)	얇은 물건 (~장)	책 (~권)	나이 (~살)	작은 동물 (~마리)	사람 (~명)
ひとつ 一つ	いっこ 一個	いっぽん 一本	いちまい 一枚	いっさつ 一冊	いっさい 一才	いっぴき 一匹	ひとり 一人
ふたつ 二つ	にこ 二個	にほん 二本	にまい 二枚	にさつ 二冊	にさい 二才	にひき 二匹	ふたり 二人
みっつ 三つ	さんこ 三個	さんぼん 三本	さんまい 三枚	さんさつ 三冊	さんさい 三才	さんびき 三匹	さんにん 三人
よっつ 四つ	よんこ 四個	よんほん 四本	よんまい 四枚	よんさつ 四冊	よんさい 四才	よんひき 四匹	よにん 四人
いつつ 五つ	ごこ 五個	ごほん 五本	ごまい 五枚	ごさつ 五冊	ごさい 五才	ごひき 五匹	ごにん 五人
むっつ 六つ	ろっこ 六個	ろっぽん 六本	ろくまい 六枚	ろくさつ 六冊	ろくさい 六才	ろっぴき 六匹	ろくにん 六人
ななつ 七つ	ななこ 七個	ななほん 七本	ななまい 七枚	ななさつ 七冊	ななさい 七才	ななひき 七匹	ななにん 七人
やっつ 八つ	はっこ 八個	はっぽん 八本	はちまい 八枚	はっさつ 八冊	はっさい 八才	はっぴき 八匹	はちにん 八人
ここのつ 九つ	きゅうこ 九個	きゅうほん 九本	きゅうまい 九枚	きゅうさつ 九冊	きゅうさい 九才	きゅうひき 九匹	きゅうにん 九人
とお 十	じゅっこ 十個	じゅっぽん 十本	じゅうまい 十枚	じゅっさつ 十冊	じゅっさい 十才	じゅっぴき 十匹	じゅうにん 十人

TIP

(1) 조수사의 음운의 변화

① 조수사가 か행으로 시작하는 경우, 「1・6・8・10」의 경우 촉음화할 경우가 많다.

ex) 1 回 (いっかい), 6 件(ろっけん), 8階(はっかい), 10個(じゅっこ, じっこ) 등

② 조수사가 さ행, た행으로 시작하는 경우, 「1・8・10」의 경우 촉음화 한다.

ex) 1足(いっそく), 8頭(はっとう), 10足(じゅっそく) 등

③ 조수사가 か행, さ행, た행으로 시작하는 경우, 「3」「何」의 경우는 탁음화하는 경우도 있다.

ex) 3階(さんがい), 3足(さんぞく) 등

④ 숫자에 は행으로 시작하는 조수사가 접속하는 경우, 숫자는 촉음화하며 조수사는 음이 변화한다.

a. 「1・3・6・8・10」의 수에 조수사가 접속하면 조수사는 ／p／행음이 되는 경우도 있다.

ex) 一泊(いっぱく), 3品(さんぴん), 6 版(ろっぱん), 10本(じゅっぽん) 등

b. 「3」「何」의 경우는 탁음화하고, 「1・6・8・10」에서는 ／p／행음이 되는 경우도 있다.

ex) 3本(さんぼん), 何本(なんぼん), 一匹(いっぴき), 6杯(ろっぱい) 등

(2) 명사의 연탁현상

명사와 명사가 합쳐져 하나의 복합명사를 만들 경우, 뒤를 잇는 단어의 첫 음인 청음이 탁음이 되는 현상을 연탁현상이라고 한다. 연탁현상은 주로 한어나 외래어에서보다는 화어(和語)에서 자주 발생한다.

ex) 本(ほん) ＋ 棚(たな) → 本棚(ほんだな)
腕(うで) ＋ 時計(とけい) → 腕時計(うでどけい)
花(はな) ＋ 火(ひ) → 花火(はなび)
三日(みっか) ＋ 月(つき) → 三日月 (みかづき)
鼻(はな) ＋ 血(ち) → 鼻血(はなぢ)
雨(あめ) ＋ 傘(かさ) → 雨傘(あまがさ)

그러나 일반화된 한어에서도 연탁현상이 일어나는 경우가 있다.

ex) 株式(かぶしき) ＋ 会社(かいしゃ) → 株式会社(かぶしきがいしゃ)

1.5 전성명사

(1) 동사의 전성

해당동사에 「ます」를 접속할 때의 형태, 즉 「ます」만 떼어내면 명사가 된다.

ex) 上(のぼ)る(올라가다) – 上(のぼ)り(상행)　　下(くだ)る(내려가다) – 下(くだ)り(하행)
　　話(はな)す(말하다) – 話(はな)し(이야기)　　読(よ)む(읽다) – 読(よ)み(읽기)
　　書(か)く(쓰다) – 書(か)き(쓰기)　　考(かんが)える(생각하다) – 考(かんが)え(생각)

(2) 형용사의 전성

형용사의 어미를 떼고 「さ」나 「み」를 붙여 만든다. 「さ」는 い형용사 ・な형용사 모두를 명사화하지만, 「み」는 모든 형용사에 붙는다고는 할 수 없다.

a. 형용사를 전성시키는 경우, 「さ」는 외래어계, 한자어계, 화어계 등 다양한 종류의 단어에 붙어 사용될 수 있다. 내용의 정도를 나타내거나 그 내용을 객관적인 것으로 나타낸다.

ex1) 広(ひろ)い – 広(ひろ)さ(넓이)　　長(なが)い – 長(なが)さ(길이)
　　重(おも)い – 重(おも)さ(무게)　　暑(あつ)い – 暑(あつ)さ(더위)

このかばんの重さはどれくらいですか。(이 가방의 무게는 어느정도 입니까?)

ex2) 親切(しんせつ)だ – 親切(しんせつ)さ(친절함)　　賑(にぎ)やかだ – 賑(にぎ)やかさ(번화함)
　　綺麗(きれい)だ – 綺麗(きれい)さ(아름다움)

北海道に住んでおりますので、梅雨時の不快さは殆ど知りません。
(홋카이도에 살고 있기 때문에 장마 때의 불쾌감은 전혀 모릅니다.)

b. 「み」는 「さ」에 비해 사용범위가 좁으며 한정된 단어에 붙는 특징이 있다. 단어의 내용을 주관적, 감각적, 촉각적으로 나타낼 수 있다.

ex) 重い－重み(중후함) / 重さ(무게), 甘い－甘み(단맛) / 甘さ(당도)
深い－深み(깊음) / 深さ(깊이)

ex) 重みのあることば。(중후함이 있는 말.)
この石の重さはどれくらいですか。(이 돌의 무게는 어느 정도입니까?)
あの作家の本は、読めば読むほどその深みにはまる。
(저 작가의 책은 읽으면 읽을수록 그 깊음에 빠져든다.)
この川の深さは何メートルくらいですか。(이 강의 깊이는 몇 미터 정도입니까?)

1.6 형식명사

실질명사에 대비되는 용어로, 실질적인 의미를 가지지 않으나 보충하는 수식어에 의해 비로소 의미를 가지게 되는 명사이며 보통 ひらがな로 표기한다.

(1) こと

「事」라고 하는 실질명사에서 파생한 것이다.

① 기본적으로 「こと」는 문장과 어구에 대해 추상적인 사항과 개념을 표시한다. 보통 '～것, ～짓, ～일'등으로 해석된다.

ex) 夜遅くお腹一杯食べるのは悪いことです。(밤 늦게 많이 먹는 것은 나쁜 짓이다.)
私の日本語勉強法は毎日欠かさずラジオを聞くことです。
(나의 일본어 공부법은 매일 빠지지 않고 라디오를 듣는 것입니다.)

② 「사전형 + ことがある」의 형태로 때때로 어떤 상태가 된다, 혹은 어떠한 일이 발생함을 나타낸다.

ex) 冬には大雪注意報が出ることがあります。(겨울에는 대설주의보가 날 때가 있습니다.)
勉強のために外泊することがあります。(공부를 위해서 외박을 하는 경우가 있습니다.)

③ 과거의 경험을 나타낼 때 「동사의 과거형 + ことがある(~한 적이 있다)」라는 문형으로 사용된다.

ex) 私は福岡に行ったことがあります。(저는 후쿠오카에 간 적이 있습니다.)
ベトナム料理を食べたことがあります。(베트남요리를 먹은 적이 있습니다.)

④ 「사전형・ない가 접속된 형 + こと」의 형태로 명령이나 지시를 나타낸다. 윗 사람에게 사용하면 실례가 된다.

ex) 寝る前には歯を磨くこと。(자기 전에 이를 닦을 것.)
人の悪口は言わないこと。(다른 사람에 관한 나쁜 이야기는 말하지 말 것.)

⑤ 「~ことになっている」의 형태로 예정이나 결정사항, 규칙을 나타낼 때 사용된다.

ex) 今日、先生が親に会うことになっている。(오늘 선생님과 부모님이 만나기로 되어 있다.)
観光客は帰りに釜山に寄ることになっている。
(관광객은 돌아가는 길에 부산에 들르게 되어 있다.)
実習に行ったときは必ず実習ノートを書くことになっています。
(실습을 갔을 때는 꼭 실습노트를 쓰도록 되어 있습니다.)

(2) ところ

「所」에서 파생한 형식명사로 추상적인 장소를 나타내거나 시간적인 폭을 가진 장면에 사용된다.

① 어떤 사실을 명사화한다. '～바, ～점' 등으로 해석된다.

ex) みなさんのご活躍を願うところです。(여러분의 활약을 바라는 바입니다.)
そんなことは君の知るところではない。 (그런 것은 네가 알바가 아니다.)

②「동사의 사전형 ＋ ところだ」의 형태를 취해 동작이 일어나기 직전의 상태, 즉 '～하려는 참이다' 의 의미를 나타낸다.

ex) これから弁当を作るところです。(지금부터 도시락을 만들려는 중입니다.)
今、彼に電話するところです。 (지금, 그에게 전화하려는 참입니다.)

③ 동작이 지금 이루어지고 있음을 「～ている ＋ ところだ(지금～하고 있다, 한참～하고 있다)」의 형태로 나타낸다.

ex) 今、試験を受けているところです。 (지금 시험을 치고 있는 중입니다.)
いろいろな意見を聞きながら分析を進めているところです。
(여러 의견을 들으면서 분석을 진행하고 있는 중입니다.)

④ 동작이 실현된 직후를 나타내며「동사의 과거형＋ところだ(막～했다, 막～한 참이다)」의 형태를 취한다.

ex) 今、ご飯を食べ終わったところです。(지금, 밥을 먹은 참입니다.)
先、その件について聞いたところです。(지금 막 그 건에 대해서 들었습니다.)

(3) もの

「物」라고 하는 명사가 그 출발이다.

① 보통 '～하는 법(것)이다, ～하기 마련이다'라는 뜻으로 당연한 귀결을 나타낸다.

ex) 冬は雪が降るものです。(겨울은 눈이 오는 법입니다.)

学生時代を思いだすというのはなかなか楽しいものです。

(학생시절을 떠올리는 건 꽤나 즐거운 것입니다.)

② 과거형에 접속하여, 과거의 회상을 나타낼 수 있다.

ex) 結婚する前はよく映画を見たものです。(결혼하기 전에는 자주 영화를 보곤 했었다.)

日本にいた頃はよく歌舞伎を見にいったものです。

(일본에 있었을 때는 자주 가부키를 보러가곤 했었다.)

③ 말하는 사람의 놀라움, 감탄, 영탄 등을 나타낸다.

ex) ミステリー小説の話の展開は最後までわからないものですね。

(미스터리 소설의 이야기전개는 마지막까지 모를 것이네요.)

世の中、便利になったものですねえ。(세상 참 편리한 것이 되었네요.)

(4) わけ

「訳」라고 하는 실질명사에서 파생한 것이다.

①「～わけだ」의 형태를 취하여 당연함을 나타낸다. 또한,「～というわけだ」의 형태로는 상황설명으로 사용되는데 윗사람에게 쓰면 건방지게 들릴 수도 있어 사용상 주의가 필요하다.

ex) 冬が近づいているから、寒いわけですね。

(겨울이 가까워지고 있기 때문에, 추운 것이네요.)

これこそ日本語の基本というわけです。

(이것이야말로 일본어의 기본이라고 하는 것입니다.)

② 「~わけがない」의 형태로 단정이나 확신을 나타낸다.

: '~ 일 리가 없다'로 해석됨

ex) 日本の常識が海外でも通用するわけがありません。

(일본의 상식이 해외에서도 통용될 리가 없습니다.)

夏に雪が降るわけがない。(여름에 눈이 올 리가 없다.)

③ 「~わけにはいかない」의 형태로 불가능을 나타낸다.

: '~할 수는 없다' 로 해석됨

ex) 彼とだけの約束を話すわけにはいきません。

(그하고만 한 약속을 말할 수는 없습니다.)

仕事があるので毎日君と会うわけにはいきません。

(일이 있기 때문에 매일 당신과 만날 수 없습니다.)

심화학습 : 「の」와 「こと」의 쓰임에 대하여

(1) 「の」를 주로 사용하는 경우

① 술어에 「見る, 見える, 聞く, 聞こえる, 気がつく… 」 등 감각・감정에 관련된 어구가 오는 경우

ex) 先生がタバコを吸っているのを見た。(선생님이 담배 피는 것을 보았다.)

家に食べるものが何もないのに気がついた。(집에 먹을 것이 아무것도 없는 것을 알았다.)

② 대신 사용가능한 명사가 확실한 경우

ex) 人の話を聞くのは、悪い。(の=행동)

(타인의 이야기를 듣는 것은 나쁘다.)

ドアを閉めたのは、部屋を暖かくするためです。(の=목적)

(문을 닫은 것은 방을 따뜻하게 하기 위함입니다.)

(2)「こと」를 주로 사용하는 경우

① 해당 문장과 어구에 대한 추상적인 사항과 개념을 표시해야 하는 경우

ex) 彼女はこんなことを言いました。(그녀는 이런 말을 했습니다.)
家族のことを考えます。(가족을 생각합니다.)

②「ことができる(할 수 있다)」「ことがある(한 적이 있다)」「ことにする(하는 것으로 정하다)」등, 해당형식으로 굳어져 있는 표현의 경우

ex) 私は片手で自転車に乗ることができます。(나는 한손으로 자전거를 탈 수 있습니다.)
映画館で一人で映画を見たことがある。(영화관에서 혼자 영화를 본 적이 있다.)
今日は寒いので、出かけないことにする。(오늘은 추워서, 외출하지 않기로 한다.)

(3)「の」와「こと」모두 사용가능

술어로「好きだ, 嫌いだ, 上手だ, 下手だ, 楽しい, 知っている」가 사용되는 경우

ex) 酒を飲むのは好きだ。酒を飲むことは好きだ。(술마시는 것을 좋아한다.)
ケーキを作るのは楽しい。 ケーキを作ることは楽しい。(케익만드는 것은 즐겁다.)

| **정리** | の : 구체적 こと : 추상적

1.7 복합명사

두 개 이상의 단어가 합쳐져 하나의 단어가 된 명사로 여러 가지 결합의 형태가 있다.

ex) ① 명사 + 명사 : 修学旅行(しゅうがくりょこう)(수학여행), 絵心(えごころ)(그림소질)

② 명사 + 형용사(어간) : 気長(きなが)(느긋함), 手短(てみじか)(간단함)

③ 명사 + 동사(ます形) : 花見(はなみ)(꽃놀이), 水遊び(みずあそび)(물놀이), 夏休み(なつやすみ)(여름방학)

④ 동사(ます形) + 명사 : 踊り子(무용수), 書き方(쓰는 법), 忘れ物(분실물)

⑤ 동사(ます形) + 동사(ます形) : 売り切れ(매진), 待ち合わせ(약속), 出入り(출입)

⑥ 형용사(어간) + 명사 : うれし涙(기쁜 눈물), 安物(싼 물건)

⑦ 형용사(어간) + 동사(ます形) :早起き(일찍일어남), 安売り(염가판매), 遠回り(우회)

⑧ 같은 명사가 겹쳐 진 것 : 人々(사람들), 山々(산들)

Q&A

Q) 한자「中」자는 어떤 경우에「じゅう」, 어떤 경우에「ちゅう」로 읽히나요?

A) 한자 中자는「じゅう、ちゅう」등 읽는 방법이 복수로 있어서 번거로움이 있죠? 일반적으로「じゅう」는 주로,「~の間(あいだ)ずっと」라고 하는 의미를 나타냅니다. 또한「ちゅう」는「~しているところ」라고 하는 의미를 나타냅니다. 이하, 좀 더 구체적인 예를 들어 설명해 보기로 하죠.

(1) 시간 및 공간을 나타내는 표현 뒤에 붙어, 처음부터 끝까지의 의미, 혹은 어느 한정된 시간이나 범위의 전체라는 의미로 사용되는 경우라면「じゅう」로 읽습니다.

ex) 一日中, 年中, 世界中, 学校中, 家中, 国中 등

(2) 마침 그 행위나 동작을 하고 있는 도중이라는, 혹은 지금 하고 있다는 의미로 사용되는 경우라면「ちゅう」로 읽습니다.

ex) 準備中, 不在中, 旅行中, 食事中, 仕事中, 使用中 등

연 습 문 제

1. 다음 ( )에 들어갈 적당한 것을 아래에서 고르시오.

(1) 昨年の前の年は( )といいます。

① おととい ② おとし ③ おととし ④ あさって

(2) 日本にはまだ行った( )がないです。

① の ② もの ③ こと ④ ところ

(3) もうこれ以上延ばす( )にはいかない。

① もの ②の ③ こと ④ わけ

(4) 図書館の本を借りたら必ず返す( )。

① もの ② と ③ の ④ こと

(5)「高橋さん、その腰につけているのは何ですか。」「( )、万歩計ですよ。」

① これは ② それが ③ あれは ④ そちらは

2. 제시된 문장이 되도록 ( )안에 들어갈 적당한 형식명사를 넣으시오.

(1) 지금 밥을 먹고 있는 중입니다. ⇒ 今、ご飯を食べている( )です。

(2) 친구에게 거짓말을 하지 말 것! ⇒ 友だちにうそをつかない( )。

(3) 가난한 그에게 돈이 있을 리 없다. ⇒ 貧乏な彼にお金がある( )がない。

(4) 인생이란 참 모를 것이네요. ⇒ 人生って、分からない( )ですね。

(5) 일본에 여행을 한 적이 있습니다. ⇒ 日本へ旅行に行った( )があります。

3. 다음 (　　) 안에서 적당한 쪽을 고르시오. (모두 가능한 경우도 있음)

(1) 今朝、犬が車にはねられた（こと ／ の）を見た。

(2) 先生が賞をもらった（こと ／ の）をとてもうれしく思います。

(3) 私の趣味は写真を撮る（こと ／ の）です。

(4) 私の今の目標は大学院の試験に合格する（こと ／ の）だ。

(5) 昨日日本でまた地震があった（こと ／の）は知らなかった。

4. 다음 문장을 한국어로 옮기시오.

(1) 夜遅く電話をかけるものではない。

⇒ ______________________________

(2) 今、家に帰ってきたところです。

⇒ ______________________________

(3) あの大統領として有名なリンカーンは、こんなことを言いました。

⇒ ______________________________

(4) 私は日本語を教えるのが仕事です。

⇒ ______________________________

5. 다음 문장을 일본어로 옮기시오.

(1) 당신은 누구십니까?

⇒ ______________________________

(2) 교실 안에 선생님이 1명, 학생이 25명 있습니다.

⇒ ______________________________

(3) 어느 것이 당신 우산입니까?

⇒ ______________________________

(4) 나쁜 소문이란 빨리 퍼지는 거야.

⇒ ______________________________

(5) 어제 일을 평생 잊지 못 합니다.

⇒ ______________________________

독 해 문 제 1

「せっかく韓国まで行ったのに、お土産はキムチとノリだけ?」

「韓国と言えば?」という質問に対して、日本人から「キムチ」とか「韓国のり」という答えが返ってきます。それほどこれらの食べ物は、現代の日本人の食生活に浸透したと言ってもいいでしょう。ただ、日本でも韓国の食品をたくさん見かけるようになったせいか、キムチとノリ以外にも違ったお土産を頼まれることもあります。

そんなわけで、最近はちょっと変わった韓国のものが人気なんだそうです。それは、「BBクリーム」や「パック」をはじめとする化粧品、調味料の「ダシダ」、伝統酒「マッコリ」なんだそうです。日本のテレビで有名人が紹介したのをきっかけに、一気に広まりました。そして、日本人旅行客がこれらの品物を買う場所も、免税店やデパートなどのお土産物売り場ではなく、ロッテマート・Eマート・MEGAマート等の大型ショッピングセンターなんだそうです。そういえば、最近こんな大型ショッピングセンターにも日本語が上手な店員さんを見かけますね。

このような大型ショッピングセンターは、観光客用のお土産品店に比べ格安なのはもちろん、いろいろな品物がワンフロアにあるので、市場の中を行ったり来たりする手間が省けます。また、現代韓国の衣・食・住文化を一度に知ることができるので、手ぶらでうろうろするだけでも十分に楽しめます。しかも、ラッキーなことに試食コーナーがたくさんありますね。それだけでもお腹一杯！

でも、たまには免税店にしか無い「コチュジャン・チョコ」や「キムチ・チョコ」も食べたくなりますよね。話のネタにこんなお土産を買ってみるのも楽しいですよ。みなさんも、もし日本人へのお土産で悩んだ時は、日本で有名なものばかりじゃなくて、ショッピングセンターに行って日本にはまだ無い「本場韓国の味」を発見してみてはいかがでしょうか。

(1) 本文の内容と合っているものすべてに○をつけなさい。

(　　) 韓国と言えば「ビビンバ」だ。
(　　) 最近、大型ショッピングセンターでお土産を買う日本人観光客が増えている
(　　) 大型ショッピングセンターでは、日本語が通じない。
(　　) 市場で買い物をするのが韓国旅行の魅力だ。
(　　) 日本人はキムチや韓国のりが好きだが、お土産ではほしくない。
(　　) コチュジャン・チョコは大型ショッピングセンターでも安い。

(2) 次の単語を普通名詞と固有名詞に分けなさい。

化粧品 ダシダ BBクリーム パック 大型ショッピングセンター
伝統酒 Eマート ロッテマート 免税店 お土産 調味料 韓国 日本人

[普通名詞] ____________________
[固有名詞] ____________________

(3) あなたが日本人にお勧めしたい韓国のお土産は何ですか。

(品名:　　　　)
理由：____________________
(品名:　　　　)
理由：____________________

독 해 문 제 2

「国民の祝日」

みなさんは、「ゴールデンウィーク」という言葉を聞いたことがあるだろうか。これは、日本の「国民の祝日」で4月下旬から5月上旬の連休のことである。そこで、日本の祝日を紹介しよう。(以下は2013年の国民の祝日)

1月1日「元日」：1年の初めを祝う日
1月14日(第2月曜日)「成人の日」：大人になったことを自覚し、祝う日
2月11日「建国記念日」：日本の建国を祝い、国を愛する心を育てる日
3月20日「春分の日」：自然と生き物を大切にする日※
4月29日「昭和の日」：変化の大きかった昭和の時代を思い、国の将来を考える日
5月3日「憲法記念日」：日本国憲法施行を記念する日
5月4日「みどりの日」：自然に感謝する日
5月5日「こどもの日」：子どもの幸せを願い、母に感謝する日
7月15日 (第3月曜日)「海の日」：海に感謝し、海洋国日本の繁栄を願う日
9月16日 (第3月曜日)「敬老の日」：老人を敬愛し、長寿を願う日
9月23日「秋分の日」：祖先を敬い、亡くなった人を思う日※
10月14日(第2月曜日)「体育の日」：スポーツにしたしみ、健康な心身をつちかう
11月3日「文化の日」：自由と平和と文化を愛する日
11月23日「勤労感謝の日」：勤労を尊重し、国民がいっしょに感謝する日
12月23日「天皇誕生日」：天皇の誕生日を祝う日
※：年によって日が異なる

休日はこれだけではない。例えば、2013年5月5日は子供の日だが日曜日なので、翌日の6日月曜日も休日となる。これを「振り替え休日」と言う。また、その前日と翌日が祝日

の日も休日となる。2009年の場合、9月22日火曜日は、前日が敬老の日、翌日が秋分の日のため、休日となった。2009年5月3日の憲法記念日は日曜日、4日、5日も祝日のため、6日の水曜日が祝日となった。しかし、これほど祝日は多いのだが、どれだけの人々がこれを理解し、祝っているかは疑問である。ちなみに、日本では一般的に、陰暦ではなく陽暦を使う。

(1) 祝日のルールとして正しくないものを１つ選びなさい。

① 祝日が日曜日の時は、次の日は休み。
② 前の日と次の日が祝日の時は、その日は休み。
③ 日曜日は祝日ではなく、火曜日が祝日の時は、月曜日は休みではない。
④ 日曜日が祝日、月曜日も祝日の時は、火曜日は休み。
⑤ 金曜日が祝日の時は、土曜日は休み。

(2) 本文の内容と合っているものを全て選びなさい。

① 2013年5月6日は休日ではない。
② 日曜日が祝日の時は、次の日は「振り替え休日」と言って休みになる。
③ 2013年のゴールデンウィークは4月27日から5月6日だ。
④ 国民の祝日は毎年同じ日である。
⑤ 日本では普通、陽暦で考える。

2 조사

활용을 하지 않고 독립성이 가장 약하며 그 뜻도 구체적이지 않은 품사이다. 주로 하나하나의 명사가 동사, 형용사, 다른 명사에 대해 어떤 관계를 가지고 연결되어 가는지를 나타내는데, 다시 말하면 다른 말과의 문법적인 관계를 나타내거나, 의미를 더하는 역할을 하는 것이 조사이다. 격조사, 접속조사, 부조사, 종조사의 4가지 종류가 있다.

2.1 격조사

체언(명사, 대명사, 수사 등)에 부속하여, 문중의 다른 요소와의 관계를 나타내는 조시로 격조사가 명사와 동사와의 관계를 명확히 나타내고 있어 문절을 전후로 위치를 바꿔어도 문장이 성립한다. 일본어의 격조사로는「が, を, に, の, で, へ, と, から, や, より」10종류가 있다.

(1)「が」: 이(가)

① 동작이나 상태, 변화의 주체를 나타낸다.

ex) 山田さんが来ました。(야마다씨가 왔습니다.)
子供が勉強している。(아이가 공부하고 있다.)
花が咲く。(꽃이 피다.)

② 일반적으로 동작의 대상은 「を」로 나타내지만, 희망(～たい, ～ほしい)이나 좋고 싫음 (～好き, ～嫌い), 능력(～上手だ, ～下手だ)등의 대상을 나타내는 경우, 조사 「が」가 사용되기도 한다.

ex) おいしいコーヒーが飲みたい。(맛있는 커피를 마시고 싶다.)
新しい電子辞書がほしい。(새 전자사전을 갖고 싶다.)
海が好きだ。(바다를 좋아한다.)
あの人は日本語がわかる。(저 사람은 일본어를 안다.)

(2) 「**を**」 : 을(를)

① 동작과 작용의 목적어가 되는 대상을 나타낸다.

ex) 日曜日は洗濯をする。(일요일은 빨래를 한다.)
家で本を読む。(집에서 책을 읽는다.)

② 출발점, 통과점, 장소, 이동경로를 나타낸다.

ex) 大学を卒業する。(대학을 졸업한다.)
4時に家を出る。(4시에 집을 나선다.)
あの橋を渡る。(저 다리를 건넌다.)
私は毎朝公園を走る。(나는 매일 아침 공원을 달린다.)
山を越える。(산을 넘는다.)

③ 경과할 시간을 나타낸다.

ex) 充実した時間を過ごす。(유익한 시간을 보낸다.)
12時を少し過ぎる。(12시를 조금 넘긴다)

④ 생산물을 나타낸다.

ex) 湯を沸かす。(물을 끓인다)

人形を作る。(인형을 만든다)

(3)「の」: 의

①「명사+の+명사」의 형태로 체언을 수식(연체수식)한다. 이 경우「の」는 우리말의 '~의'에 해당되는 조사로, 한국어의 경우에는 명사와 명사 사이에 조사'~의'가 꼭 들어갈 필요는 없지만, 일본어의 경우「の」가 들어가야만 한다. 이 때「の」는 여러 가지의 뜻을 나타낸다.

ex) あしたのテストは9時半からです。(내일 테스트는 9시 반부터 입니다.)

日本語の授業 (일본어 수업) 〈속성〉

英語の辞書 (영어 사전) 〈속성〉

わたしの家 (우리 집) 〈소유〉

友達のえんぴつ (친구의 연필) 〈소유〉

社長の木村さん (사장인 기무라씨) 〈동격〉

釜山外大の近藤さん (부산외대의 곤도씨) 〈소속〉

はさみは机の上にあります。(가위는 책상 위에 있습니다.) 〈장소〉

② 복문(하나의 문장 안에 두 개의 문이 포함되는 문)인 경우, 종속된 문에 포함되는 주어가 뒤를 잇는 명사, 대명사를 수식할 때「の」를 취한다.

ex) 彼の言ったことは正しい。(그가 말한 것은 바르다.)

上司に自分の考えたことを説明する。(상사에게 자신이 생각한 것을 설명한다.)

③ 병행, 열거를 나타낸다.

ex) 忙しいの、疲れるのと毎日が大変です。(바쁘다느니, 피곤하다느니 매일이 힘듭니다.)

(4)「に」: 에

① 구체적인 사물이나 존재가 있는 장소를 나타낸다.

ex) カバンの中に本がある。(가방 안에 책이 있다.)
教室に学生がいる。(교실에 학생이 있다.)

② 도착점을 나타낸다.

ex) 家に帰る。(집에 돌아가다.)
成田空港に到着する。(나리타공항에 도착하다.)

③ 소유자를 나타낸다.

ex) 姉に子供が3人いる。(누나에게 아이가 3명 있다.)

④ 동작의 목적을 나타낸다.

ex) 工場へ見学に行く。(공장에 견학하러 가다.)
友たちに会いに行く。(친구를 만나러 가다.)

⑤ 비교의 기준이나 빈도를 나타낸다.

ex) 娘は私に似ている。(딸은 나를 닮았다.)
1日に3回歯磨きをする。(하루에 3번 이를 닦는다.)

⑥ 동작의 상대방, 동작, 작용의 대상을 나타낸다.

ex) 家族に電話をかける。(가족에게 전화를 걸다.)
彼に本を送る。(그에게 책을 보낸다.)

子どもにピアノを教えます。(아이에게 피아노를 가르칩니다.)

いたずらをして、父にしかられた。(장난을 쳐서 아버지께 혼났다.)

⑦ 원인, 이유를 나타낸다.

ex) 彼は今、恋に悩んでいる。(그는 지금 사랑에 고민하고 있다.)

不採用の知らせにがっかりした。(불채용의 알림에 실망했다.)

⑧ 변화의 결과를 나타낸다.

ex) 彼は学者になった。(그는 학자가 되었다.)

信号が赤から青になった。(신호가 빨강에서 파랑으로 바뀌었다.)

⑨ 기준을 나타낸다.

ex) AはBに等しい。(A는 B와 같다.)

わが家は学校に近い。(우리 집은 학교에 가깝다.)

⑩ 강조의 뜻을 나타낸다.

ex) ただ、泣きに泣いた。(단지 울기만 했다.)

待ちに待ったこの日。(기다리고 기다린 그날.)

⑪ 시간을 나타낸다.

ex) 明日は朝5時に起きる。(내일은 아침 5시에 일어난다.)

午後6時に出発する。(오후 6시에 출발한다.)

TIP 때를 나타내는 조사「に」가 접속하지 않는 것들

한국어에서는 때와 장소를 나타낼 때 일본어의 조사「に」에 해당하는「에」를 붙여 사용하나 일본어에서는「に」를 붙여 사용하는 경우와 그렇지 않은 경우가 있다.

주로, 현재 말하는 시점이 기준이 되어 해당 시간이 변화하는 '상대적인 의미의 때'를 나타내는 경우(예: 去年, あした, 先週 등)라면「に」가 붙지 않으나, 2010年, 2月, 7日, 3時 등과 같이 '절대적인 의미의 때'를 나타내는 경우에는 조사「に」를 붙여 사용한다.

① 항상「に」를 붙여서 사용하는 경우
ex) 日付, 月, 時刻 등

②「に」를 필요로 하지 않는 경우
ex) 去年・今年, きのう・きょう・あした, 先週・今週・来週, 朝・今朝・毎朝・午前, 先月, 今月・来月・毎月 등

③ 기본적으로는「に」는 없어도 좋지만, 필요에 따라서 사용하는 경우
ex) 月曜日～日曜日, 春夏秋冬, 昼・夜(晩)・夕方, 午前中・午後, 以前・以降 등

위의 ③의 경우, 그 화제의 초점이「때」에 있는 경우는「に」를, 그렇지 않는 경우는「に」를 사용하지 않는 경향이 많다.

ex)「冬、北海道へ行きます。」(포인트는「北海道へ行きます」쪽에)
「冬に、北海道へ行きます。」(포인트는「冬に」쪽에)

(5)「で」: 에서, 로

① 동작이 행해지는 장소를 나타낸다.

ex) 銀行で働く。(은행에서 일한다.)
学校で日本語を教えている。(학교에서 일본어를 가르치고 있다.)

② 동작의 주체를 나타낸다.

ex) 自分で料理を作る。(스스로 요리를 만들다.)

学生で会議を開く。(학생들이 회의를 열다.)

③ 기한, 한정, 범위을 나타낸다.

ex) 200円で家まで行ける。(200엔으로 집까지 갈수 있다.)

2時間で終わる。(2시간으로 끝난다.)

世界で一番住みやすい都市はどこですか。(세계에서 가장 살기 좋은 도시는 어디입니까?)

④ 수단을 나타낸다.

ex) アメリカまで飛行機で行く。(미국까지 비행기로 간다.)

麺をはさみで切る。(면을 가위로 자른다.)

⑤ 원인과 이유를 나타낸다.

ex) 風邪で学校を休む。(감기로 학교를 쉰다.)

高熱で病院に運ばれる。(고열로 병원으로 옮겨진다.)

⑥ 재료를 나타낸다.

ex) ぶどうでワインを作る。(포도로 와인을 만든다.)

小麦粉でパンを作る。(밀가루로 빵을 만든다.)

⑦ 동작주의 상태나 양태를 나타낸다.

ex) 素足で走る。(맨발로 달린다.)

水着姿で泳いでいる。(수영복차림으로 수영하고 있다.)

TIP 격조사「に」와「で」

「に」는 존재의 장소 (「事務所にパソコンがある」), 귀착점(「駅に着く」「いすに座る」), 동작의 대상(「友だちにあげる」)등을,「で」는 수단(「箸とスプーンで食べる」), 범위(「韓国で一番古いお寺」), 동작이 행해지는 장소(「食堂で食べる」)등을 나타낸다.

ex) 玄関の前にお客さんが立っていました。(현관앞에 손님이 서 있었습니다.)
　玄関の前でお客さんを待っていました。(현관앞에서 손님을 기다리고 있었습니다.)

이때「に」의 용법은 손님이 서 있는 <u>존재</u>의 장소에 초점이,「で」의 용법은 손님을 기다린다 는 <u>동작이 이루어지는</u> 장소에 초점이 맞춰져 있을 때 사용된다. 한국어에서는 귀착점을 나타낼 때는「에」로 동작이 이루어지는 장소는「에서」로 구분하여 사용하고 있으므로 귀착점을 나타내는「に」는「에」로 동작이 행해지는 장소의「で」는「에서」로 구별할 수 있겠다.

(6)「へ」: 로(으로)

① 동작이 향하는 방향을 나타낸다.

ex) 朝早く学校へ行く。(아침 일찍 학교로 간다.)
　次の角を右へ曲がる。(다음 모퉁이를 오른쪽으로 돈다.)

② 목적지・도착점을 나타낸다.

ex) 冬休みに故郷へ帰る。(겨울방학에 고향으로 돌아간다.)
　そちらへ到着しだい連絡ください。(그 쪽에 도착하는 대로 연락 주십시오.)

③ 동작의 대상을 나타낸다.

ex) 警察へ届ける。(경찰에 신고한다.)
　孫へ卒業プレゼントを送る。(손자에게 졸업선물을 보낸다.)

TIP 격조사「へ」와「に」

방향을 나타내는「へ」와 귀착점을 나타내는「に」는「東京へ行く・東京に行く」,「右に曲がる・右へ曲がる」,「いすに座る・いすへ座る」처럼 최근에 양자를 바꾸어 사용하는 경우가 많아졌다.

ex)「友だちにプレゼントをあげる・友だちへプレゼントをあげる」(친구에게 선물을 준다.)
「彼にメールを打つ・彼へメールを打つ」(그에게 메일을 보낸다.)

다음과 같이「～への」의 형태로서 다른 체언을 수식할 경우에는「へ」밖에 사용할 수 없다.

ex)「(○)ご家族へのプレゼント ・(×)ご家族にのプレゼント」(가족에게 하는 선물)
「(○)彼への手紙・(×)彼にの手紙」(그에게 보내는 편지)

「へ」는「に」와 비교해「경과, 방향」을 보다 강하게 나타내는 반면에,「に」는 동작이 끝나는 지점에 중점을 두는 경향이 강하다고 하겠다.

(7)「と」: 와(과)

① 행위의 상대를 나타낸다.

ex) 友だちとけんかをする。(친구와 싸운다.)
先生と相談する。(선생님과 상담한다.)

② 공동행위자를 나타낸다.

ex) お母さんと2人で旅行する。(엄마와 둘이서 여행한다.)
学生と一緒に研究する。(학생과 함께 연구하다.)

③ 두 가지 이상을 나열할 때 사용된다.

ex) 朝は牛乳とコーヒーを飲みます。(아침에는 우유와 커피를 마십니다.)
ペンとノート以外は買わない。(펜과 노트 이외는 사지 않는다.)

④ 그 외 결과, 비교, 인용을 나타낸다.

ex) 今日から社会人となる。(오늘부터 사회인이 된다.)
彼はいつも忙しいという。(그는 언제나 바쁘다고 한다.)
考え方が私と違う。(생각하는 것이 나와 다르다.)

(8)「から」: 에서, 부터

① 기점, 출발점을 나타낸다.

ex) 田舎から荷物が届く。(시골에서 짐이 도착한다.)
靴下から履く。(양말부터 신는다.)

② 원료를 나타낸다.

ex) 豆からとうふを作る。(콩으로부터 두부를 만든다.)
ゴミから燃料を作りだす。(쓰레기로부터 연료를 만들어 내다.)

③ 상대를 나타낸다.

ex) 子供からお金を取り上げる。(아이에게 돈을 뺏는다.)
学生からからかわれる。(학생에게 놀림을 받는다.)

④ 기준이나 원인, 개시시점을 나타낸다.

ex) アメリカは韓国から遠い。(미국은 한국에서 멀다.)
不注意から火事になる。(부주의로부터 화재가 된다.)
3時からおやつの時間です。(3시부터 간식시간입니다.)

(9)「より」: 보다

① 비교의 기준을 나타낸다.

ex) 夏より冬のほうが好きだ。(여름보다 겨울이 좋다.)
地下鉄が車より早い。(지하철이 자동차보다 빠르다.)

② 한정을 나타낸다.

ex) 映画よりほかに趣味はない。(영화이외에는 취미가 없다.)
そこに直接行くよりいい方法はない。(거기에 직접 가는 것 이외는 방법이 없다.)

③ 기준, 경계를 나타낸다.

ex) 九時より遅れてはいけない。(9시보다 늦어서는 안 된다.)
これより先に立ち入り禁止。(여기로부터 앞쪽으로 출입금지)

cf) ほど

① 대략의 범위, 한도, 기준을 나타낸다.

ex) 冬休みに5日ほど家を留守にすることになります。
(겨울방학에 집을 5일정도 비우게 됩니다.)
ここのケーキは新聞にも紹介されるほど有名だ。
(여기 케익은 신문에 소개될 정도로 유명하다.)

② 비교(~만큼)를 나타낸다. 주로 뒤에 부정의 말을 수반한다.

ex) 彼女ほど歌のうまい歌手はいない。(그녀만큼 노래를 잘 하는 가수는 없다.)
死ぬほど疲れた。(죽을 정도로 피곤했다.)

③「~ば ~ほど」의 문형으로 '~면 ~수록'의 뜻으로 사용된다.

ex) 運動すればするほど筋肉がついてくる。(운동을 하면 할수록 근육이 붙는다.)
彼は会えば会うほど、嫌いになる。(그는 만나면 만날수록 싫어진다.)

(10) や : 랑, 와

사물을 열거한다.

ex) 靴や下駄で足の踏み場もない。(구두와 나막신들로 디딜 곳이 없다.)

机の上には鉛筆やノートや消ゴムなどがある。(책상 위에는 연필, 노트, 지우개 등이 있다.)

TIP 비슷한 의미를 가진 격조사의 쓰임 차이

(1) 동작의 대상「を」와「に」

「を」: 직접적으로 동작이 상대에게 미치는 경우에 사용.

ex) 昨日、人を殴る夢をみた。(어제 사람을 때리는 꿈을 꾸었다.)

「に」: 간접적으로 동작이 향하는 방향제시.

ex) 初対面の人に話しかける時のコツ。(첫 만남인 사람에게 말을 걸 때의 요령.)

(2) 출처의 의미를 가지는「を」와「から」

「を」: 의도적으로 멀어지는 기점.

ex) 私は3時に家を出た。(나는 3시에 집을 나왔다.)

「から」: 경계선을 넘는 점에 착목.

ex) 地震の時は家から出ないほうがいい。

(지진 때는 집에서 나오지 않는 편이 좋다.)

(3) 원인・이유의「で」「に」「から」

「で」: 가장 일반적인 원인・이유를 나타냄.

ex) かぜで学校を休む。(감기로 학교를 쉰다.)

「に」:「驚く」「がっかりする」「喜ぶ」등의 감정의 변화를 나타내는 동사나「ざわめく」「大声を上げる」등의 감정이 원인이 된 동사가 술어인 경우, 원인・이유를 나타내는 조사로 많이 사용.

ex) 知らせに驚く。(소식에 놀라다.)

「から」:「AからBになる」라고 하는 변화의 근거를 나타냄.

ex) タバコの火の不始末から大火事になる。

(미처 끄지 않은 담뱃불로 큰 불이 나다.)

(4) 결과의 「に」「と」

「親になる」「親となる」와 같이 어느 쪽을 쓰더라도 변화의 결과를 표현가능한데, 「と」는 「に」보다 약간 딱딱한 문체로 사용된다. 「~になる」는 그 기능을 다해야 하는 부모가 되었다고 하는 육체적인 변화의 의식이다. 그에 비해 「~となる」는 명목・부모의 입장으로의 변동의식으로 결혼으로 인해 인위적으로 생겨나는 부모자식 관계에서도 사용할 수 있다. 한편, 이들 격조사는 어떤 동사가 술어인지에 따라 사용상에 제한이 따르는 경우도 있다.

즉, 변화를 나타내는 동사라 하더라도 타동사 「する」의 경우는 「氷を水にする」의 형태가 사용되며 「氷を水とする」로는 사용하지 못한다. 또한, 자동사 「変わる」의 경우 「(×)信号が赤と変わる」로 사용할 수 없으며 「(○)信号が赤に変わる」만이 사용된다.

2.2 접속조사

주로 용언과 조동사에 붙어서, 상하의 부분을 연결하여 순접, 역접, 병립의 뜻을 나타낸다. 「て(で), し, たり(だり), から, ので, が, ても(でも), のに, ながら, ば, と, けれど(けれども), ところで, ものの, つつ, なり 」등이 있다.

(1) て(で) : ~고, ~서

접속조사 「て(で)」는 음편형을 만드는 접속형태로 유명하지만 동사뿐만 아니라 형용사, 명사 등에 접속하며, 여러 의미로 사용된다.

Aて(で)	종 류	접속방법	예 문
て(で)	동 사	て형 + て(で)	音楽を聞いて 名前を呼んで よく考えて
	い형용사	い형용사어미 → く + て	忙しくて
	な형용사	な형용사어간 + で	ハンサムで
	명사	명사 + で	外国人で

① 여러 동작이나 내용을 나열하거나 행동의 흐름에 따라 서술할 때 사용된다.

ex) この店は安くておいしいです。(이 가게는 싸고 맛있습니다.)
日本に行って、観光をして、温泉に入り、買い物をしてから帰りました。
(일본에 가서, 관광을 하고, 온천을 하고, 쇼핑을 한 후 돌아왔습니다.)

② 어떤 상태에서 동작이나 작용이 행해지는 지를 나타낸다.

ex) バスに乗って来ました。(버스를 타고 왔습니다.)
お弁当を作って持って行きます。(도시락을 만들어 가져 갑니다.)

③ 보조용언과 접속된 형태로 사용되어 특정 해석을 만든다.

ex) 書類を読んでみる。(서류를 읽어 보다.)
残りのケーキを食べてしまう。(남은 케익을 먹어 치우다.)

④ 원인이나 이유를 나타낸다.

ex) お金がなくて、困っています。(돈이 없어서, 곤란합니다.)
周りが全員女性で、いいことはありませんか。(주위가 전부 여성이라 좋은 점은 없습니까?)

⑤ 수단이나 방법을 나타낸다.

ex) アルバイトをして、お金をためる。(아르바이트를 해서 돈을 모은다.)
昔は手紙を書いて、連絡をした。(옛날에는 편지를 써서 연락을 했다.)

⑥ 대비를 나타낸다.

ex) 犬が車をひいて、猿があと押しする。(개가 수레를 끌고, 원숭이가 뒤를 민다.)
お父さんは会社で働いて、お母さんは家事をしています。
(아버지는 회사에서 일하시고, 어머니는 집안일을 하십니다.)

TIP 「～なくて」와 「～ないで」의 쓰임 차이는?

「～なくて」와 「～ないで」는 어느 쪽을 사용해도 무방한 경우가 많지만, 구별을 해서 사용해야 하는 경우가 있어 주의할 필요가 있다.

(1) 「～なくて」: 병렬・대립, 원인・이유의 뜻으로 사용.
ex) 田中さんは分からなくて、高橋さんは分かった。(다나카씨는 모르고, 다카하시씨는 안다.)
よくあるデザインではなくて、新鮮だ。(흔한 디자인이 아니라, 신선하다.)

(2) 「～ないで」: 「～ずに」와 바꾸어 사용할 수 있으며 부대상황(~하지 않은 채로)의 뜻으로 사용.
ex) ご飯を食べないで出勤した。(밥을 먹지 않은 채로 출근했다.)
彼は何も言わず、帰ってしまった。(그는 아무것도 말하지 않고 돌아가 버렸다.)

접속의 형태로 살펴보면 동사에는 「～なくて」, 「～ないで」, 「～ずに」의 형태가 접속가능하며, 명사나 い형용사와 な형용사에는 「～なくて」가 접속된다.

(2) し : ~고, ~서

Aし	종 류	접속방법	예 문
し	동 사	동사 사전형 ＋ し	降るし
	い형용사	い형용사 사전형 ＋ し	古いし
	な형용사	な형용사 사전형 ＋ し	上手だし
	명 사	명사 ＋ だし	学生だし

① 상반되거나 공존하는 사실을 열거할 때 사용한다.

ex) もう時間も遅いし、おなかも空いているからもう帰ろう。
(이미 시간도 늦었고, 배도 고프니 돌아가자.)
普通、動物は「匹」で数えるし、物は「個」で数える。
(보통, 동물은 「ひき」로 세고, 물건은 「こ」로 센다.)

② 원인이나 이유를 나타낸다.

ex) 人々の笑い声も聞こえるし、 全然怖い感じはしない。

(사람들의 웃음소리도 들리고, 전혀 무서운 느낌이 들지 않는다.)

昨日、ぐっすり寝たし、 今日は遅くまで頑張ります。

(어제 푹 잤으니, 오늘은 늦게까지 분발하겠습니다.)

(3) たり(だり) : ~기도 하고, ~거나

Aたり(だり)	종 류	접속방법	예 문
たり(だり)	동 사	동사의 て형 + たり	入ったり 遊んだり 出たり
	い형용사	い형용사 과거형 + たり	優しかったり
	な형용사	な형용사 과거형 + たり	嫌いだったり
	명 사	명사과거형 + たり(だり)	動物だったり

여러 가지 동작을 단순히 나열하거나, 대립하는 두 가지 동작이 반복될 때 사용한다.

ex) お祭りの間は一日中踊ったり歌ったりします。

(축제를 하는 동안은 하루 종일 춤추고 노래합니다.)

休みの日は家でテレビを見たり本を読んだりします。

(쉬는 날은 집에서 텔레비전을 보거나 책을 읽거나 합니다.)

緊張して、立ったり座ったりします。(긴장해서, 서고 앉고 합니다.)

あの映画は観客を笑わせたり泣かせたりします。

(저 영화는 관객을 웃기기도하고 울리기도 합니다.)

(4) が・けど(けれど, けれども) : ~이지만, ~이나

Aが・けど	종 류	접속방법	예 문
が・けど	동 사	동사사전형 + が・けど	渡すが・渡すけど
	い형용사	い형용사사전형 + が・けど	賢いが・賢いけど
	な형용사	な형용사사전형 + が・けど	不便だが・不便だけど
	명사	명사+だが・だけど	先生だが・先生だけど

① 역접의 의미로 앞 문장의 내용과 뒷 문장의 내용이 서로 대립된다.

ex) 彼を待ってみたんですが、結局彼は来なかったです。

(그를 기다려 봤습니다만, 결국 그는 오지 않았습니다.)

ずっと探してるんですけど全く見つかりません。

(계속 찾고 있습니다만, 전혀 눈에 띄질 않습니다.)

② 특별한 뜻 없이 두 문장을 연결시킨다.

ex) 私が中村ですけれども、何かご用でしょうか。

(제가 나카무라입니다만, 뭔가 제게 용무가 있으십니까?)

午後は何の予定もありませんが、手伝いましょうか。

(오후는 아무런 예정이 없습니다만, 도울까요?)

(5) ても(でも) : ~도

Aても(でも)	종 류	접속방법	예 문
ても(でも)	동 사	동사의 て형 + も	聞いても, 見ても, 転んでも
	い형용사	い형용사어미 →く + ても	おもしろくても
	な형용사	な형용사어간 + でも	親切でも
	명 사	명사 + でも	女の子でも

◎ 조건을 나타내며, 반대되는 내용이 온다.

ex) 忙しくても、必ず出席します。(바쁘더라도, 꼭 출석하겠습니다.)
買わなくてもいいから食べてみてください。(사지 않아도 좋으니 먹어 보세요.)
いくら食べでも、彼女は太らない。(아무리 먹어도 그녀는 살찌지 않는다.)
どんなに言っても、伝えきれない想いと言うのは必ずあります。
(아무리 말해도, 전할 수 없는 마음이라고 하는 것은 꼭 있습니다.)

(6) のに: ~인데(도)

Aのに	종 류	접속방법	예 문
のに	동 사	동사사전형 ＋ のに	話すのに, 着くのに
	い형용사	い형용사사전형 ＋ のに	大きいのに
	な형용사	な형용사명사수식형 ＋ のに	きれいなのに
	명 사	명사 ＋ なのに	男性なのに

◎ 역접의 의미를 나타낸다.

ex) テスト前なのに全然集中できない。(시험 전인데도 전혀 집중을 할 수 없다.)
彼女、全然美人じゃないのに、なぜか人にもてる。
(그녀는 전혀 미인은 아닌데 왠지 사람들에게 인기가 있다.)

(7) ながら: ~면서, ~면서도

Aながら	종 류	접속방법	예 문
ながら	동 사	동사의ます형 ＋ ながら	切りながら, 着ながら
	い형용사	い형용사사전형 ＋ ながら	安いながら
	な형용사	な형용사어간 ＋ ながら	しずかながら
	명 사	명사 ＋ ながら	女の子ながら

① 동작의 동시진행을 나타낸다.

ex) 歩きながら、サンドイッチを食べます。(걸으면서 샌드위치를 먹습니다.)

テレビを見ながら、宿題をします。(텔레비전을 보면서 숙제를 합니다.)

② 확정의 역접을 나타낸다.

ex) 彼は知っていながら、教えてくれようとしない。

(그는 알고 있으면서도 가르쳐주려고 하지 않는다.)

丈夫ながら、軽量でもちやすい。(튼튼하면서도 가벼워서 들기 쉽다.)

(8) から : ~이니까

Aから	종 류	접속방법	예 문
から	동 사	동사사전형 ＋ から	飛ぶから, 燃えるから
	い형용사	い형용사사전형 ＋ から	辛いから
	な형용사	な형용사사전형 ＋ から	まじめだから
	명 사	명사 ＋ だから	電子製品だから

◎ 원인과 이유를 나타낸다.

ex) 思いっきり走ったからちょっと休憩。(마음껏 달렸으니 잠시 휴식.)

もう遅いから電話をするのはやめよう。(이미 늦었으니 전화하는 것은 그만두자.)

(9) ので : ~이므로

Aので	종 류	접속방법	예 문
ので	동 사	동사사전형 ＋ ので	話すので, 着くので
	い형용사	い형용사사전형 ＋ ので	大きいので
	な형용사	な형용사명사수식형 ＋ ので	きれいなので
	명 사	명사 ＋ なので	男性なので

◎ 원인과 이유를 나타낸다.

ex) クリスマスなので、頑張ってケーキを作ってみました。

(크리스마스라 노력해서 케익을 만들어 봤습니다.)

強い風が吹いたので、あっちこっちの看板が倒れてしまった。

(강한 바람이 불었기 때문에, 여기저기의 간판이 넘어져 버렸다.)

TIP 원인과 이유를 나타내는 「から」와 「ので」의 뉘앙스의 차이

(1)「から」

a. 말하는 사람의 주관적 느낌이 강하며 「ので」에 비해 정중도가 다소 떨어진다.

b. 의지, 요청, 명령, 금지, 욕구 등의 문 말 표현과 함께 쓰여, 원인이나 이유를 전면에 내세워 강하게 이해를 구하는 말투로 사용된다.

(2)「ので」

a. 일반적, 객관적인 사태를 나타내는 경우에 많이 사용되며 정중하여 공식적인 자리에서 다수 사용된다.

b. 문 말 표현으로 금지와 명령 등이 사용되지 않으며, 자기의 정당성을 강하게 표현하는 것을 피하고 싶을 때도 사용된다.

ex) もう遅いから、今日は家でゆっくりしよう。(이미 늦었으니 오늘은 집에서 푹 쉬자.)
もう遅いので、電車は切れているでしょう。(이미 늦었으니, 전차는 끊어졌겠지요.)

ex) お母さん、暑いから、エアコンつけて。 (엄마, 더우니 에어컨 좀 켜.)
少し暑いので、暖房切ってくださいませんか。(좀 더우니 난방을 꺼 주시겠습니까?)

ex) 危ないからそっちへ行ってはいけないよ。(위험하기 때문에 저쪽으로 가면 안 돼.)
遅くなるので先に帰ります。(늦었기 때문에 먼저 귀가하겠습니다.)

2.3 부조사

문을 성립하는데 특별한 역할을 한다기 보다 여러 말에 붙어서 부사처럼 정도, 첨가, 예시, 선택, 한정 등 다양한 의미를 부가하는 성질이 있다. 「は, も, こそ, さえ, だって, ばかり, ほど, くらい, なり, ずつ, やら, だの, か, とか, きり, しか, だけ, でも, など, まで」등이 있다.

(1) は : 은(는)

① 주제를 나타낸다.

ex) ぼくは中学生だ。(나는 중학생이다.)
私の日本語の先生は日本人です。(나의 일본어 선생님은 일본인입니다.)

② 두개의 사실을 대비해서 서술한다.

ex) 昼は学校で勉強をして、放課後はアルバイトをします。
(낮에는 학교에서 공부를 하고, 방과 후는 아르바이트를 합니다.)
タバコは吸いますが、お酒は飲みません。(담배는 핍니다만, 술은 마시지 않습니다.)

(2) も : 도

① 사물을 열거하거나 첨가를 나타낸다.

ex) 勉強もしたいし、部活もしたい。(공부도 하고 싶고, 동아리활동도 하고 싶어.)
私も、あなたと同じだ。(나도 당신과 같다.)

② 강조의 의미를 나타낸다.

ex) 彼は昼ご飯を三杯も食べた。(그는 점심밥을 3그릇이나 먹었다.)
昨日買って置いたパンが一つも残ってなかった。
(어제 사 두었던 빵이 하나도 남아 있지 않았다.)

(3) でも : ~(이)라도

① 예시의 의미를 나타낸다.

ex) ペットでも飼ったらどうですか。(애완동물이라도 기르면 어떻습니까?)

映画でも見ながら、時間をつぶしましょうか。(영화라도 보면서 시간을 보낼까요?)

② 정도가 높은 것을 특히 주목하여 예시한다.

ex) あの有名なベートーベンでも弾けない曲なんて、あるのか。

(그 유명한 베토벤이라도 칠 수 없는 곡이란 게 있을까?)

この問題なんかは高校生でも解けない問題です。

(이 문제 따위는 고등학생들도 풀 수 없는 문제입니다.)

TIP 「でも」는 접속조사 이외에도 다양한 품사가 접속된 형태가 존재하는데 여러 가지 뜻으로 사용된다.

① 격조사「で」+ 부조사「も」: 学校でも家でも勉強する。(학교에서도 집에서도 공부한다.)

② な형용사변화「で」+ 부조사「も」: 思っていたよりそんなに静かでもない。
(생각했던 것 보다 그렇게 조용하지 않다.)

③ 접속조사「でも」: 彼はどんなに飲んでも酔わないようだ。
(그는 아무리 마셔도 술에 취하지 않는 것 같다.)

④ 단정의조동사「だ」의 활용형「で」+ 부조사「も」: その場面を目撃したのは、私でも彼でもありません。(그 장면을 목격한 사람은 그도 나도 아닙니다.)

⑤ 접속사 : 今月はボーナスをもらった。でも、高価なものには相変わらず手が出ない。
(이번 달은 보너스를 받았다. 그렇지만, 역시 고가의 물건은 못 사겠다.)

⑥ 부조사 : 人が一杯だと困るからお電話でもしておこう。
(사람이 많으면 곤란하니, 사전에 전화라도 해 두자.)

(4) こそ : ~(이)야말로

① 강조를 나타낸다.

ex) 今度こそ、勝ってやる。(이번에야 말로, 이길 것이다.)
あの先生こそ、真の先生だと思う。(저 선생님이야 말로, 진정한 선생님이라고 생각한다.)

②「ば ＋ こそ」의 형태로 원인, 이유를 나타낸다.

ex) ブドウの質が高ければこそ出せる味です。
(포도의 질이 높기 때문에 낼 수 있는 맛입니다.)
家族が支えてくれればこそ、厳しい社会で戦える。
(가족이 지지해주기 때문에, 험한 사회에서 싸울 수 있다.)

(5) さえ : 조차

① 극단적인 예시의 의미를 나타낸다.

ex) 優秀な彼でさえ解けない問題だった。(우수한 그조차도 풀 수 없는 문제였다.)
この一週間あまりの忙しさに寝る時間さえなかった。
(요 일주일간, 너무 바빠서 잘 시간조차 없었다.)

②「さえ ＋ ば」의 형태로 최저조건의 의미를 나타낸다.

ex) 彼女さえいれば、幸せだ。(그녀만 있으면, 행복하다.)
漢字を知ってさえいれば旅行で困りません。
(한자만 알고 있으면 여행에서 곤란하지 않습니다.)

(6) しか ：밖에

◎ 항상 부정의 말을 동반하여, 특정의 사항 이외의 것은 전부 부정을 나타낸다.

ex) この方法でやるしかない。(이 방법으로 할 수 밖에 없다.)
ラジオでしか満たされないものがある。(라디오로 밖에 만족되지 않는 것이 있다.)

(7) だけ：만, 뿐

① 범위, 수량 등을 한정하여 나타낸다.

ex) 成人の男性だけの仕事のように思われる。(성인 남성에게만 한정된 일이라 여겨진다.)
あと2週間でせめて1キロだけでもやせたい。
(앞으로 2주 안에 적어도 1키로 만이라도 빼고 싶다.)

②「～ば～だけ」「～たら～ただけ」의 형태로, 정도의 상승에 따라 다른 사항・상태도 동일한 정도로 상승하는 것을 나타낸다.

ex) 子供の数が減れば減るだけ子供にかかる費用も減る。
(아이들의 수가 줄면 줄수록 아이에게 드는 비용도 준다.)
あの車は古いので走れば走るだけ壊れる可能性が高くなる。
(저 자동차는 낡아서, 달리면 달릴수록 부서질 가능성이 높아진다.)

③「～だけのことはある」「～だけあって」「～だけに」의 형태로, 나름의 소질, 가치에 맞게 '～인 만큼, ～답게'의 의미를 나타낸다.

ex) アイスダンスの選手だっただけあってステップの解説が詳しく分かりやすい。
(아이스댄스 선수였던 만큼 스텝해설이 상세하고 알기 쉽다.)
彼は理屈っぽいだけに言葉に敏感だ。(그는 논리를 캐고 드는 만큼 말에 민감하다.)

Q&A

Q)「だけ」와「しか」의 차이점은 무엇입니까?

A)「だけ」「しか」는「한정」의 의미를 나타내는 부조사입니다. ex1)의 예는 모두「太郎」이외에는「参加した人」에 해당하는 사람이 없음을 나타내고 있습니다.

ex1) 太郎だけが行事に参加した。(다로만 행사에 참가했다.)
太郎しか行事に参加しなかった。(다로 밖에 행사에 참가하지 않았다.)

「しか」는 항상 부정의「ない」와 함께 사용되어 한정되는 물건을 부정적인 측면에서 전하고자 하는 경우에는「しか」가 적합합니다. 또한「だけ」앞뒤에는 격조사「に」「で」를 접속해 사용할 수 있지만,「しか」에는「に」「で」를 접속해 사용할 수 없습니다.

ex2) 양친에게만 알렸다.
両親にだけ知らせた。　　両親だけに知らせた。
両親にしか知らせなかった。　*両親しかに……。
ex3) 주사만으로 나았다.
注射でだけ直った。　　注射だけで直った。
注射でしか直おらなかった。　*注射しかで……。

「だけ」는 い형용사, な형용사, 동사 등 다양한 품사와 접속될 수 있으나「しか」는 앞에 붙는 말의 제약이 강하기 때문에「しか」를 항상「だけ」대신에 쓸 수 있는 것은 아닙니다.

ex3) 少し疲れただけです。(조금 피곤할 뿐입니다.)
お電話に対応するだけの気楽な仕事。(전화 응대뿐인 편한 일.)
この商品は値段が安いだけでほかに何の利点がない。
(이 상품은 가격만 쌀 뿐, 다른 어떤 이점이 없다.)

(8)「く(ぐ)らい」: ~정도

① 대략의 수량, 혹은 시 · 공간적인 대략적인 위치를 나타낸다.

ex) 20頭ぐらいのラクダを約200キロ離れてるところへ移住させた。

(20마리 정도의 낙타를 약 200킬로미터 떨어진 곳으로 이주시켰다.)

日本人の平均寿命はどれくらいですか? (일본인의 평균수명은 어느 정도입니까?)

② 정도와 양의 비교기준을 나타낸다.

ex) おしりが隠れるくらいの丈。(엉덩이가 덮일 정도의 길이.)

捨てるくらいなら値引きして売り切ってしまったほうが良い。

(버릴 정도라면 싸게 해서 팔아 버리는 편이 좋다.)

③ 한도를 나타낸다.

ex) お客さんが来たんだから、お茶くらい出しなさいよ。(손님이 왔으니 차 정도는 내어라.)

自分の担当くらい責任感を持って最後までやり遂げたいね。

(자신의 담당정도는 책임감을 가지고 끝까지 달성하고 싶어.)

(9) など · なんか · なんて : ~같은 것 , ~등, ~ 따위

① 문어체에서는「など」, 회화체에서는「なんか」등의 형태로 쓰인다. 단순한 예를 나타내거나, 하나의 예를 들거나, 몇 개의 예를 들어, 그것에 한정하지 않고 다른 것도 존재한다는 것을 나타낸다.

ex) 旅行の件だけど、北海道なんかどうかな。(여행 건 말인데, 홋카이도는 어때?)

今晩の夕食にカレーなんかいかがですか。(오늘 저녁밥으로 카레 어떻습니까?)

② 「～や～や～など」의 형태로 같은 종류의 물건, 사물의 열거를 나타낸다.

ex) 小林さんは中国や韓国や香港などで外交官として勤めていた。

(고바야시씨는 중국, 한국, 홍콩 등에서 외교관으로 근무했었다.)

あの先生は英語や算数や音楽などを教えています。

(그 선생님은 영어와 산수 음악 등을 가르치고 있습니다.)

③ 어떤 것에 관하여 경멸, 불유쾌한 느낌을 나타내거나, 자신을 낮추는 의미로 사용된다.

ex) 彼女なんかに負けてたまるものか。 (그녀 따위에게 지고 있을 수 있겠는가?)

弟に限ってとてもそんな言動などできないと思う。

(남동생만큼은 도저히 그러한 언동 따위는 불가능하다고 생각해.)

私のことなど早く忘れてあなたはあなたなりの幸せを見つけてほしい。

(나 같은 것 빨리 잊고 당신은 당신 나름의 행복을 찾았으면 해.)

(10) か : ~가

① 의문어에 붙거나, 「…とか」의 형태로 불확실함을 나타낸다.

ex) いつかまたお会いしたい。(언젠가 다시 만나고 싶다.)

病気のお見舞いには果物とか花が好まれる。(병문안갈 때는 과일이라던가 꽃이 선호된다.)

② 의심하는 기분으로 추정함을 나타낸다.

ex) タバコを吸い始めて、気のせいか歯が黄ばんできたように思います。

(담배를 피기 시작하면서, 기분 탓인지 이가 누렇게 된 같다는 생각이 듭니다.)

ここ数日、心なしか涼しくなってきた気がします。

(요 며칠 왠지 선선해 진 것 같은 생각이 든다.)

③ 수량을 나타내는 말에 붙어서 대강의 수를 나타낸다.

ex) 10時に布団に入って寝付くのが1時か2時になってしまいます。

(10시에 이불에 들어가서 잠이 드는 것이 한시나 두시가 되어 버립니다.)

天気予報の様子も見て、水曜日か木曜日に電話します。

(일기예보를 보고, 수요일이나 목요일에 전화하겠습니다.)

(11)「すら」: ~조차

①「ない」형을 동반하여,「극단적인 예를 들고, 그러므로 다른 경우는 물론이다」라는 의미를 나타낸다.

ex) ミニスカートは初めてです。スカートすら履いたことがありません。

(미니스커트는 처음입니다. 스커트조차 입은 적이 없습니다.)

中国人ですら理解できない中国語を使っている。

(중국인조차 이해하지 못하는 중국어를 사용하고 있다.)

심화학습 : 문장의 주체를 나타내는「は」VS「が」

보통, 명사문과 형용사문의 주어는「は」, 동사문의 주어는「が」로 나타낸다. 명사문과 형용사문의 주어를「が」, 동사문의 주어를「は」로 나타내면, 다른 것을 배제해 해당자를 특정하는 것처럼 해석이 된다. 이하 구체적인 예로「は」와「が」의 차이를 알아보자.

①「は」는 이야기의 주제를 표시하는 기능을 하며 뒤에는 전하고 싶은 정보가 온다.「は」를 붙여 표현하는 내용은 이미 알고 있는 정보를 나타내게 된다. 반면,「が」는 일반적으로 문장의 주어를 나타내며, 듣거나 보거나 한 것을 묘사할 때 쓴다. 또한,「が」가 붙는 명사는 새로운 정보를 나타내게 된다.

ex) 昔々、あるどころにお祖父さんとお祖母さんが住んでいました。

(옛날옛날, 어느 곳에 할아버지와 할머니가 살고 있었습니다.)

ある日、お祖父さんは柴刈りに山へ、お祖母さんは洗濯をしに川へ行きました。

(어느날, 할아버지는 나무하러 산으로, 할머니는 세탁을 하러 강에 갔습니다.)

佐藤さんは部屋で音楽を聞いています。(사토우씨는 방에서 음악을 듣고 있습니다.)

あそこで人が立っている。(저기에 사람이 서 있다.)

② 강조해서 이야기 전면으로 내세우는 사항은 「は」로 표시한다. 원래 문장에서 「を」, 「に」등으로 표시될 수 있는 말을 「は」를 취하게 하여 화제로 삼는다. 따라서 주어와는 다른 기능을 한다.

ex) あそこは嫌な思い出があって行きたくない。

(저기는 좋지 않은 기억이 있어 가고 싶지 않다.)

: 「嫌な思い出があってあそこに行きたくない」에서 「あそこに」를 「あそこは」로 표현하여 전면으로 내세우면서, 화제로 삼고 있음을 알 수 있다.

③ 의문문의 경우, 의문사 앞에는 「は」를, 의문사 뒤에는 「が」를 쓴다.

ex) 一番大切な人は、誰ですか。(가장 소중한 사람은 누구입니까?)

誰が一番大切な人ですか。(누가 가장 소중한 사람입니까?)

④ 서로 대비되는 두 문장에서 대비되는 사항은 「は」로 표시한다.

ex) 夏は暑くて、冬は寒い。(여름은 덥고, 겨울은 춥습니다.)

映画は好きで、ドラマは嫌いだ。(영화는 좋아하고, 드라마는 싫어한다.)

⑤ 「AはBが」의 경우 A는 이야기의 주제, B는 A(주제)의 부분이나, 소유물, 대상에 해당한다.

ex) 象は鼻が長いです。(코끼리는 코가 깁니다.)

私は彼女が好きです。(나는 그녀를 좋아합니다.)

2.4 종조사

체언과 용언 등에 붙어 문과 문절의 끝에만 사용되는데 의문, 반어, 금지, 감동, 영탄, 원망등의 말하는 사람과 쓰는 사람의 기분과 태도, 판단을 나타낸다. 「か, な(なあ), ぞ, とも, の, よ, ね(ねえ), さ, わ, こと, や, かしら」등이 있다.

(1) か

① 질문이나 의문을 나타낸다.

ex) 彼は明日来ますか。(그는 내일 옵니까?)
これはなんですか。(이것은 무엇입니까?)

② 반어적인 뜻을 나타낸다. 실제로는 있을 수 없다는 것을 나타낸다.

ex) そんなことがあり得るか。(저런 일이 있을 수 있나?)
二度と行くもんか。(두 번 다시 갈까 싶으냐.)

③ 감탄이나 놀라움을 나타낸다.

ex) 一位を取ったのはまた、彼か。(1위를 한 것은 또, 그인가?)
どんなにおもしろいことか。(얼마나 재미있던가?)

(2) かい – 종조사「か」와 종조사「い」가 결합한 것이다.

① [친근함을 더해서] 의문과 반문, 확인 등을 나타낸다.

ex) そんなに痛いかい? (그렇게 아파?)
もういいかい?[かくれんぼの時] (이제 됐어?[숨바꼭질할 때])

② 반어적인 뜻을 나타낸다. 실제로는 있을 수 없다는 것을 나타낸다.

ex) そんなに簡単にやり遂げるかい。(그렇게 간단히 해 낼 수 있나?)

言葉にして発してよいものかい。(입에 담아서 괜찮을 것인가?)

③ 강하게 상대를 재촉하는 뜻을 나타낸다..

ex) 早く行かんかい。(빨리 가라!)

ちゃんとやらんかい。(똑바로 안 할래?)

(3) かしら

① 가벼운 의문을 나타내며 여성이 사용하는 경우가 많다.

ex) この水きれいかしら。(이 물 깨끗하려나.)

雨が降るかしら。(비가 오려나.)

② 「ないかしら」의 형태로 원망을 나타내기도 한다.

ex) 見ていただけないかしら? (봐 주시지 않으려나?)

早くバスが来ないかしら。(빨리 버스가 오지 않으려나...)

(4) さ(あ)

① 가벼운 주장을 나타낸다. 남자의 말이지만 여성도 사용하는 경우도 있다. 정중체로는 사용하지 않는다.

ex) そんなこと当たり前さ。(그런 일은 당연해.)

ぼくだってできるさ。(나도 할 수 있어.)

(5) ぞ

① 남자가 사용하는 말로, 강한 주장을 나타낸다.

ex) おまえはまだ中学生だぞ。(너는 아직 중학생이야.)
お母さんたちには内緒だぞ。(엄마들에게는 비밀이야.)

② 듣는 사람이 없이 혼자말로도 사용한다.

ex) おや、少しおかしいぞ。(음? 이상한데...)
[自分自身に]よーし、やるぞ。[자기 자신에게](그럼, 해볼까!)

(6) ぜ

남자가 사용하는 말로, 「ぞ」와 가까우며, 듣는 사람이 없이 혼자말로는 사용하기 어렵다.

ex) あいつもそう言ってたぜ。(그 녀석도 그렇게 말했어.)
テニスの王子様は夢もでかいぜ!! (테니스왕자는 꿈도 크구나.)

(7) な(あ)

① 동사의 사전형에 접속하여 가벼운 금지를 나타낸다.

ex) 行くな！(가지 마.)
そんなことをするな。(그런 일은 하지마.)

② 동사의 「ます형」에 접속하여 가벼운 명령을 나타낸다.

ex) それはだめだよ。こっちにきな。(그것은 안 돼. 이쪽으로 오렴.)
ここはいいから、早く行きな。(이쪽이 괜찮으니 빨리 가렴.)

③ 놀라움과 감탄을 나타낸다. 정중체로는 보통 사용하지 않고, 상대가 없을 때는 혼자 말로도 사용된다.

ex) すぐ来るといいなあ。(빨리 오면 좋겠다.)

よく食うなあ。(정말 잘 먹는 구나.)

(8) ね(え)

① 동의를 나타낸다.

ex) 本当にいい天気ですね。(정말 좋은 날씨죠.)

そうですね。(그렇네요.)

② 확인을 나타낸다. 이 경우에는 문의 끝을 올려 상승조로 말한다.

ex) あなたも行きますね↑。(당신도 가는거죠?)

これがあなたのものですね↑。(이것은 당신의 것이죠?)

③ 주장의 내용과 함께 사용하는데, 이 경우는 「よ」와 가까우며 질문에 대한 답인 경우가 많다.

ex) これに違いありませんね(え)。(이것은 틀림없습니다.)

私は、そうは思いませんねえ。(나는, 그렇게 생각하지 않습니다.)

④ 의뢰나 「~てください」、「~なさい」의 명령을 한 뒤에 상대에게 확인을 한다.

ex) 必ず話してくださいね。(꼭, 말해주세요.)

大事に使いなさいね。(조심해서 잘 쓰세요.) * 大事に使えね。

(9) の

① 강하게 말하거나, 의문이나 납득을 나타낼 경우에는 남자도 사용한다.

ex) だまってやるの！(조용히 그냥 해.)
あなたは何が好きなの? (너는 무엇을 좋아하니?)

② 평서문에서, 보통 하강조로 여성적인 표현으로 사용할 수 있다.

ex)「本当に行かなくていい?」「うん、もういいの。」(정말 안가도 되니? 응, 이제 됐어.)
いいえ、違うの。(아니, 틀려.)

③ 정중체에 사용하면 고풍스러운 여성의 말투가 된다.

ex) この指輪、安いお値段で買いましたの。(이 반지, 싼 가격에 산거예요.)
お手がいたいですの。(손이 아파요.)

(10) や

◎ 상대에게 가벼운 주장의 느낌을 나타낸다. 의지의 표현과 명령의 의미로도 사용된다.

ex) わあ、すごいや。(와, 대단해.)
君が行かなきゃつまらないや。(너가 가지 않으면 재미가 없어.)

(11) よ

① 주장이나 명시를 나타낸다. 자신의 말을 상대에 대해 강하게 표현한다.

ex) もっとちょうだいよ。 (좀 더 줘.)
遅れないように早く行こうよ。 (늦지 않게 빨리 가자.)

② 상승조로 말하면 상대가 모르는 사실을 가르쳐 주는 효과를 나타낼 수 있다.

ex)「この本は面白いですか。」「ええ、面白いですよ。↑」
(이 책은 재미있습니까.) (예, 재미있어요.)

③ 하강조로 상대의 생각과는 다르다는 것을 강하게 주장할 수 있다.

ex)「これ、おいしいですね。」「いやあ、まずいですよ。↓」
(이것, 맛있네요.) (아니, 맛없어요.)

(12) わ

◎ 가벼운 주장을 나타내는 여성이 사용하는 말이다. 사용빈도는 감소하고 있다.

ex) 言ったほうがいいと思うわ。(이야기 하는 편이 좋다고 생각해.)
この部屋、狭いわね。(이 방, 좁네.)

연 습 문 제

1. 다음의 (　　)안에 들어갈 적당한 조사를 고르시오.

(1) 子供の頃、よく空(　)飛ぶ夢を見た。

①に　②の　③で　④を　⑤へ

(2) 日本語能力検定試験1級合格のお祝いに辞書(　)どうだろう。

①ばかり　②こそ　③くらい　④なんか　⑤さえ

(3) 入場料は大人と子供(　)違います。

①が　②で　③か　④へ　⑤に

(4) 毎日テレビ(　)見ていては検定試験に合格しませんよ。

①しか　②ぐらい　③ばかり　④までに　⑤まで

(5) いくら読ん(　)難しくて分かりません。

①た　②でも　③だ　④たり　⑤ても

2. 다음의 각 문중에서 밑줄 친 말의 의미・용법이 다른 것을 고르시오.

(1) ① 失敗が成功につながる。　② 疲れたがもう少しがんばる。

③ 散歩する人が増えた。

(2) ① 米から作った焼酎。　② チーズは牛乳から作る。

③ 明るすぎるからカーテンを閉めて。

(3) ① パンと牛乳を買う。　② 国語と数学が好きだ。

③ 雨が降ると延期になる。

3. 다음의 각 질문에 답하시오.

(1) 조사의 쓰임이 바르지 못한 것을 고르시오.

① 土曜日に東京へ行きます。　② きのうに勉強しました。

③ 3月25日に日本へ来ました。　④ わたしは 7 時に起きます。

(2) 다음 해석에 맞게 (　)안에 들어갈 적당한 조사를 넣으시오.

① 음료는 무엇으로 하시겠습니까?　お飲み物(　　)何になさいますか。

② 나는 일단 맥주로 할게.　僕(　　)とりあえずビールにするか。

③ 나도 맥주.　おれ(　　)ビール。

④ 나는 우롱차면 충분해.　私(　　)ウーロン茶でいいわ。

(3)「きょうは遠藤君も欠席です。」의「も」와 같은 용법으로 쓰인 것은?

① 水道代は2000円もあれば充分です。

② 日曜日の試合には、後輩の中居さんも出席できそうです。

③ こんなにもひどい状態だとは思わなかった。

④ あなたには一円もお渡しすることはありません。

(4)「残念ながら、あなたとは見解を異にする。」의「と」와 같은 용법으로 쓰인 것은?

① 私とあなたの会話は、お互いが秘密厳守です。

② これで新年会はお開きとしたい。

③ 久しぶりに子供とキャッチボールをした。

④ 韓国と比べものにならないほどの安い値段だった。

4. 다음 문장을 한국어로 옮기시오.

(1) アルバムに写真を張りました。

⇒ ______________________________

(2) お茶が入りました。どうぞ。

⇒ ________________________________

(3) 食費は1000円もあれば充分です。

⇒ ________________________________

(4) 好きな彼だけに効く恋愛の魔法。

⇒ ________________________________

(5) この料理はおいしそうには見えた。

⇒ ________________________________

5. 다음 문장을 일본어로 옮기시오.

(1) 이 테입은 5개에 10,000원입니다.

⇒ ________________________________

(2) 나는 매일아침 등산하러 갑니다.

⇒ ________________________________

(3) 아기에게 바나나나 사과를 먹입니다.

⇒ ________________________________

(4) 이 날이 오기만을 기다리고 있었다.

⇒ ________________________________

(5) 주말에는 언제나 친구와 놉니다.

⇒ ________________________________

독 해 문 제 1

「東京観光」

今日は東京観光(　)しました。まず、水上バス(　)乗って、お台場(　)行きました。お台場(　)(　)主にフジテレビ(　)見学しました。お台場(　)(　)4時間ぐらいいて、歩き疲れてしまいました。【A】お台場見学のあと、私たちは 「ゆりかもめ」という車掌さんのいない電車(　)乗って、ごはん(　)食べ(　)行きました。夕食(　)たこ焼き(　)食べよう(　)、ラーメン(　)食べよう(　)迷いましたが、今日(　)たこ焼きはやめて、ラーメンを食べました。とてもおいしかったです。【B】

夕食をとってから、李選手(　)試合を見(　)東京ドーム(　)行ってきました。【C】大きな野球場でした。李選手はホームラン(　)3本(　)打ちました。さすがです。野球観戦のあと、最後の東京の夜でしたから、東京タワー(　)のぼって、展望台(　)夜景の写真(　)撮りました。【D】

(1) 本文の( )に適当なひらがなを入れなさい。

(2) 本文の内容と合っているものひとつに○をつけなさい。

(　) たこ焼きとラーメンを両方食べた。

(　) 野球の試合はホテルのテレビで見た。

(　) 東京の夜景を見ることができた。

(　) 東京ドームはお台場の中にある。

(　) 李選手のチームはこの日の試合に勝った。

(3) 「思ったよりも大きかったです。」という文を挿入します。

【A】～【D】のどこが適当ですか。

答え：＿＿＿＿

독 해 문 제 2

「旅行」

今日は楽しみにしていた旅行の日だ。あと30分①で日本に着く。大阪には去年、友達と来たことがある。その時は、大阪の町を歩いておいしいものをたくさん食べた。もちろん、たこ焼きも食べた。有名な橋の上②で写真を撮ろうとしたが、カメラの故障③で撮ることができなかった。とても残念だった。だから今回はぜったいにいい写真が撮りたい。

そんなことを考えていると、大阪④(____)着いた。飛行機⑤(____)降りるとき、あわてて飛行機の中⑥(_____)カメラを忘れそうになった。あぶない、あぶない。これを忘れたら、今回の旅行の意味がなくなってしまう。

まずは、関西空港から難波のホテルへ行く。でもどのバスに乗っていいのか分からない。勇気を出して、日本人に聞いた。「難波へ行くバスはどれですか?」「この道 ⑦(____)まっすぐ行ったところ⑧(________)ありますよ。」とても親切な人だった。私の日本語が通じたので、うれしくなった。私はその親切な日本人といっしょ⑨(___)写真をとった。これからの旅行がもっと楽しみになった。きっとすてきな旅行になるだろうと思った。

(1) 本文の内容と合っているものすべてに ○をつけなさい。

( ) 大阪に行ったことがない。

( ) たこやきを食べたことがある。

( ) カメラをうちに忘れた。

( ) ホテルまで電車で行く。

( ) バスの写真を撮った。

(2) 文中にある「で」①、②、③と同じ使い方の文をそれぞれ二つえらびなさい。

a．カップラーメンは3分でできます。　　b．図書館で本を読みます。

c．紙で人形をつくります。　　d．雨でサッカーができません。

e．食堂でトンカツを食べます。　　f．一人でテレビを見ます。

g．事故で電車がとまっています。　　h．あと1週間で夏休みです。

①の「で」		
②の「で」		
③の「で」		

(3) 文中の④、⑥、⑧、⑨と⑤、⑦にそれぞれ同じ助詞を入れなさい。

答えは文中に書きなさい。

(4) 文中の⑥、⑧と⑤、⑦は同じ使い方の助詞です。

それぞれ一つずつ例文を書きなさい。

⑥, ⑧

→ ______________________________

⑤, ⑦

→ ______________________________

3 형용사

형용사는 사람이나 사물의 속성(특징, 성질)이나 상태를 나타내는 말이다. 주로 명사를 수식하고 단독으로 술어가 될 수 있으며 활용을 한다. 그리고 활용하는 방법에 따라 い형용사와 な형용사(형용동사라고도 함)로 나눌 수 있으며, 또한 의미적으로는 속성형용사와 감정형용사로 나눌 수 있다.

3.1 활용법에 따른 분류

(1) い형용사

◈ い형용사의 활용법 <예> 安(やす)い

		보통체		정중체	
		긍정	부정	긍정	부정
서술형	현재	やすい	やすくない	やすいです	やすくないです やすくありません
	과거	やすかった	やすくなかった	やすかったです	やすくなかったです やすくありませんでした
명사수식형	현재	やすい	やすくない		
	과거	やすかった	やすくなかった		
て형		やすくて	やすくなくて		やすくありませんで
가정형(ば형)		やすければ	やすくなければ		
추측형		やすかろう(문어체) やすいだろう(구어체)	やすくなかろう やすくないだろう		
중지형		やすく	やすくなく		

い형용사를 동사를 수식하는 형태로 바꾸는 경우, 아래와 같이 어미「い」를「く」로 바꾸어 접속시킨다.

ex) 暑い ＋ なる → 暑くなる (더워지다)
　　早い ＋ 起きる → 早く起きる (빨리 일어나다)

그리고「좋다」라는 뜻을 가진 형용사「良い」는「いい」혹은「よい」라는 두 가지의 읽는 방법이 있는데, 서술형과 명사수식형의 현재 긍정형과 구어체에서의 추측형 이외의 활용에서는「よい」로 읽힌다.

ex)「いい」로도「よい」로도 읽히는 경우
　　→[いい・よい] です, [いい・よい] 人, [いい・よい] だろう
　　「よい」로 읽히는 경우
　　→ よくない, よかった, よくなかった, よくて, よくなくて, よければ, よくなければ
　　　よかろう, よくなかろう

(2) な형용사

◆ な형용사의 활용법　　　　<예> 親切(しんせつ)だ

		보통체		정중체	
		긍정	부정	긍정	부정
서술형	현재	親切だ	親切では(じゃ)ない	親切です	親切ではありません 親切ではないです
	과거	親切だった	親切ではなかった	親切でした	親切ではありませんでした 親切ではなかったです
명사수식형	현재	親切な	親切ではない		
	과거	親切だった	親切ではなかった		
て형		親切で	親切ではなくて		親切でありませんで
가정형(ば형)		親切ならば	親切で(は)なければ		
추측형		親切だろう	親切ではないだろう		
중지형		親切で	親切ではなく		

な형용사를 동사를 수식하는 형태로 바꾸려면 어미「だ」를「に」로 바꾸어 접속시킨다.

ex) きれいだ ＋ なる → きれいになる (깨끗하게 되다/예뻐지다)
静かだ ＋ する → 静かにする (조용히 하다)

한편, な형용사 중에서도「同じだ」의 경우, 명사를 수식할 때「だ」가「な」로 변하지 않고 어간 뒤에 바로 연결되는 형태를 취한다.

ex) 同じだ ＋ 時計 → 同じ時計 (같은 시계)

그러나 뒤에「の, のに, ので」가 이어질 경우에는「な」가 되살아난다.

ex) 同じなのが 二つ あります。(같은 것이 두 개 있습니다.)

3.2 의미에 따른 분류

(1) 속성형용사

속성형용사란 사람이나 사물의 속성을 나타내는 것으로 크고 작음, 많고 적음, 강하고 약함, 등의 객관적인 특징이나 형태, 성질을 주관적인 입장에서 상대적으로 나타내는 것이다.

ex) この箱は大きい。(이 상자는 크다.)
鈴木さんはとても優しい。(스즈키씨는 매우 상냥하다.)

(2) 감정형용사

감정형용사란 사람의 감각, 감정을 나타내는 것으로 자신의 주관적인 느낌을 나타내

게 되므로 말하는 사람이 주어가 된다. 3인칭이 주어가 될 경우에는 형용사 뒤에「~がる」「~のだ」「~そうだ」와 같은 다른 요소가 접속되어야 한다.

ex) 私は悲しい。(나는 슬프다.)
彼は悲しがっている。(그는 슬퍼하고 있다.)
彼はさびしいのだ。(그는 외로운 것이다.)
彼は悲しそうだ。(그는 슬픈 것 같다.)

그러나 예외적으로「好きだ」,「嫌いだ」는 감정형용사이지만 3인칭이 주어로 쓰일 수 있다.

ex) 彼は彼女が好きだ。(그는 그녀를 좋아한다.)

Q&A

Q1)「많은 사람」이라는 표현은 왜「多い人」가 아니고「多くの人」인가요?

A1) 예를 들면「영화관에는 많은 사람들이 있었습니다.」라고 할 경우, 예문 b로 표현하는 것이 바른 표현입니다.

ex) a* 映画館には多い人々がいました。
b 映画館には多くの人々がいました。

일반적으로 い형용사가 명사를 수식할 때는 기본형 그대로 명사 앞에 놓이지만, 경우에 따라 독특한 형태로 명사 앞에 놓이는 경우가 있습니다. 위의 예에서와 같이「多い」가「多く」의 형태로 명사를 수식하게 되는 것을 い형용사의 명사적 용법이라고 합니다.「多く」는 품사적으로 명사가 되므로 뒤에 오는 명사 앞에「の」가 들어가는 형태로 쓰이게 되는 것입니다. 그러나「趣味の多い人」「外国人が多い町」처럼「多い」앞에 놓인 말 전체가「多い」뒤에 오는 명사의 속성을 나타내는 경우에는 명사 뒤에「多い」의 형태 그대로 명사를 수식하게 됩니다.

즉, 이런 경우에는「*趣味の多くの人」「*外国人が多くの町」라고는 하지 않습니다.

「~く」의 형태로 명사가 되는 것에는「多く」이외에「近く」,「遠く」,「古く」등이 있습니다. 다음 예문에서처럼「近く」는「가까운 곳(근처)」이라는 뜻을 가지며「遠く」는「먼 곳」,「古く」는「옛날」이라는 뜻을 가진 명사형으로 자주 쓰입니다.

ex) 私は大学の近くに住んでいます。(저는 대학 근처에 살고 있습니다.)
お客様が遠くからいらっしゃいました。(손님이 멀리서 오셨습니다.)
この町には古くからの伝統がたくさん残っています。
(이 마을에는 옛날부터의 전통이 많이 남아 있습니다.)

그런데 다음 예문에서처럼「~人近くの人」로 쓰일 경우의「近く」는「가까운」으로 해석하면 됩니다. 즉,「~人近くの人」는「대략 ~명 가까운」이라는 뜻을 가지게 됩니다.

ex) 試写会には千人近くの人々が集まりました。(시사회에는 천명 가까운 사람들이 모였습니다.)

Q2)「大きい」와「大きな」는 어떻게 다른가요?

A2) 품사적으로「大きい」는 형용사이지만「大きな」는 연체사입니다. 즉, 명사만 수식할 뿐 술어가 되지 못하며,「~な」의 형태로 명사를 수식하는 형태적 특징 때문에 な형용사로 오해하는 경우가 있을 수 있으니 주의해야 합니다. 즉,「大きな」는 그 형태 자체로 명사를 수식하는 역할 만 할 뿐, 활용하지 않으므로「大きだ、大きです」라고는 하지 않습니다.
「大きな」이외에도「~な」로 끝나는 연체사에는「小さな, おかしな, いろんな」등이 있습니다.

ex) 大きい広場 → この広場は大きいです。(이 광장은 큽니다.)
大きな広場 → 大きな広場があります。(커다란 광장이 있습니다.)

Q3)「いろいろな」와「いろいろの」는 어떻게 다른가요?

A3) な형용사는 뒤에 명사가 오면 어미「だ」가「な」로 변하지만, 예외적으로「~な」 와「~の」의 양쪽 형태를 다 취하는 경우가 있는데「いろいろだ, わずかだ, 独特だ, 特別だ」가 대표적인 것이라 할 수 있습니다. 보통은「~な」의 형태를 쓰며,「~の」로 쓰일 경우와 약간의 뉘

앙스차이(の쪽이 강조의 뉘앙스를 가지는 경우가 있음)가 있으나 실제적인 의미 차이는 없다고 할 수 있습니다.

ex) 여러 가지(갖가지) 꽃　　いろいろな花 · いろいろの花
　　아주 소량의 물　　わずかなお水 · わずかのお水
　　독자적인 방법　　独特な方法 · 独特の方法

Q4)「健康」는 명사인가요, な형용사인가요?

A4) な형용사 어간은 매우 독립성이 강하여 명사로도 쓰이는 경우가 있는데,「健康」이외에도 「平和, 自由, 安全, 不便, めんどう」등이 있습니다. 「健康」가 な형용사로 쓰이는 경우의 예로는「健康な体」「健康に暮らしている」와 같은 것을 들 수 있고,「健康」가 명사로 쓰이는 경우의 예로는「健康が一番だ」「健康の秘訣はなんですか」를 들 수 있습니다. 명사로 쓰였는지 な형용사로 쓰였는지의 구분은 그 말 앞에 적당한 부사를 넣어 뜻이 통하면 な형용사이고, 통하지 않으면「명사 + だ」의 형태입니다.

ex) 体はとても健康だ。(몸은 매우 건강하다.)
　　*大切なのはとても健康だ。 (*중요한 것은 매우 건강이다.)

심화학습

(1) 복합형용사

① 형용사 + 형용사로 복합형용사가 되는 경우

ex) 青白(あおじろ)い(창백하다), 薄暗(うすぐら)い(어둑어둑하다), 細長(ほそなが)い(가늘고 길다),
重苦(おもくる)しい(짓눌리는 것같이 괴롭다/답답하다), 甘辛(あまから)い(달고 짜다) 등

② 동사 + 형용사로 복합형용사가 되는 경우

ex) 書(か)きやすい(쓰기 쉽다), 読(よ)みにくい(읽기 어렵다), 見苦(みぐる)しい(보기 흉하다),
蒸(む)し暑(あつ)い(무덥다), 考(かんが)え深(ぶか)い(생각이 깊다), 寝苦(ねぐる)しい(잠들기 어렵다) 등

③ 명사 + 형용사로 복합형용사가 되는 경우

ex) 名高い(유명하다), 目新しい(새롭다), 塩辛い(짜다), 幅広い(폭넓다),
青臭い(미숙하다), 気難しい(성미가 까다롭다) 등

④ 접두어 + 형용사로 복합형용사가 되는 경우

ex) た易い(손쉽다), ま新しい(아주 새롭다), 真っ白い(새하얗다),
か弱い(가냘프다), ず太い(뻔뻔스럽다) 등

(2) 형용사의 음편

형용사에도 음편현상이 있는데 아주 정중한 격식 차린 표현이므로 현대어에서는 잘 쓰이지 않는다. 현대어에서 인사말로 쓰이는「ありがとうございます」, 「おめでとうございます」, 「おはようございます」와 같은 표현에 그 흔적이 남아있는데, 형용사의 음편현상을 알아두면 드라마나 애니메이션의 대사에 나오는 다양한 일본어표현의 이해에도 도움이 된다. い형용사의 동사 수식형「く」다음에「ございます・ぞんじます」가 붙을 때「く」가「う」로 변하는 것을 형용사의「う음편」이라고 하는데 형용사 어간의 형태에 따라 다음과 같은 규칙이 있다.

① 어미만 변화하는 경우. 어미「い」→「う」로 변함.
ex) さむい → さむい + ございます → さむうございます

② 어간의 일부도 변화하는 경우
a. 어간에 [a(wa)] 음을 포함하는 경우 : [a(wa)]음 →[o]음
ex) ありがたい → ありがたく + ございます → ありがとうございます
b. 어간에 [i]음을 포함하는 경우 : [i] 음 → [yu]음 (요음)
ex) うれしい → うれしく + ございます → うれしゅうございます
c. 어간에 [ya]음을 포함하는 경우 : [ya]음 → [yo]음
ex) はやい → はやく + ございます → はようございます

연 습 문 제

1. 다음 밑줄 친 곳에 들어갈 알맞은 말을 고르시오.

(1) このみかんは＿＿＿＿＿おいしいですね。

① あまい　② あまくて　③ あまいで　④ あまいくて

(2) 昨日はとても＿＿＿＿＿。

① 寒いでした　② 寒くないです　③ 寒かったです　④ 寒かったでした

(3) 私の父は若い頃とても＿＿＿＿＿。

① ハンサムでした　② ハンサムじゃありません

③ ハンサムだったです　④ ハンサムかったです

(4) パーティーは＿＿＿＿＿たいへん楽しかったです。

① にぎやかだ　② にぎやかで　③ にぎやかの　④ にぎやかに

(5) この公園には＿＿＿＿＿種類の花があります。

① いろいろ　② いろいろな　③ いろいろで　④ いろいろに

2. 다음 밑줄 친 단어의 품사가 な형용사가 아닌 것을 고르시오.

① 変な出来事が起こった。　② 今日もさわやかな日だ。

③ 彼女はとても朗らかな性格だ　④ ほんとうにおかしな話ですね。

3. 다음 형용사와 반대되는 뜻을 가진 형용사를 쓰시오. 반대되는 말이 없는 경우에는 부정형으로 바꾸시오.

(1) 暑い - ( )

(2) 暖かい - ( )

(3) 多い - ( )

(4) 元気だ - ( )

(5) 忙しい - ( )

(6) おいしい - ( )

(7) つまらない - ( )

(8) 優しい - ( )

(9) 同じだ - ( )

(10) ハンサムだ - ( )

4. 다음 괄호 안의 어휘를 사용하여 문법에 맞게 밑줄 친 곳에 써 넣으시오.

(1) 学校は駅から__________不便です。(遠い)

(2) この店の刺身はとても__________おいしいです。(新鮮だ)

(3) 高くても品質が__________買います。(良い)

(4) ひさしぶりに掃除をして部屋が__________なりました。(きれいだ)

(5) だんだん__________なりますのでお体に気をつけてください。(寒い)

5. 다음 문장을 한국어로 옮기시오.

(1) 近ごろ、だんだん暑くなってきましたね。

⇒ ______________________________

(2) 水泳が上手になるように毎日プールで練習しています。

⇒ ________________________________

(3) このケイタイには多くの機能がついている。

⇒ ________________________________

(4) 夜遅く電話がかかってきて大変迷惑だった。

⇒ ________________________________

(5) 品質がよければよいほどそれにこしたことはありません。

⇒ ________________________________

6. 다음 문장을 일본어로 옮기시오.

(1) 시험은 생각했던 것 보다 어렵지 않았다.

⇒ ________________________________

(2) 나라(奈良)는 조용하고 깨끗한 곳입니다.

⇒ ________________________________

(3) 집 가까이에 편의점이 있어서 매우 편리합니다.

⇒ ________________________________

(4) 경주는 많은 사람들이 찾아오는 관광지입니다.

⇒ ________________________________

(5) 다나카(田中)씨와 저는 같은 회사에 근무하고 있습니다.

⇒ ________________________________

독 해 문 제 1

「私の好きなキムさん」

私は、今とても好きな人がいます。彼の名前は、キムさん。月曜日と水曜日、私と同じ中級日本語会話の授業を受けています。キムさんは、とても明るい人です。背が高くて、いつもおしゃれな服を着ていて、女の子に人気があります。キムさんのまわりには、たくさんの友達がいます。

初めて私がキムさんのことを知ったのは、去年の学祭の時です。彼は、日本の有名な歌手の歌を歌いました。あの時の彼の低くてやさしい声が、頭から離れません。勉強をしていても、気づいたら、彼のことをかんがえています。

でも、私はまだ彼と話したことがありません。話しかけようと思っても、彼の近くに行くと、緊張して顔が赤くなってしまいます。私は授業中、いつも彼の後ろ姿を見ているだけです。私は同じクラスの友達のパクさんに相談しました。パクさんは、「キムさんは、やせていて、髪の長い子が好きだと言っていたよ」と言いました。私は太っているし、髪も短いです。彼のタイプの女の子ではありません。悲しくなりました。でも、彼のことをあきらめることができません。

今日からダイエットをして、髪をのばそう！

私は彼のタイプの女の子になれるように、努力をすることにしました。この恋がうまくいくかどうか、わかりません。でも、何もしないであきらめるのは、いやです。自分に自信がもてるように、がんばります。

(1) 私がキムさんを好きになったのはいつですか。そのとき、何がありましたか。

(　　　　　　　　　　　　　　　　　　　　　　　　　　　　　　)

(2) キムさんはどんな人ですか。ただしいものに、○をつけなさい。

A 背が高い、しずか

B 背が低い、元気

C 歌が上手、友達が多い

(3) キムさんの好きなタイプはどんな女の子ですか。

(　　　　　　　　　　　　　　　　　　　　　　　　　　　　　　　)

(4)「わたし」があなたの友達だったら、どんなアドバイスをしますか。

(　　　　　　　　　　　　　　　　　　　　　　　　　　　　　　　)

(5)あなたはどんな人が好きですか。

(　　　　　　　　　　　　　　　　　　　　　　　　　　　　　　　)

독 해 문 제 2

「さくらへ」

さくら、元気?東京は寒い?釜山は11月に入って、急に寒くなったよ。でも、うちの中はオンドルのおかげで暖かいよ。

さくらが私のうちにホームステイをしたのが9月だったから、あれからもう2ヵ月が過ぎたね。月日が経つのは、本当に速いね。最近は、忙しい?前に新しいアルバイトを探すと言っていたけど、いい仕事は見つかった?私は今学期、授業が多くて大変だけど、日本語がもっと上手になるように頑張っているよ。毎日遅くまで図書館で勉強しているんだ。

この前、家族でチェジュドに旅行に行ってきたよ。海が青くて、とてもきれいだった。初めて馬に乗ったけど、ちょっと怖かった！おいしいものもたくさん食べて、家族といろいろな話をして、とても楽しかったよ。私が好きなテディベアの博物館にも行ったんだけど、そのときさくらにもお土産にテディベアの携帯ストラップを買ったので、同封するね。私とおそろい。高いものじゃないから気にしないでね。気に入ってくれたら、うれしいな。

さくらもチェジュドに一度行きたいと言っていたよね。今度釜山に来たら、いっしょに船で行ってみない?

これからますます寒くなるね。体に気をつけてね。また連絡します。

ジヨンより

(1) 本文の内容と合っているものすべてに○をつけなさい。

( ) 釜山はまだ暖かい。

( ) さくらさんは新しいアルバイトを見つけた。

( ) ジヨンさんは朝早くから図書館で勉強している。

( ) ジヨンさんはさくらさんにチェジュドのお土産を送ってあげた。

( ) さくらさんもチェジュドに行きたがっている。

(2) ジヨンさんはチェジュドに行って、どんなことをしましたか。

(3) 誰かに日本語で手紙を書いてみましょう。

4 동사

사물과 사람 등의 동작과 상태를 나타내는 말로, 자립어이고 활용이 있으며 용언의 하나이다.

4.1 동사의 분류

(1) 일본어 동사가 되기 위한 조건

반드시 어미가「う단(う, く(ぐ), す, つ, ぬ, ぶ, む, る)」으로 끝나야 한다.

(2) 동사의 종류

1그룹 (5단 동사)	① 어미가「う, く(ぐ), す, つ, ぬ, ぶ, む」로 끝나는 동사 ② 어미가「る」로 끝나고, 어미 앞글자가「あ단」「う단」「お단」인 동사 ex) 歌う, 書く, 泳ぐ, 話す, 待つ, 死ぬ, 飛ぶ, 飲む, 送る 등
2그룹 (상하1단 동사)	어미가「る」로 끝나고 어미 앞 글자가「い단」「え단」인 동사 ex1) 借りる, 着る, 落ちる 등 ex2) 覚える, 考える, 負ける 등
3그룹 (불규칙동사)	「する : さ행 불규칙동사」 「来る : か행 불규칙동사」

(3) 예외 1그룹 동사

형태상 2그룹동사로 분류되는 특징을 가지지만, 1그룹동사로 분류되는 동사

ex) 帰(かえ)る, 要(い)る, 入(はい)る, 知(し)る, 走(はし)る, 切(き)る, 蹴(け)る, 焦(あせ)る, 限(かぎ)る, 減(へ)る, 握(にぎ)る, 喋(しゃべ)る, 散(ち)る, 遮(さえぎ)る, 湿(しめ)る, 参(まい)る 등

4.2 동사의 활용

| 참고 | 본 교재의 활용명칭에 대해

시판되는 교재에 따라 동사 및 각 품사의 활용명칭 역시 다양하게 나타나지만, 본 교재의 경우 학습자들의 이해를 돕기 위해 아래와 같이 각 활용명칭을 통일하여 부르고자 한다.

(1) ない형 - 부정의 의미를 지닌 「ない」가 접속될 때의 연결 형태를 칭한다.
즉, 「ない」가 접속되기 직전의 형태를 「ない형」이라 부르기로 한다.
ex) 「行く」의 ない형 - 行か

(2) ます형 - 정중의 의미를 나타내는 「ます」가 접속될 때의 연결 형태를 칭한다.
즉, 「ます」가 접속되기 직전의 형태를 「ます형」이라 부르기로 한다.
ex) 「行く」의 ます형 - 行き

(3) て형 - '~고' '~서'의 의미를 나타내는 「て」가 접속될 때의 연결 형태를 칭한다.
즉 「て」가 접속되기 직전의 형태를 「て형」이라 부르기로 한다.

(4) 명사수식형 - 동사가 명사를 포함한 체언을 수식할 때의 형태를 명사수식형이라 칭한다.
ex) 「行く」의 명사수식형 - 行く

(5) ば형 - 가정의 의미를 나타내는 「ば」 가 접속될 때의 연결 형태를 칭한다.
즉 「~ば」가 접속되기 직전의 형태를 「ば형」이라 부르기로 한다.
ex) 「行く」의 ば형- 行け

(6) 명령형 - 명령의 의미를 나타내는 특정 요소와의 접속형태가 아닌, 동사의 어미를 명령형으로 바꾼 형태를 명령형이라 칭한다.
ex) 「行く」의 명령형 - 行け

(7) 의지형 / 청유형 - 의지, 및 청유를 나타내는 「う・よう」가 접속될 때의 연결 형태를 칭한다. 즉, 「う・よう」가 접속되기 직전의 형태를 의지형 / 청유형이라 부르기로 한다.
ex) 「行く」의 의지형/ 청유형 - 行こ

(1) **ない형** : 부정의 의미를 지닌 「ない」가 접속될 때의 연결형태를 칭한다.

① 1그룹동사 (5단동사) : 「う단」을 「あ단」으로 바꾼 형태.

～う 단 → ～あ 단 ＋ ない
話す → はなさ＋ない (말하지 않다)
売る → うら＋ない (팔지 않다)
行く → いか＋ない (가지 않다)

※ 동사 끝이 「う」일 경우일 때 ない형은 「わ」로 바뀐다 !!!
会う → あわ＋ない (만나지 않다)
歌う → うたわ＋ない (노래하지 않다)

② 2그룹동사 (상하1단동사) : 「る」를 뗀 형태.

～る → ～ない
見る → み＋ない (보지 않다)
降りる → おり＋ない (내리지 않다)
食べる → たべ＋ない (먹지 않다)
集める → あつめ+ない (모으지 않다)

③ 3그룹동사 (불규칙동사) : 불규칙활용으로 그 활용형태를 외운다.

する → し＋ない (하지 않다)
来る → こ＋ない (오지 않다)

TIP 동사의 「ない형」은 부정의 의미를 나타내는 「ない」 이외에도 다양한 표현에 접속되어 여러 의미를 나타낼 수 있다. 동사의 「ない형」에 접속하는 다른 요소들을 알아보자.

▷ 수동표현 (れる・られる)

1그룹동사 呼ぶ ＝ 呼ば(「呼ぶ」의「ない형」) ＋ れる : 불려 지다

ex) 名前が呼ばれる。(이름이 불려 지다.)

母に叱られる。(엄마에게 혼나다.)

▷ 사역표현 (せる・させる)

1그룹동사 飲む ＝ 飲ま(「飲む」의「ない형」) ＋ せる : 마시게 하다

ex) ミルクを飲ませる。(우유를 마시게 하다.)

弟をお使いに行かせる。(남동생을 심부름 보내다.)

(2) **ます형** : 정중의 의미를 지닌「ます」가 접속될 때의 연결형태를 칭한다.

① 1그룹동사 (5단 동사)

: 기본형의 어미「う단」을「い단」으로 바꾼 형태.

～う단 → ～い단 ＋ ます

会う → あい＋ます (만납니다)

話す → はなし＋ます (말합니다)

売る → うり＋ます (팝니다)

入る → はいり＋ます (들어갑니다)

帰る → かえり＋ます (돌아갑니다)

② 2그룹동사 (상 · 하1단 동사)

: 기본형의 어미「る」를 떼낸 형태.

~~~る~~ → ~ます

起きる → 起き~~る~~ ＋ ます → おきます (일어납니다)

降りる → 降り~~る~~ ＋ ます → おります (내립니다)

考える → 考え~~る~~ ＋ ます → かんがえます (생각합니다)

集める → 集め~~る~~ ＋ ます → あつめます (모읍니다)

③ 3그룹동사 (불규칙동사) : 불규칙활용을 하므로 각각 그 활용 형태를 외운다.

する → し ＋ ます (합니다)

来る → き ＋ ます (옵니다)

TIP 동사의「ます형」은 다양한 표현에 접속되어 여러 의미를 나타낼 수 있다.
동사의「ます형」에 접속하는 다른 요소들을 알아보자.

▷ 희망표현 (たい)

1그룹동사 遊ぶ ＝ 遊び(「遊ぶ」의「ます형」) ＋ たい : 놀고 싶다

ex) 日本へ遊びに行きたいです。(일본에 놀러 가고 싶습니다.)

ぐっすり寝たいです。(푹 자고 싶습니다.)

▷ 동시동작표현 (ながら)

2그룹동사 見る ＝ 見(「見る」의「ます형」) ＋ ながら : 보면서

ex) テレビを見ながらご飯を食べる。(텔레비를 보면서 밥을 먹습니다.)

勉強しながらラジオを聞く。(공부를 하면서 라디오를 듣는다.)

이 외에도 복합동사(書きおわる、走りはじめる)나 복합형용사(なりやすい、飲みにくい), 복합명사(読み手、すべり役)를 만들 때 사용되는 형태이기도 하다.
~~~

(3) **て형** : '~(하)고, ~(해)서'의 의미를 지닌「て」가 접속될 때의 연결형태를 칭한다.

① 1그룹동사 (5단 동사)

1그룹 동사가「て」에 연결될 때 동사의 어미가「い・っ・ん」등으로 바뀌는 데 이것을 특히 음편화 한다고 한다. 이는 1그룹동사에 한하여 발음을 쉽게 하기 위해 일어난 현상이다.

①-1 い음편화

어미가「く・ぐ」인 1그룹동사에 연결표현「て」가 접속되면 어미「く・ぐ」는「い」로 바뀐다.「ぐ」의 경우는「て」가「で」로 나타난다.

ex) 書く ↓ い + て → 書いて　　泳ぐ ↓ い + で → 泳いで

①-2 촉음편화

어미가「う, つ, る」인 1그룹동사에「て」가 접속되면 어미「う, つ, る」는 촉음으로 바뀌어 나타난다.

ex) 会う ↓ っ + て → 会って　　待つ ↓ っ + て → 待って　　撮る ↓ っ + て → 撮って

예외 5단 동사는 끝이 언제나「る」로 끝나기 때문에 항상 촉음편이 된다.

ex) 知る → 知って, 入る → 入って, 帰る → 帰って

①-3 발음편화

어미가「ぬ, ぶ, む」인 1그룹동사에「て」가 접속되면 어미「ぬ, む, ぶ」는「ん」으로 바뀌어 나타난다. 또한「て」는「で」로 나타난다.

ex) 死ぬ　　　　　　　　飛ぶ　　　　　　　読む
↓　　　　　　　　↓　　　　　　　　↓
ん＋で→死んで　ん＋で→飛んで　ん＋で→読んで

①-4 예외

「行く」는 어미가「く」로 끝나므로 원칙대로라면「い음편」에 해당하나 예외로 촉음편으로 활용한다.

ex) 行く→行って, 行った, 行ったり, 行ったら

1그룹동사이지만 어미가「す」로 끝나는 동사는 음편이 생기지 않아「ます형」과 동일한 형태로「て」가 연결된다.

ex) 話す　　　　　　　　渡す
↓　　　　　　　　↓
し＋て→話して　　し＋て→渡して

TIP 동사의「て형」은 접속의 의미를 나타내는「て」이외에도 다양한 표현에 접속되어 여러 의미를 나타낼 수 있다. 동사의「て형」에 접속하는 다른 요소들을 알아보자.

▷ 과거표현 (た・だ)

1그룹동사 書く＝書い(「書く」의「て형」)＋た(だ) : 썼다

ex) 昨日、彼から荷物が届いた。(어제 그로부터 짐이 도착했다.)
犬が子犬を生んだ。(개가 새끼를 낳았다.)

▷ 병렬표현 (たり・だり)

1그룹동사 待つ＝待っ(「待つ」의「て형」) ＋ たり(だり) : 기다리거나

ex) 夕食後は本を読んだり、音楽を聞いたりします。
(저녁식사 후에는 책을 읽거나 음악을 듣거나 합니다.)
夜遅く飲んだり食べたりするのは健康に悪い。
(밤늦게 먹거나 마시거나하는 것은 건강에 나쁘다.)

▷ 가정표현 (たら・だら)

1그룹동사 売る = 売っ(「売る」의「て형」) + たら(だら) : 팔면

ex) 100万円あったら、海外旅行に行きたいです。
(100만엔이 있다면 해외여행을 가고 싶습니다.)
毎日 1 時間泳いだら、痩せるでしょうか。 (매일 1시간 수영하면, 살이 빠질까요?)

TIP 음편화는 발음을 용이하게 하기 위해 생긴 것으로 원래 일본어에서는 지금과 같은 형태의 음편은 존재하지 않았고 헤이안(平安)시대에 발생되어 긴 역사를 거쳐서 음운이 변화한 결과로 현재와 같은 음편이 생겨난 것이다. 이러한 음편현상은 일본어의 발음의 특성상 자음의 연속을 허락하지 않는다는 점에 주목하면 그리 특이한 현상은 아닌 것이다. 예를 들어 「飛ぶ」「読む」의 어간은 로마자로 각각「tob-」「yom-」와 같이 되는 데 이것에「a, i, u, e, o」를 붙여 활용하게 되는 데 음편이 일어나는 て형과 た형에는 어간에 직접「te」와「ta」가 붙어「tobte・tobta」「yomte・yomta」와 같이 되어 버린다. 그러나「本箱」와 같이 비음[n] 과 자음의 연속은 가능하여「b・m」가 비음화를 이르켜 자음연속을 허락하게 하고 있다. 고어의 일본어에도 음편이 생기기 전까지는「ます형」과 동일한 형을 사용을 했는데, 이것은「す」로 끝나는 동사가「て, た, たり, たら」등과 접속할 때 음편이 생기지 않고「ます형」과 동일한 형태를 사용하는 것을 보면 「ます형」으로 사용되던 것에 음편이 생겨남을 엿볼 수 있을 것이다. 또한 2,3그룹동사에서도「ます형」에「て형」을 사용을 하고 있다.

ex) する－します－して ・ 来る－きます－きて

현대어에서는 관용적으로 사용이 되거나 시적효과를 높이기 위해 음편을 사용하지 않고「ます형」을 사용하는 경우도 있다.

ex) 残りて哀しみを抱く身のつらさよ。(이렇게 남아 외로움을 품는 신세의 고통이여.)
雨降りて冷たき通夜の夜長かな。(비마저 내려 더 추운 장례식전날의 긴 밤이여.)

(4) **사전형** : 동사의 형태 그대로 문장이 종료되는 형태를 칭한다.

ex) 夏休みに旅行をする。(여름방학에 여행을 한다.)
一人で買い物に行く。(혼자서 쇼핑을 하러 간다.)

(5) **명사수식형** : 체언(명사,대명사,수사)에 연결되는 연결형태를 칭한다.

ex) 試験を受ける学生は明日9時までに学校に来てください。
(시험을 치는 학생은 내일 9시까지 와 주십시오.)
CDを買う予定がありますか。(CD를 살 예정이 있습니까?)

(6) **ば형** : 가정의 의미를 지닌「ば」가 접속될 때의 연결형태를 칭한다.

① 1그룹동사 (5단동사) :「う단」을「え단」바꾼 형태.

～う단 → ～え단 ＋ ば
会う → あえ ＋ ば (만나면)
話す → はなせ ＋ ば (말하면)
売る → うれ ＋ ば (팔면)
入る → はいれ ＋ ば (들어가면)
帰る → かえれ ＋ ば (돌아가면)

② 2그룹동사 (상하1단동사) : 기본형의 어미「る」를「れ」로 바꾼 형태.

～る → ～れ ＋ ば
起きる → 起きる̸ ＋ れ ＋ ば → おきれば (일어나면)
降りる → 降りる̸ ＋ れ ＋ ば → おりれば (내리면)
考える → 考える̸ ＋ れ ＋ ば → かんがえれば (생각하면)
忘れる → 忘れる̸ ＋ れ ＋ ば → わすれれば (잊으면)

③ 3그룹동사 (불규칙동사)

: 불규칙활용을 하므로 각각 그 활용 형태를 외운다.

する →すれ ＋ば (한다면)

来る→くれ ＋ば (온다면)

(7) 명령형

① 1그룹동사 (5단 동사)

: 「う단」을 「え단」으로 바꾸어 문장을 끝낸다.

～う단 → ～え단

会う →あえ (만나라)

話す →はなせ (말하라)

売る →うれ (팔아라)

入る→はいれ (들어가)

帰る→かえれ (돌아가)

② 2그룹동사 (상하 1단 동사)

: 「る」를 뗀 형태.

～~~る~~ →～ろ・よ

起きる→起き~~る~~ ＋ ろ・よ→ おきろ・おきよ (일어나라)

降りる→降り~~る~~ ＋ ろ・よ→ おりろ・おりよ (내려라)

考える→考え~~る~~ ＋ ろ・よ→ かんがえろ・かんがえよ (생각해라)

忘れる→忘れ~~る~~ ＋ ろ・よ→わすれろ・わすれよ (잊어라)

③ 3그룹동사 (불규칙동사) : 불규칙활용을 하므로 각각 그 활용형태를 외운다.

する 하다 →しろ・せよ (해라)

来る 오다 →こい (와라)

(8) 의지・청유형

① 1그룹동사 (5단 동사)

:「う단」을「お단」으로 바꾼 형태.

～う단 → ～お단 ＋ う

会う →あお ＋ う (만나자 / 만나려고)

話す →はなそ ＋ う (이야기하자 / 이야기하려고)

売る →うろ ＋ う (팔자 / 팔려고)

入る →はいろ ＋ う (들어가자 / 들어가려고)

帰る →かえろ ＋ う (돌아가자 / 돌아가려고)

② 2그룹동사 (상하 1단 동사) :「る」를 뗀 형태.

～る → ～よう

起きる → 起きる ＋ よう → おきよう (일어나자 / 일어나려고)

降りる → 降りる ＋ よう → おりよう (내리자 / 내리려고)

考える → 考える ＋ よう → かんがえよう (생각하자 / 생각하려고)

忘れる → 忘れる ＋ よう → わすれよう (잊자 / 잊으려고)

③ 3그룹동사 (불규칙동사) : 불규칙활용을 하므로 각각 그 활용형태를 외운다.

する 하다 →しよう (하자 / 하려고)

来る 오다 →こよう (오자 / 오려고)

◈ 그룹별 동사의 활용표 정리

	1그룹		2그룹				3그룹			
	5단동사		상1단동사		하1단동사		か행불규칙동사		さ행불규칙동사	
	行く		見る		食べる		来る		する	
ない형	行か	ない	見	ない	食べ	ない	こ	ない	し	ない
ます형	行き	ます	見	ます	食べ	ます	き	ます	し	ます
사전형	行く		見る		食べる		くる		する	
명사수식형	行く	とき	見る	とき	食べる	とき	くる	とき	する	とき
ば형	行け	ば	見れ	ば	食べれ	ば	くれ	ば	すれ	ば
명령형	行け		見ろ		食べろ		こい		しろ・せよ	
의지・청유형	行こ	う	見	よう	食べ	よう	こ	よう	し	よう

◈ 정중도별 동사의 활용표 정리

		보통형		정중형	
		긍정형	부정형	긍정형	부정형
서술형	현재형	書く	書かない	書きます	書きません
	과거형	書いた	書かなかった	書きました	書きませんでした
명사 수식형	현재형	書く	書かない	(書きます)	(書きません)
	과거형	書いた	書かなかった	(書きました)	(書きませんでした)
て형		書いて	書かないで 書かなくて	書きまして	書きませんで
중지형		書き	書かず		
ば형		書けば	書かなければ		
의지・청유형		書こう		書きましょう	
명령형		書け	書くな		

TIP 예외 1그룹동사는 2그룹동사와 같은 음을 가진 동사가 있는데, 3음절의 동사는 送り仮名를 꺼내어서 쓰기 때문에 혼동을 피할 수 있으니, 2음절동사에서는 혼동되지 않도록 주의가 필요하다.

ex) いる ： 居る(있다 – います) – 要る(필요하다 – いります)
きる ： 着る(입다 – きます) – 切る(자르다 – きります)
しめる： 閉める(닫다 – しめます) – 湿る(젖다 – しめります)

4.3 복합동사

「書きつづける」나 「作りだす, 読みあげる」처럼 2개 이상의 동사를 결합시켜 만든 동사를 복합동사라고 한다. 앞에 사용되는 동사를 전항동사, 뒤에 사용되는 동사를 후항동사라 칭하는데, 전항동사로 동사의 「ます형」이 사용되며, 전체가 하나의 동사와 같이 사용되어 여러 가지 뜻을 나타낼 수 있다.

(1) 상과 관련된 복합동사

① 동작의 개시를 나타내는 것
: 후항동사로 「~はじめる」「~だす」 등이 사용된다.

ex) 担当者が名前を呼びはじめた。(담당자가 이름을 부르기 시작했다.)
突然降りだした雨に困っている。(갑자기 내리는 비에 곤란해 하고 있다.)

② 동작의 계속을 나타내는 것 : 후항동사로 「~つづける」「~つづく」등이 사용된다.

ex) 物事を改善していこうと努力しつづける。(사항을 개선하고자 계속 노력한다.)
今月にはいって雪が降りつづいている。(이번 달 들어 눈이 계속 내린다.)

③ 동작의 완료를 나타내는 것 : 후항동사로 「~おわる ・ おえる」「~きる」등이 사용된다.

ex) その本はとっくに読みおえている。(그 책은 옛날에 다 읽었다.)
ラーメンが伸びきる前に食べてしまう。(라면이 다 붇기 전에 먹어치운다.)

상의 의미를 지닌 복합동사 그 외) ~かかる, ~やむ, ~とおす, ~ぬく등

ex) 彼は突然相手に殴りかかった。(그는 갑자기 상대를 때리기 시작했다.)

雨は一時間もすれば降りやむだろう。(비는 한 시간 쯤이면 그치겠지.)

最後までやりとおして見せる。(끝까지 해 내어 보이다.)

旅行会社は事前にしっかりと調べぬいて、決めてください。(여행사는 사전에 확실히 조사하시고 정하세요.)

(2) 방향과 관련된 복합동사

① 위쪽방향으로의 동작 : 후항동사로 「～あげる」가 사용된다.

ex) 次々と花火を打ちあげた。(계속해서 불꽃을 쏘아 올렸다.)

② 아래쪽방향으로의 동작 : 후항동사로 「～おちる」가 사용된다.

ex) お話を聞きながら椅子から転びおちるくらい驚きました。

(이야기를 들으면서 의자에서 굴러 떨어질 정도로 놀랐습니다.)

③ 바깥쪽방향으로의 동작 : 후항동사로 「～だす」가 사용된다.

ex) 放課後に彼女を屋上に呼びだす。(방과 후에 그녀를 옥상으로 불러낸다.)

(3) 정도의 강조

① 한계에 이르러 그 이상의 상태를 생각하지 못 하는 상태
: 후항동사로 「～きる」가 사용된다.

ex) 弱りきった顔でお母さんは私に言いました。

(완전히 쇠약해진 얼굴로 어머니는 나에게 말씀하셨습니다.)

店員は分かりきった説明を長々と続けていた。

(점원은 잘 알고 있는 설명을 계속 하고 있었다.)

② 상대에 대해 하는 행동이 격하다는 것을 나타낸다.

: 후항동사로 「～つける」가 사용된다.

ex) 先生は生徒を厳しく叱りつけた。(선생님은 학생을 엄하게 꾸짖었다.)

③ 계속 그 동작을 계속하다. : 후항동사로 「～まくる」가 사용된다.

ex) 彼女はストレスがたまるとものを食べまくる癖がある。

(그녀는 스트레스가 쌓이면 음식을 마구 먹는 버릇이 있다.)

子供たちは教室の中を走りまくっている。(아이들은 교실 안을 뛰어 다니고 있다.)

④ 완전히, 끝까지 ～하다, ～해 버리다.

: 후항동사로 「～つくす, ～とおす」가 사용된다.

ex) 彼とは言いつくせないほどの思い出がある。

(그와는 말로 다 표현하지 못 할 정도의 추억이 있다.)

父は遂に最後まで自分の仕事をやりとおした。

(아버지는 결국 끝까지 자신의 일을 해 내었다.)

(4) 동작을 나타내는 것

① 무언가를 찾아서, 그 행동을 여러 곳에서 한다는 뜻

: 후항동사로 「～あさる」가 사용된다.

ex) 日本文化関連の本を買いあさる。(일본문화관련 책을 사 들인다.)

② 좀 더 좋아지도록 다시 한 번 한다는 뜻 : 후항동사로 「～なおす」가 사용된다.

ex) ミスのないように何度も見なおす。(실수가 없도록 몇 번이나 다시 본다.)

(5) 상호작용을 나타내는 것

「서로～하다」, 「함께～하다」 의 뜻 : 후항동사로 「～あう」가 사용된다.

ex) 全国各地で日本の航空開発について話しあう。

(전국각지에서 일본의 항공개발에 대해서 이야기하다.)

(6) 그 외

～過ぎる, ～そこねる, ～忘れる, ～間違う 등

ex) 甘いものを食べすぎるとなぜむし歯になりやすいのか。

(단 것을 너무 많이 먹으면 왜 충치가 되는가.)

バスをギリギリで乗りそこねると15分くらい待たないといけない。

(버스를 간당간당하게 못 타게 되면 15분정도 기다리지 않으면 안된다.)

名前は、聞き忘れてわからないんですが・・・。

(이름은 듣고 잊어버려 기억하질 못합니다만...)

わたしは「태국」と「대구」をよく聞きまちがう。(나는 태국과 대구를 자주 잘 못 알아 듣는다.)

4.4 자동사와 타동사

(1) 자동사

일반적으로 목적어 「を」를 취하지 않으며, 다른 말의 도움 없이 그 자체만으로 주어의 동작을 나타낼 때나, 행동이 이루어진 사물에 어떤 작용, 변화가 일어나는가에 중점을 두는 동사이다.

ex) 雨が降る。(비가 온다.) 子供が泣く。(아이가 운다.) 花が咲く。(꽃이 피다.)

> **TIP** 일본어의 타동사는 「を」를 취하는 경우가 대부분이지만 「を격」을 취했다고 하더라도 그것이 대상명사가 아닌 장소나 통과점, 공간, 시간 등을 나타낼 때는 타동사가 아닌 자동사로 분류된다. 이동의 의미의 동사는 자동사로 생각하면 된다.
>
> ex) 青い空を飛ぶ。(파란 하늘을 날다.)
> 静かに部屋を出る。(조용히 방을 나오다.)
> 断食も24時間を過ぎる。(단식도 24시간을 넘는다.)
>
> <그 외 「を」을 취하지만 타동사가 아닌 동사들 >
> 歩く(걷다), 通る(지나다), 降りる(내리다), 走る(달리다), 渡る(건너다), 超える(넘다), 離れる(멀어지다), 曲がる(굽어지다), 卒業する(졸업하다) , 登る(올라가다)등

(2) 타동사

일반적으로, 목적어인 「を」를 취하여 주체의 동작이나 작용이 목적어에 영향을 미치는 행위를 표현하는 동사이다. 그러므로 동작의 대상이 되는 목적어에 대해 무엇인가의 관련동작을 나타낼 때 사용한다.

ex) 切る(자르다), 殴る(때리다), 叩く(두드리다), 読む(먹다), 見る(읽다), 止める(멈추다), 上げる(올리다), 割る(나누다) 등

> **TIP** 아래의 동사들은 의미상 타동사의 역할을 하지만, 조사「を」가 아닌 「に」를 취하여 사용되므로 주의할 필요가 있다.
>
> 似る(닮다), 会う(만나다), 乗る(타다), さわる(만지다), 賛成する(찬성하다), 反対する(반대하다) かみつく(물고 늘어지다), 触れる(닿다)등
>
> ex) 遠足はバスに乗って行く。(소풍은 버스를 타고 간다.)
> 息子は妻に似ている。(아들은 아내를 닮았다.)
> 彼の意見に一同賛成する。(그의 의견에 모두 찬성한다.)

(3) 자타 양용동사

하나의 동사가 자동사로도 타동사로도 사용되는 경우를 말하며, 「引く, 開店する, 開始する, 張る, 移転する, 増す, 吹く, はねる, 閉じる, 伴う, 運ぶ, 触れる, 結ぶ, 開く, 巻く」 등의 동사를 예로 들 수 있다.

ex) 潮が引く(조수가 빠지다) – 手を引く(손을 떼다)
店が開店する(가게가 개점하다) – 店を開店する(가게를 개점하다)
氷が張る(얼음이 얼다) – 根を張る(뿌리를 뻗다)
会社が移転する(회사가 이전하다) – 会社を移転する(회사를 이전하다)
川の水かさが増す(강물이 불어나다) – 川が水かさを増す(강이 수량을 늘린다)
風が吹く(바람이 불다) – 口笛を吹く(휘파람을 불다)
泥がはねる(진흙이 튀다) – 泥をはねる(진흙을 튀기다)
目が閉じる(눈이 감기다) – 目を閉じる(눈을 감다)
危険が伴う(위험이 동반되다) – 危険を伴う(위험을 동반하다)
話が運ぶ(이야기가 진행되다) – 話を運ぶ(이야기를 진행하다)
手が触れる(손이 스치다) – 手を触れる(손을 스치다)
実が結ぶ(열매가 열리다) – 実を結ぶ(열매를 맺다)
渦が巻く(소용돌이가 치다) – 渦を巻く(소용돌이를 치다)

TIP 일본어의 자동사와 타동사는 동일한 어근을 공유하여 쌍을 이루는 경우도 있으며, 자동사 혹은 타동사만 단독으로 존재하는 경우도 있다.

① 자동사만 있는 동사
: 대상이 없고 스스로의 동작을 나타낼 때 사용하며, 계속동작과 상태를 나타내는 말에 많다.

ex) ある(있다), いる(있다), 歩く(걷다), 怒る(화내다), 勝つ(이기다), 会う(만나다), 走る(뛰다), 泳ぐ(수영하다), 来る(오다), 行く(가다), 寝る(자다), 眠る(자다), 死ぬ(죽다) 등

② 타동사만 있는 동사
: 대상을 매개로한 동사이다.

ex) 考える(생각하다), 言う(말하다), 待つ(기다리다), 持つ(들다), 読む(읽다), 書く(쓰다), 食べる(먹다), 飲む(마시다), 着る(입다), 蹴る(차다), 投げる(던지다), 打つ(치다), 殺す(죽이다), 織る(짜다), 遂げる(달성하다) 등

③ 자동사와 타동사가 페어를 이루는 동사

(が)→(を)	(が)자 동 사	(を)타 동 사
(1) －aru → －eru	上がる 変わる 閉まる 止まる 「車が止まる。」	上げる 変える 閉める 止める 「車を止める。」
(2) －u → －eru	開く 立つ 付く 「電気が付く。」	開ける 立てる 付ける 「電気を付ける。」
(3) －u → －su	動く 鳴る 「体が動く。」	動かす 鳴らす 「体を動かす。」
(4) －eru → －u	割れる 折れる 切れる 「皿が割れる。」	割る 折る 切る 「皿を割る。」
(5) －eru → －yasu	冷える 増える 「人口が増える。」	冷やす 増やす 「財産を増やす。」
(6) －eru → －asu	出る 解ける 冷える 冷める 「猫が窓から出る。」	出す 解かす 冷やす 冷ます 「猫を外に出す。」

(7) －iru →－asu	伸びる 生きる 「背が伸びる。」	伸ばす 生かす 「背筋を伸ばす。」
(8) －iru →－osu	起きる 落ちる 「子供が起きる。」	起こす 落とす 「子供を起こす。」
(9) －reru →－su	壊れる 汚れる 「自転車が壊れる 。」	壊す 汚す 「わざと自転車を壊す。」
(10) －oru →－osu	起こる 治る 「病気が治る。」	起こす 治す 「医者が病気を治す。」
(11) －ru →－seru	乗る 寄る 似る 「バスに乗る。」	乗せる 寄せる 似せる 「バスに乗せる。」
(12) 불규칙한 것	消える	消す

TIP 자동사와 타동사 구별법

예외도 많이 존재하므로, 큰 구별법 정도로 참고하세요.

①「－す」로 끝나면 타동사인 경우가 많다.

ex) 服が汚れる － 服を汚す (옷이 더러워지다 － 옷을 더럽히다)
結果が残る － 結果を残す(결과가 남다 － 결과를 남기다)
病気が治る － 病気を治す (병이 낫다 － 병을 치료하다)

②「－る」로 끝나며 동일어근을 공유하는 타동사와 자동사의 경우, 2그룹 동사의 형태(「－eru」)가 타동사인 경우가 많다.

ex) 時間がかかる － 時間をかける (시간이 걸리다 － 시간을 들이다)
内容が決まる － 内容を決める (내용이 정해지다 － 내용을 정하다)
ドアが閉まる － ドアを閉める (문이 닫히다 － 문을 닫다)

연 습 문 제

1. 다음 (　　　)에 들어갈 적당한 동사를 아래에서 고르시오.

(1) すみません。あのお皿を(　　　)ください。

① まって　　② すんで　　③ とって　　④ しめて

(2) あの大きい橋を(　　　)右に曲がってください。

① 消して　　② あそんで　　③ 濡らして　　④ わたって

(3) 本棚に本を(　　　)。

① ならいましょう　　② ならしましょう　　③ ならびましょう　　④ ならべましょう

(4) 父は 年を とって かぜを(　　　)やすく なりました。

① ひか　　② ひき　　③ ひく　　④ ひいて

(5) おなかが いたくて あさから 何も(　　　)。

① 食べて います　　② 食べました　　③ 食べて いません　　④ 食べないでした

(6) これは わたしが(　　　)お菓子です。どうぞ 食べて ください。

① つくり　　② つくる　　③ つくって　　④ つくった

2. [ ] 안의 동사를 사용하여 적당한 형태로 바꾸어 문을 완성하시오.

(1) [つく・つける]

① 音楽が聞きたいです。ラジオを(　　　　　)もいいですか。

② (スイッチをオン(on) にする)あ、電気が(　　　　　)ました。

(2)［ 切る・切れる ］

① よく(　　　　　)ないナイフはとても危ないです。

② 美容師さんがお客の髪を(　　　　　)います。

(3)［ 閉まる・閉める ］

① 映画が始まりますから、ドアを(　　　　　)ください。

② ドアが(　　　　　)ますからご注意ください。

(4)［ 出る・出す ］

① 先生は授業中、うるさくする学生を外へ(　　　　　)。

② 指摘された学生は外へ(　　　　　)。

(5)［ とまる・とめる ］

① 時計が(　　　　　)ていて遅刻するところだった。

② ここに車を(　　　　　)はいけません。

(6)［ きえる・けす ］

① へやを出る時は、必ず、電気を(　　　　　)ください。

② キャンプの時は火が(　　　　　)ているかどうか、確認してください。

(7)［ はいる・いれる ］

① この部屋は大きいから、20人くらいは(　　　　　)ます。

② 焼酎の場合は、お酒に水を(　　　　　)て割って飲みます。

(8)［ つくる・できる ］

① 兄は弟のために紙で飛行機を(　　　　　)います。

② 兄「ほら、あかあさん、紙飛行機が(　　　　　)よ。」

(9)［ 聞く・聞こえる ］

① キムさんは今音楽を(　　　　　)います。

② 後ろの人に(　　　　　)ように大きな声で話す。

3. 다음 중 사용이 바른 문장을 하나 고르시오.

(1) ① 彼は人形を集まっている。 ② 彼はカゼで倒しました。

③ 彼の趣味は人形が集まることだ。 ④ 風で木が倒れています。

(2) ① テレビが壊したので、見られません。 ② 先生がカンニングを見つけました。

③ お金を見つかって、警察に届きました。 ④ もうテストが始めています。

4. 다음 밑 줄 친 부분이 자동사인지 타동사인지 적으시오.

(1) 柿の実を<u>落とす</u>。 (　　　　)

(2) 肉も野菜も<u>食べる</u>。 (　　　　)

(3) 氷がすぐに<u>とける</u>。 (　　　　)

(4) 毎朝、７時に<u>起きる</u>。 (　　　　)

(5) 船で川を<u>渡る</u>。 (　　　　)

5. 다음 문장을 해석하시오.

(1) 手紙を書いたり、本を読んだりします。

⇒ ______________________________

(2) 私の目標は、同時通訳士になることです。

⇒ ______________________________

(3) 毎日深夜まで残業している。

⇒ ______________________________

(4) 田中さんが山田さんの顔を殴った。

⇒ ______________________________

(5) 王さんの考えは正しいと思います。

⇒ ________________________________

6. 다음 문장을 일본어로 옮기시오.

(1) 내년 봄에 아들이 초등학생이 됩니다.

⇒ ________________________________

(2) 바람이 불고 비가 내린다.

⇒ ________________________________

(3) 나는 기숙사에 살고 있습니다.

⇒ ________________________________

(4) 이미 봄이라 꽃도 피겠지.

⇒ ________________________________

(5) 최근에 승마를 배우기 시작했습니다.

⇒ ________________________________

독 해 문 제 1

「目的地のない旅」

もうすぐ期末テストが終わり、大学の休みが始まります。平日は毎日授業があって、とても忙しいです。それに週末は土曜日も日曜日もアルバイトをしているので、ゆっくり休む時間がありません。毎日が本当にバタバタと過ぎていきます。今度の休みは、そんな生活を終わらせていままで自分でお金を出して１人で旅に出たいです。旅といってもどこにどのくらい行くのか、ちゃんと決める旅ではなく、お金と必要な荷物だけを持ってホテルも予約しない自由な旅がしたいです。いつもは母が朝、私を起こしてくれますが、旅に出るとなぜか１人で起きられます。以前、５日間だけ国内で１人旅をしました。バスに乗って田舎に行って普段は見られないきれいな山や川をみたり、ゆっくり散歩してきれいな空気を吸ったりしました。山の上からは海が見えたのを覚えています。途中で道がわからなくなって知らない人に助けてもらったこともあります。日常生活を離れて旅に出ることほど刺激的なものはないと思います。今度の休みは、国内ではなく海外に行こうと思います。飛行機のチケットだけを取って地図を見ながら１人で旅行がしたいです。①言葉の壁もあるし、もしかしたら道に迷ったりレストランで食べたいものがちゃんと出てこなかったりすることがあるかもしれません。そろそろ外国語の勉強を始めたほうがいいかもしれませんが、でもそれも全部、後になって思い出せばいい思い出になると思います。

(1) 本文の内容と異なるものを１つ選びなさい。

( ) 今度の休みには１人で旅行がしたいです。

( ) 以前、１人で国内旅行をしたことがあります。

( ) 以前の旅行は、田舎へいきました。

( ) 以前の旅行は、５日間でした。

( ) 今度の旅行は飛行機とホテルを予約して１人で行きます。

(2) 本文の①「言葉の壁」とはどんな意味ですか。１つ選びなさい。

① 言葉が何種類も話せること。

② 言葉を忘れてしまうこと。

③ 言葉がよく通じること。

④ 言葉がうまく通じないこと。

(3) 次の文の中で文法的に正しいものをすべて選びなさい。

( ) 早く行かないと授業が始めてしまいます。

( ) 今日は、仕事を5時までに終わらせて友だちと飲みに行こうと思います。

( ) 電車が出発する前に「ドアが閉まります。ご注意ください。」というのが聞こえました。

( ) 新しい店の前には、人がたくさん並べていました。

( ) レポートを出るのが遅くなって、点数を2点落ちてしまいました。

독 해 문 제 2

「動詞」

たくさん動詞がある。こんなにたくさん覚えられない。どうしよう。どうしよう…。どうし…よう…。

冗談はさておき、実際にたくさんの単語をおぼえるのは大変である。特に、対応のある自動詞と他動詞は、すぐに言い間違えてしまう。集まる、集める。この違いを覚えても、お金だったら貯まる、貯めるというように別の動詞を使う。また、韓国語では自動詞と他動詞が同じでも日本語では違うものがある。動く、動かす。さらに、とまる、とめる、やめるなどは、もっと複雑である。

では、どう覚えるかである。いい方法をお教えしよう。それは、「いい方法を考えているヒマがあるなら、今、とにかく覚えろ!!　今、すぐにだ!!」ということである。反論は許さない。ぐちぐち、うじうじ考えているヒマがあるなら、今すぐ覚えたほうがいい。

ちなみに、「る」で終わる動詞。1グループか2グループか。大問題である。2グループなら「-iru」「-eru」だけだから「-aru」「-uru」「-oru」は間違いなく1グループの動詞。また「-iru」「-eru」の動詞でも3音節以上のものは、1グループなら「入る」で送り仮名は1つ、2グループなら「起きる」で送り仮名は2つ。但し、2音節のものは1グループ「切る」、2グループ「着る」のように送り仮名は1つになってしまう。また、読み間違いを防ぐために「掛る」は「掛かる」と書いてもよく、「掛ける」と区別しやすくなっている。

あ～あ、こんなことを悠長に頭の中で考えていたら、会話の相手は寝てしまうだろうなあ。だ、か、ら、ぐちぐち、うじうじ考えているヒマがあるなら、「今、覚えろ!!　とっとと覚えろ!!」と言うほかはないのである。

(1) 本文の内容に合っているものには○、合っていないものには×をつけてください。

① (　　) 筆者は、「動詞」と「どうしよう」をかけている。

② (　　) 筆者は、難しいものは正確に覚える必要がないと考えている。

③ (　　) 筆者は、会話のためには、とにかく覚えることも必要だと考えている。

(2) 適当な自動詞･他動詞を選びなさい。

① ラーメンに豚肉を（入ったら･入れたら）おいしい。

② 好きな女の子のタイプが（変えた･変わった）。

③ あの人しかいない。私の心は（決めた･決まった）。

④ カラオケに行った。もう、私は（とめない･やめない･とまらない）。

⑤ お金がたくさん（貯まったら･貯めたら）、ラーメンに韓国産牛肉を入れてみたい。

(3)「する」と「（に）なる」のうち、適当なものを選びなさい。

① インフルエンザに感染（した･になった）。

② 科学技術が発展（した･になった）。

③ 協議が決裂（した･になった）。

④ 学科の親睦会がいろいろな都合で延期（した･になった）。

5 시제(テンス)

사태의 성립시점과 발화시점 및 기준이 되는 일정시점과의 시간적 전후관계를 술어의 형태에 의해 규칙적으로 나타내는 문법 시스템을 말한다.

◎ **종류**

동사문, い형용사문, な형용사문, 명사문 등은 모두 비과거용법인 る형과, 과거용법인 た형으로 구별되는 시제를 가지며, 각각 품사별로 다음과 같은 형태를 취한다.

◈ **품사별 비과거 · 과거용법**

	る형(비과거 용법)	た형(과거 용법)
동사문	行く	行った
い형용사문	美しい	美しかった
な형용사문	静かだ	静かだった
명사문	本だ	本だった

5.1 る형

(1) 동작동사의 경우

a. 미래의 동작 및 사건을 나타낸다.

ex) 映画を見に行く。(영화를 보러 갈 것이다.)

これからご飯を食べる。(지금부터 밥을 먹을 것이다.)

b. 현재의 습관을 나타낸다.

ex) 最近よく眠る。(최근 잠을 잘 잔다.)

c. 진리를 나타낸다.

ex) 地球は自転する。(지구는 자전한다.)

d. 사물 혹은 사람의 성질을 나타낸다.

ex) 彼女はいつもよく笑う。(그녀는 언제나 잘 웃는다.)

cf) 동작동사의 '현재'를 나타내기 위해서는「～ている」를 사용한다.

ex) 彼はご飯を食べている。(그는 밥을 먹고 있다.)

彼は映画を見ている。(그는 영화를 보고 있다.)

(2) **상태동사의 경우** : 현재의 상태를 나타낸다.

ex) 男と女がいる。(남자와 여자가 있다.)

あそこに車がある。(저기 차가 있다.)

私は日本語ができる。(나는 일본어를 할 수 있다.)

cf) 미래의 사태를 나타내는 특정 부사 혹은 명사가 사용이 되는 경우라면, 미래의 상태를 나타낼 수 있다.

ex) 明日試合がある。(내일 시합이 있다.)

TIP 동작동사 vs 변화동사 vs 상태동사

① 동작(계속)동사 : 어떠한 행위나 사태 등이 일정 폭 혹은 기간 동안 계속적으로 일어날 수 있는 동사

ex) 走る, 飛ぶ, 降る, 泳ぐ, 食べる, 読む, 叩く 등

그러므로 계속동사는 「30分間」「~の間」등, 일정기간 혹은 폭을 나타내는 표현과 같이 쓰일 수 있는 특징을 보인다.

ex) 30分間走った / 30分間泳いだ / 30分間本を読んだ 등

② 변화동사 : 순간동사와 재귀동사 등이 해당됨.

a. 순간동사 : 순간적으로 동작 혹은 사태가 성립하는 동사

ex) 死ぬ, 落ちる, 割れる, 帰る, 来る, 行く 등

그러므로 순간동사는 일정기간 혹은 폭을 나타내는 표현과 같이 쓰이기 어려운 특징을 보인다.

ex) ??30分間死んだ / ??30分間落ちた / ??30分間割れた 등

b. 재귀동사 : 동작주가 행한 행위가 다시 동작주에게 돌아오는 형태의 동사

ex) 帽子をかぶる / メガネをかける / 指輪をはめる 등

③ 상태동사 : 상태의 의미를 나타내는 동사

ex) ある, いる, 要る,できる 등 (「ている」가 붙지 않으며 늘 상태의 의미만을 지님)
似る, 優れる,そびえる, とがる (「ている」가 붙은 형태로 쓰여 상태의 의미를 나타냄)

5.2 た형

た형의 경우, 과거, 완료를 나타내는 두 가지의 용법이 있다.

(1) **과거** : 해당 행위 및 동작이 현재의 발화시점보다 이전에 일어난 경우

ex) A : 昨日図書館に行きました か。(어제 도서관에 갔습니까?)
B : いいえ、行きませんでした。(아니요, 안 갔습니다.)

도서관에 갔는지의 여부는 현재의 발화시점에서 보았을 때 '어제'라고 하는 과거에 일어난 경우이므로「た형」을 사용하여 나타내었다.

(2) **완료** :

ex) A : あの映画もう見ました か。(저 영화 벌써 봤습니까?)
B : いいえ、まだ見ていません。(아니요, 아직 안 봤습니다.)
(*いいえ、まだ見ませんでした。)

외형상 '과거'의「た형」과 차이가 없어 보이지만, 이 경우의 '영화를 보았는지의 여부'는 현재의 발화시점에서 보았을 때 과거의 사건이 아니다. 왜냐하면 아직 영화를 보지 않았을 뿐, 앞으로 영화를 볼 가능성이 남아 있는 상황이기 때문이다. 즉,「あの映画もう見ましたか」라는 물음은 '과거'의 사건을 묻는 것이 아니라, 현재의 발화시점을 기준으로 보았을 때 '완료'가 되어있는 상태인지를 묻는 것이라 할 수 있다.

그렇기 때문에 과거의「た형」으로 묻는 의문문에서, 부정하는 내용의 대답을 해야 하는 경우라면「行きませんでした」와 같은 과거 부정형이 사용되지만, 완료의「た형」으로 묻는 의문문에서, 부정하는 내용의 대답을 해야한다면「見ていません」과 같은「~ていない」형태가 사용되는 것을 알 수 있다.

Q&A

Q) 다음과 같이 「る형」과 「た형」이 사용된 다양한 유사표현들은 어떠한 뉘앙스의 차이가 있나요?

(1) 「～るほうがいい」 「～たほうがいい」

(2) 「～るところだ」 「～たところだ」

(3) 「～たところだ」 「～たばかりだ」

(4) 「～ることがある」 「～たことがある」

A) (1) 「～るほうがいい」와 「～たほうがいい」의 차이

① 「～るほうがいい」 : 단순 비교를 한 후 어느 쪽이 좋다는 뉘앙스만 가진다. 양 구문 모두 '~을 하는 편이 좋아' 라는 의미를 지니고 있어 뜻 자체는 비슷하지만, 「～たほうがいい」의 경우 상대에게 조언 혹은 충고를 하고 있다는 뉘앙스가 강한데 비해 「～るほうがいい」의 경우 조언이나 충고의 뉘앙스보다는 단순 비교를 나타낼 때 주로 사용되는 특징이 있습니다.

ex) A : これ、今食べるのと、後で食べるのとどちらがいい?

(이거, 지금 먹는 거랑 나중에 먹는 거랑 어느 쪽이 좋아?)

B : 後で食べるほうがいい。(나중에 먹는 편이 좋아.)

: 지금과 나중을 비교하여 나은 쪽이 어느 쪽인지를 선택하는 표현이다.

② 「～た方がいい」 : 조언, 충고의 뉘앙스가 강하다.

ex) これ、体にいいから食べたほうがいいよ。(이거, 몸에 좋으니까 먹는 편이 좋아.)

(2) 「～るところだ」와 「～たところだ」의 차이

① 「～るところだ」 : 동작을 이제 막 시작하려고 하는 상황을 나타낸다.

ex) 今から、帰るところだ。(이제 돌아가려던 중이야.)

昼ごはんを食べるところだ。(점심 먹으려던 중이야.)

cf) 「～ているところだ」 : 해당 동작이 지금 한창 진행 중임을 나타내는 표현

ex) 今、シャワーを浴びているところだ。(지금 한창 샤워를 하고 있는 중이야.)

②「~たところだ」: 해당 동작을 지금 막 끝냈다는 것을 의미한다.

ex) 今、仕事が終わったところだ。(지금 막 일이 다 끝났어.)

たった今、家についたところだ。(지금 막 집에 도착했어.)

(3)「~たところだ」와「~たばかりだ」의 차이

①「~たところだ」: '해당 행위를 한 직후이다' 란 의미이다.

②「~たばかりだ」: '해당 행위를 한 지 얼마 되지 않았다'란 의미이다.

ex) 今、ご飯を食べたところです。/ 今、ご飯を食べたばかりです。

(지금 막 밥을 다 먹은 참이다. / 밥을 먹은 지 얼마 안 되었다.)

먼저,「~たところだ」의 경우 실제 시간적으로 해당 동작을 종료한 직후인 경우에만 사용할 수 있는 표현임에 비해「~たばかりだ」의 경우, 시간적으로 해당 동작을 종료한 직후는 물론, 실제 해당 동작을 종료한 후 어느 정도 시간이 지났더라도, 심리적으로 해당 행위가 종료한 지 얼마 안 되었다고 느끼는 경우라면 사용되는 표현이라는 점에서 차이가 있습니다.

예를 들어「나는 일본에 온지 겨우 1년밖에 되지 않아서 일본어를 잘 못해」라는 문장을 만들고 싶을 때, 아래와 같이「~たばかりだ」표현은 쓰일 수 있지만「~たところだ」표현은 사용할 수 없게 됩니다.

ex) 私は1年前日本に来たばかりだから日本語がうまくしゃべれない。

*私は1年前日本に来たところだから日本語がうまくしゃべれない。

일본에 도착한 후 1년이라는 시간이 지났으므로 실제 시간적으로는 일본에 도착한 직후가 아닌 것을 알 수 있습니다. 따라서「~たところだ」표현은 사용할 수 없게 되는 것이지요. 그러나 화자는 그 1년이라는 시간을 일본어를 능숙하게 구사하기에는 짧은 시간이라고 느끼고 있으며, 그렇다고 한다면 화자에게 있어 1년은 일본에 오고 난 후 얼마 지나지 않았다고 판단할 수 있는 시간이 되는 것입니다. 따라서 이 경우「~たところだ」표현이 아닌「~たばかりだ」가 사용될 수 있음을 알 수 있습니다.

한편,「~たばかりだ」가 나타내는 이러한 심리적인 뉘앙스 때문에「~たばかりだ」의 경우, 부탁 또는 요청이 들어왔으나 거절하고 싶은 경우 사용하는 표현으로「~たところだ」보다 더 널리 사용되는 특징이 있습니다.

ex) A : 一緒にご飯食べに行かない? (같이 밥 먹으러 안 갈래?)

B ： ごめんね、今ご飯食べたばかりなの。(미안, 밥 먹은지 얼마 안됐는데…)

(?ごめんね、今ご飯食べたところなの。)

「ご飯食べたところなの」의 경우, 밥을 먹은 동작을 지금 마쳤다, 라는 행위의 종료 그 자체를 강조하는 뉘앙스가 강한데 비해, 「ご飯食べたばかりなの」가 되면 '밥을 먹은 후 시간이 얼마 지나지 않았다' 라는, 그 이후의 상황까지 강조해 주므로 '지금 다시 먹을 상황이 안 된다' 라는 느낌을 더 정확히 살려 줄 수 있게 되는 것입니다.

(4)「～ることがある」와「～たことがある」의 차이

①「～ることがある」

： '(간혹)～를 하는 경우가 있다' 라는 '경우의 제시'의 의미를 나타낸다.

ex) 木村さんは出張で日本に行くことがある。(기무라씨는 출장으로 일본에 가는 경우가 있다.)

木村さんはたまに家で酒を飲むことがある。(기무라씨는 가끔 집에서 술을 마시는 경우가 있다.)

'(간혹)～를 하는 경우가 있다' 란 해석을 가지므로「～ることがある」는 늘 하는 일 혹은 일상적으로 하는 일에는 사용하기 어려운 특징이 있습니다.

ex) *木村さんはいつも出張で日本に行くことがある。

(기무라씨는 늘 출장으로 일본에 가는 경우가 있다.)

*木村さんは毎日運動をすることがある。(기무라씨는 매일 운동을 하는 경우가 있다.)

②「～たことがある」： 과거에 '～를 한 적이 있다' 라는 '경험'의 의미를 나타냄.

ex) 私は日本に行ったことがある。(나는 일본에 간 적이 있어.)

단, 너무 최근의 일이거나 일상적인 일인 경우에 사용할 수 없는 특징이 있습니다.

ex) *私は昨日富士山に行ったことがある。(나는 어제 후지산에 간 적이 있다.)

*私は寝たことがある。(나는 잔 적이 있다.)

*私はご飯を食べたことがある。(나는 밥을 먹은 적이 있다.)

연 습 문 제

1. 다음 해석에 맞는 표현을 고르시오.

해석 : 일을 시작한 지 얼마 안 되어서 능숙하진 못해.

① 仕事を始めたところなのでまだ上手ではない。
② 仕事を始めたばかりなのでまだ上手ではない。
③ 仕事を始めているところなのでまだ上手ではない。
④ 仕事を始めるところなのでまだ上手ではない。

2. 다음 해석에 맞도록 문장에서 잘못된 부분을 찾아 고치시오.

(1) 간혹 다나카군과 싸우는 경우가 있다. : たまに田中君とけんかしたことがある。

⇒ ____________________

(2) 그는 지금 식사를 하고 있다. : 彼はこれから食事をする。

⇒ ____________________

(3) A : 기무라씨는 왔나요? : 木村さんは来ましたか。

B : 아니요, 아직 안 왔습니다. : いいえ、来ませんでした。

⇒ ____________________

(4) A : 병원까지 걸어서 가는 거랑 전철로 가는 거, 어느 쪽이 좋아?

: 病院まで歩いて行くのと電車で行くのとどちらがいい?

B : 좀 피곤은 하지만 걸어서 가는 쪽이 좋아.

: ちょっと疲れてるけど、歩いていったほうがいい。

⇒ ____________________

(5) 지금 막 집에 돌아온 참이다. : いま家へ帰っているばかりだ。

⇒ ____________________

독 해 문 제 1

医師：きょうは、どうされましたか?

患者：きのう、夕食を食べていた時、頭の左側に鈍い痛みを感じました。そのまましばらく様子を見ていましたが、痛みはどんどんひどくなりました。

医師：そうですか。そのとき、薬は飲みましたか?

患者：はい。私のつらそうな表情を見た夫が心配して、「薬を飲んで少し休んだほうがいいよ」とすすめてくれたので、家にあった頭痛薬を飲みました。

医師：それで痛みはおさまりましたか?

患者：はい。1時間もすると痛みが消え、家族と一緒にテレビを見たりお茶を飲んだりして過ごしました。それで、いつものように11時ごろには寝たのですが、ちょっと心配になって、きょう病院にきました。

医師：そうですか。一度詳しく検査したほうがいいですね。CTを使って、頭の中を検査してみましょう。検査は、今日するのと明日するのと、どちらのほうがいいですか?

患者：きょうは会社の仕事が忙しいので、明日するほうがいいです。

医師：わかりました。では、あした検査しましょう。

患者：すみません。よろしくお願いします。

(1) 本文の内容にあっているものには○を、あっていないものには×をつけましょう。

① (　　) 夕食時に頭痛を感じ、しばらく様子を見ていたが痛みはひどくなった。

② (　　) 薬を飲んだら痛みが消えたので、テレビを見ないですぐに寝た。

③ (　　) CTによる検査は、あしたすることになった。

(2) {　・　}から、適当なほうをえらびましょう。

① 休日は、遊びに行くより家でテレビを{見ている ・ 見ていた}ほうがいいです。

② A: バスで行くのと電車で行くのと、どちらのほうがいいですか。

　B: バスで{行くほうが ・ バスで行ったほうが}いいです。

③ 頭が痛いなら、すぐ薬を{飲むほうがいい ・ 飲んだほうがいい}ですよ。

(3) 日本人が日本に住み始めた韓国人にアドバイスをしています。

[　　　　] の中から適当なことばをえらび、形をかえて文を完成しましょう。

① ご飯茶碗を手に持って、ご飯を(　　　　　)ほうがいいですよ。

② 教室で授業を受ける時は、帽子を(　　　　　)ほうがいいですよ。

③ タクシー料金が高いので、電車や地下鉄、バスに(　　　　　)ほうがいいです。

食べる　着る　利用する　乗る　脱ぐ　飲む

독 해 문 제 2

「たばこを吸っている人は韓国の方が多いの?」

WHO(世界保健機構)によると、たばこは世界における二番目の主要死因であると報告している。2007年のOECD(経済協力開発機構)の「健康白書」において、加盟国の喫煙率を調査している。この喫煙率とは「15歳以上で毎日喫煙する人の割合」を意味している。それによると、韓国と日本の喫煙率はそれぞれ25.3%、29.2%であり、日本の方が韓国よりも喫煙者が多いという結果である。すなわち、15歳以上の男女100人のうち毎日たばこを吸っている人が、韓国では25人、日本では29人という計算である。中でも、韓国の男性喫煙率は46.6%で、加盟国中トルコ(51.1%)に次いで2位である一方、女性の喫煙率は4.6%でOECD最下位であった。日本は男性の喫煙率は45.8%で加盟国中4位であるのに対し、女性の喫煙率は13.8%であった。ただし、日本の女性の喫煙率は加盟国中では高い方というわけではなく、最下位の韓国、ポルトガルに次いで三番目に低い。

喫煙の影響については、「喫煙は、あなたにとって肺がんの原因の一つとなります」と箱に書いてあるように、人体への害を考えてたばこは吸わない方がよいのはもちろん、特に妊娠している女性の喫煙は胎児へ悪影響を与える恐れがあるので喫煙はやめた方がいい。また、それ以外の人の場合も、たばこの煙は空気中を漂い、受動喫煙となるので、喫煙者から離れる方がよい。

(1) 本文の内容とあっているものすべてに○をつけなさい。

( ) たばこはストレス解消に必要だ。

( ) 喫煙率とは「15歳以上で毎日喫煙する人の割合」である。

( ) 男性の喫煙率は日本より韓国の方が高いが、男女全体では日本の方が高い。

( ) 日本人女性の喫煙率は韓国、ポルトガルに次いで三番目に高い。

( ) 空気中のたばこの煙を吸うと、たばこを吸っている人と同じである。

( ) 15歳未満の子どもはたばこを吸うべきではない。

( ) 肺がんが世界における二番目の主要死因である。

(2) □ の動詞を適切な形に変えなさい。

① 天気予報で今日は雨だと言っていたから、傘を(　　　)ほうがいいよ。

② A:日本へは飛行機に乗って行きたい?船に乗っていきたい?

B:う～ん、船酔いするから、飛行機で(　　　)ほうがいいかな。

③ お酒を飲んで車の運転を(　　　)ほうがいい。

④ テレビを見る時は少し離れて(　　　)ほうがいい。

する　持って行く　行く　見る

(3) 「～ほうがいい」を使って、友達へのアドバイスを考えてください。

① 焼酎を3本も飲んだ友達へ

____

② 財布を落としてしまった友達へ

____

③ 明日、好きな子に告白する友達へ

____

④ 日本に留学する友達へ

____

6 상(アスペクト)

해당 동작이나 상태를 시간의 흐름을 중심으로 생각하였을 때 개시, 계속, 종료 중 어느 단계에 해당하는지를 문제 삼는 문법시스템을 말한다. 예를 들어 '書く' 라는 동작이 개시된 후, 그 동작이 계속되어 동작이 완료하는 시점까지를 다음과 같은 상(相)의 표현을 사용하여 표현해 줄 수 있다.

ex)	書きはじめる	書いている・書きつづける	書きおわる	書いてある
	(개시)	(계속)	(종료)	(결과)

6.1 해당 동작이 취하는 각각의 국면에 따른 분류

(1) 개시를 나타내는 상(相)표현

:「~はじめる」「~だす」등을 사용하여 개시의 단계를 나타내 줄 수 있다.

ex) 車が動きはじめた ・ 車が動きだした。(차가 움직이기 시작했다.)

(2) 계속의 의미를 나타내는 상(相)표현

:「~ている(계속동사와 접속하는 경우)」「~つづける」「~つづく」「~つつある」「~ているところだ」등을 사용하여 계속의 단계를 나타내 줄 수 있다.

ex) 子供が走っている。(아이가 달리고 있다.)

上手になるまで努力をしつづけるつもりだ。(능숙해 질 때까지 계속 노력할 생각이다.)

この病院は完成しつつある。(이 병원은 완성되어 가고 있다.)

木村さんは今、食事をしているところだ。(기무라씨는 한창 식사를 하고 있는 중이다.)

(3) 종료의 의미를 나타내는 상(相)표현

: 「～終わる(終える)」「～やむ」등을 사용하여 종료의 단계를 나타내 줄 수 있다.

ex) 昨日、この小説を読みおわった(=読みおえた)。(어제 이 소설을 다 읽었다.)

朝になってやっと赤ちゃんが泣きやんだ。(아침이 되어서야 겨우 아기가 울음을 그쳤다.)

(4) 결과의 의미를 나타내는 상(相)표현.

:「～ている(순간동사와 접속하는 경우)」「～てある」등을 사용하여 어느 동작, 행위가 일어난 이후 결과의 단계를 나타내 줄 수 있다.

ex) ガラスが割れている。(유리가 깨어져 있다.)

ドアが開けてある。(문이 열려져 있다.)

TIP 동사+「ている」의 형태는 다양한 형태로 해석될 수 있지만, 대표적으로 「～고 있다」라는「진행상」의 해석과, 「～어 있다」라는「결과상」의 해석을 나타낸다. 이 때,「동사 + ている」가 진행상의 의미를 가지기 위해서는 해당동사로「동작(계속)동사」가 사용되어야 하며,「동사 + ている」가 결과상의 의미를 가지기 위해서는 해당동사로「순간동사」가 사용되어야 한다.

6.2 해당 상(相) 표현이 취하는 형식에 따른 분류

(1)「~ている」 혹은「~てある」를 사용하여 나타내는 경우

ex) 子供が走っている。(아이가 달리고 있다.)
ガラスが割れている。(유리가 깨어져 있다.)
手紙が書いてある。(편지가 씌어져 있다.)

(2) 복합동사의 후항동사로「~はじめる・~つづける(~つづく)・~おわる(~おえる)・~やむ 등」을 사용하여 나타내는 경우

ex) 手紙を書きはじめる。(편지를 쓰기 시작하다.)
手紙を書きつづける。(편지를 계속 쓰다.)
手紙を書きおわる。(편지쓰기를 마치다.)

(3) 그 외의 표현을 사용하여 나타내는 경우

ex) その建物は完成しつつある。(그 건물은 완성이 되어간다.)
彼はシャワーを浴びているところだ。(그는 샤워를 한창 하고 있는 중이다.)

6.3 해당 상(相) 표현이 취하는 형식의 특징

본 과에서는 해당 상(相) 표현이 취하는 형식으로 크게 ①「~ている」형, ②「~てある」형, ③ 복합동사를 사용한 상 표현, ④ 보조동사를 사용한 상 표현 등 네 가지의 형태를 학습하도록 한다.

(1)「~ている」형 : 해당동사의 특징에 따라 다양한 의미로 해석될 수 있으나, 대부분 '진행' 혹은 '결과'의 의미로 해석되는 경우가 많다.

● 동사의 종류별 'ている'의 해석

분 류	예	「ている」가 접속된 형태의 의미
동작 (계속) 동사	- 食べる, 飮む, 叩く, 読む등의 타동사 대부분 - 降る, 泣く, 走る, 歩く등의 자동사	◎ 진행상 : '~고 있다'로 해석됨 ex) パンを食べている。 (빵을 먹고 있다) 水を 飮んでいる。(물을 마시고 있다) 雨が降っている。(비가 내리고 있다) 子供が泣いている。(아이가 울고 있다)
변화동사	순간동사 : 死ぬ, 落ちる, 割れる, 開く,帰る, 来る, 行く, つく등 (대부분이 자동사)	◎ 결과상 : '~어 있다'로 해석됨 ex) 猫が死んでいる。(고양이가 죽어 있다) お皿が割れている。(접시가 깨져 있다)
	재귀동사 : かぶる, はめる, 着る, 脱ぐ, 履く등	전후문맥 및 장면에 따라 진행상과 결과상의 의미 어느 쪽으로도 사용 가능 ex) 今、服を着ているから入らないで ! (지금 옷 입는 중이니까 들어오지 마!) − 진행상 ex) 彼はいつも黒い服を着ている。 (그는 늘 검은 옷을 입고 있다.) − 결과상
상태동사	ある, いる, 要る, できる등	'ている'가 접속될 수 없고 늘 '상태'만을 나타냄.
	似る, 優れる, そびえる, とがる등	'ている'와 늘 함께 쓰여 '상태'의 의미만을 나타냄. ex) ゆみちゃんは母に似ている。 (유미짱은 엄마를 닮았다.) 彼は全ての面で優れている。 (그는 모든 면에서 우수하다.) 山が高くそびえている。(산이 높이 솟아 있다.) 釘は先がとがっている。(못은 끝이 뾰족하다.)

〈추가설명〉

a. 「동작동사(계속동사) ＋ ている」의 경우

i) 특정 표현이 동반되어 있지 않는다면, 대부분 '~고 있다'란 진행의 의미를 나타낸다. – 진행상

ex) 夕食を食べている / ドアを叩いている / 荷物を移している。

(저녁을 먹고 있다, 문을 두드리고 있다, 짐을 옮기고 있다.)

타동사 대부분은 동작동사(계속동사)로 분류되므로, 특정문맥 및 표현이 동반되어 있지 않는 경우라면, 「타동사 ＋ ている」의 경우 거의가 '~고 있다'란 진행상의 의미를 나타내게 된다.

ii) 특정 동사, 전후 문맥 및 기타 표현이 동반되면, 「타동사 ＋ ている」의 경우라도 경험, 습관 등, 그 외의 해석을 나타낼 수도 있다.

ex) あの映画はもう三回も見ている。(저 영화는 벌써 세 번이나 보았다.) – 경험

→ 부사 「もう」가 사용되어 경험의 해석을 만든다.

cf) 이 경우, 「映画を見ている」처럼 특정 표현 「もう」를 취하지 않았다면, '영화를 보고 있다'라는 진행상의 의미로 해석되었을 예문이다.

ex) 私は毎朝８時に朝ごはんを食べている。(나는 매일 아침 8시에 아침밥을 먹는다.)–습관

→ 특정 주기를 나타내는 「毎朝」가 동반되어 습관의 해석을 만든다.

cf) 이 경우, 특정주기를 나타내는 「毎朝」가 없이 「ご飯を食べている」로 사용되었다면 '밥을 먹고 있다'라는 진행상의 의미로 해석되었을 예문이다.

b. 「변화동사 ＋ている」의 경우

b-1. 「순간동사＋ている」의 경우 : '～어 있다' – 결과상

ex) 犬が死んでいる。(개가 죽어 있다.)

ひもが切れている。(끈이 끊어져 있다.)

電気が消えている。(전기가 꺼져있다.)
ドアが閉まっている。(문이 닫혀있다.)
地面が割れている。(땅이 갈라져 있다.)

순간동사는 대부분이 자동사로 구성되어 있으며, 순간동사라 해도 계속적인 행위의 가능성을 시사하는 표현들이 동반되어 있는 경우, 진행상 혹은 반복의 의미로 해석될 수 있다.

ex) 桜の花がひらひらと落ちている。(벚꽃이 팔랑팔랑 떨어지고 있다.) – 진행상
街灯が次々と消えている。(가로등이 차례로 꺼지고 있다.) – 반복상
ドアがゆっくりと閉まっている。(문이 천천히 닫히고 있다.) – 진행상

즉,「순간동사 + ている」형의 경우 해당동사만이 제시되어 있다면 대부분 '결과상'으로 해석되지만, 위의 설명처럼 행위의 가능성을 나타내는 표현 등이 동반되어 문맥이 함께 제시되는 경우, 진행상으로 해석될 가능성도 많으므로 술어부분만을 보고 '결과상'이라 해석 전체를 쉽게 판단해서는 안 된다는 점에 주의할 필요가 있다.

b-2.「재귀동사+ている」: 사용되는 문맥에 따라, 진행상의 의미와 결과상의 의미가 모두 가능해질 수 있다.

ex) 今、服を着ているから入らないで！(지금 옷 입는 중이니까 들어오지 마!) – 진행상
彼はいつも黒い服を着ている。(그는 늘 검은 옷을 입고 있다.) – 결과상

재귀동사란, 위의 예문에서 사용된「着る」처럼, 동작주가 해당 행위를 한 이후 그 행위가 동작주에게 되돌아오는 특징을 가지는 동사를 말한다. 이런 재귀동사의 경우, 문맥에 따라 진행상과 결과상의 의미를 모두 나타낼 수 있는 특징을 가진다.

cf) 재귀동사의 다른 예 : 帽子をかぶる, 指輪をはめる, メガネをかける 등

(2)「～てある」형

a.「A(대상명사)が ＋ V(타동사) ＋ てある」: 결과상

: 어떠한 '대상'이 '～어 있다'란 결과상의 의미를 나타내며, 보통 현재 눈으로 관찰할 수 있는 상황을 묘사하는 경우에 많이 사용된다.

ex) テーブルの上に本が置いてある。(테이블 위에 책이 놓여 있다.)
食べやすいように、麺が切ってある。(먹기 쉽도록 면이 잘라져 있다.)
ドアが開けてある。(문이 열려져 있다.)
手紙には'さようなら'と書いてある。(편지에는 '안녕' 이라고 쓰여 있다.)

TIP1 자・타페어를 이루는 동사를 술어로 취하는 경우,「자동사＋ている」와「타동사＋てある」는 다음과 같은 의미의 차이를 지닌다.

①「A(대상명사)が＋V(타동사)＋てある」
: 동작주가 해당 행위를 해서 그러한 결과가 되어있다 라는 것을 강조하는 결과상의 의미.

ex) ドアが開けてある。(문이 열려 있다.)

: 누군가가 문을 열어놓은 결과 문이 열려져 있는 상태에 있다는 것을 강조하는 표현. 즉, 동작주가 문을 연 결과, 열려진 상태에 있게 되었음을 강조하는 표현이 됨.

②「A(대상명사)が＋V(자동사)＋ている」
: 동작주가 해당 행위를 하였다는 전제는 암시하지 않고 단순히 눈 앞에 보이는 결과 자체만 객관적으로 묘사하기 위해 사용하는 표현으로 많이 사용된다.

ex) ドアが開いている。(문이 열려 있다.)

: 누군가가 문을 열었는지, 혹은 자연적으로 문이 열렸는지는 문제삼지 않고 현재 문이 열려져 있음에 초점을 둔 표현. 즉, 동작주가 행한 행위의 여부는 문제 삼지 않고, 현재 문의 상태만을 강조한 표현이 됨.

주로 동작주가 어떤 의도를 가지고 행한 행위의 결과를 나타낼 때「타동사 ＋てある」가 사용되는 경우가 많다. 즉,「ドアが開けてある」가 사용되고 있는 문맥이라면, 어떠한 이유(환기, 더위 등) 때문에 동작주가 문을 열어놓은 결과 문이 열려져 있는 상태를,「麺が切ってある」라면, 먹기 쉽게 하기 위해 동작주가 면을 잘라놓은 결과 면이 잘려 있는 상태를 나타내는 경우에 많이 사용된다.

TIP2 「A(대상명사)が＋ V(타동사) ＋ てある」의 형태라 할지라도 사용되는 타동사가 자동사 페어를 가지지 않는 타동사라면, 단순한 결과상의 의미일 뿐 '동작주의 행위를 강조하는 결과상은 아니므로 주의해야 한다.

ex) テーブルの上に本が置いてある。(테이블 위에 책이 놓여 있다.)
手紙には'さようなら'と書いてある。(편지에는 '안녕'이라고 쓰여 있다.)

; 동사「置く」와「書く」의 경우, 모두 대응하는 자동사페어를 가지지 않는 타동사이므로 이런 경우는「A(대상명사)が＋ V(타동사) ＋ てある」의 형태로 사용되어도 단순한 결과상을 나타낼 뿐, 동작주의 행위를 강조하는 형태의 결과상은 아니므로 주의할 필요가 있다.

b.「B(동작주)がA(대상명사)を＋V(타동사)＋てある」/「B(동작주)が＋V(자동사)＋てある」
: 준비상황 '～을 해 둔 상태이다' 란 '준비상황'을 나타내는 의미.
동작주 (B)는 문장 안에서 나타나는 경우도 있으나 대체로 생략된다.

ⅰ)「B(동작주)がA(대상명사)を＋V(타동사)＋てある」의 형태
: 문맥상 동작주는 화자(話し手)이나, 문장 안에서는 생략되는 경우가 많음.

ex) 今晩あるパーティーのため、飲み物をたくさん買ってある。
(오늘 밤 있을 파티를 위해 음료수를 많이 사 놓은 상태다.)

ⅱ)「B(동작주)が＋V(자동사)＋てある」의 형태
: 문맥상 동작주는 화자(話し手)이나, 문장 안에서는 생략되는 경우가 많음.

한편, ⅰ) 과 ⅱ)의 「~てある」용법에는 준비의 의미가 내재되어 있어 「~ておく」형과 의미적인 유사점을 찾아볼 수 있다.

ex) 旅行する場所には、もう下見に行ってある。
(여행할 장소엔 벌써 답사를 해 놓은 상태다.)
＝旅行する場所には、もう下見に行っておいた。

TIP 「~てある」 vs 「~ておく」

ex) 喉が乾いた時にすぐに飲めるように、飲料水を買ってある。 ; 「~てある」
(목이 말랐을 때 바로 마실 수 있도록 음료수를 사 둔 상태이다.)
喉が乾いた時にすぐに飲めるように、飲料水を買っておいた。 ; 「~ておく」
(목이 말랐을 때 바로 마실 수 있도록 음료수를 사 두었다.)

: 양 예문은 의미상으로 상당히 유사하며, 굳이 차이점을 찾자면 「~ておく」 문의 경우, 사전에 미리 해당 행위를 행한다는 '동작'에 초점이 놓이는데 반해, 「~てある」문은 동작이 행해진 후의 '결과상태'에 초점이 놓인다는 차이가 있다.

◈ '동사 + てある형'의 해석 정리

a. 「A(대상명사)が＋V(타동사)＋てある」: 동작주의 행위를 강조하는 결과상

ex) ドアが開けてある。[누군가가 어떤 의도로 문을 열어 놓아서] (문이 열려 있다.)

cf) 유사표현 : 「A(대상명사)が＋V(자동사)＋ている」: 단순한 결과상
ex) ドアが開いている。(문이 열려 있다.)

b. 「B(동작주)がA(대상명사)を＋V(타동사)＋てある」/ 「B(동작주)が＋V(자동사)＋てある」
: 준비상황

ex) 今晩あるパーティーのため、飲み物をたくさん買ってある。
(오늘 밤 있을 파티를 위해 음료수를 많이 사 놓은 상태다.)

旅行する場所には、もう下見に行ってある。
(여행할 장소엔 벌써 답사를 해 놓은 상태다.)

cf) 유사표현 : 「B(동작주)がA(대상명사)を＋V(타동사)＋ておいた」
「B(동작주)が＋V(자동사)＋ておいた」

ex) 今晩あるパーティーのため、飲み物をたくさん買っておいた。
(오늘 밤 있을 파티를 위해 음료수를 많이 사 놓았다.)
旅行する場所には、もう下見に行っておいた。
(여행할 장소엔 벌써 답사를 해 놓았다.)

(3) 복합동사를 사용한 다양한 상 표현

a. 개시(開始)의 의미를 나타내는 경우 : 「～はじめる」, 「～だす」 (~하기 시작하다)

– 복합동사의 후항동사로 「～はじめる」, 「～だす」등이 사용되는 경우, 개시(開始)의 의미를 나타낸다.

ex) 手紙を書きはじめた。(편지를 쓰기 시작했다.)
止まっていた車が動きだした。(멈춰있었던 차가 움직이기 시작했다.)

TIP 개시의 의미를 나타내는 「～はじめる」, 「～だす」의 차이점

후항동사로 「～だす」가 사용되는 경우는, 돌발적이며 무의지적인 개시를, 「～はじめる」가 사용되는 경우는 의지적인 개시를 나타낼 때 많이 쓰이는 경향을 보인다.

ex) ベルの音を聞いて、馬はいきなり走りだした。
(벨소리를 듣고 말은 갑자기 달리기 시작했다.)

突然雨が降りだした。(갑자기 비가 내리기 시작했다. — 돌발적인 개시(開始))
彼女は泣きだしてしまった。
(그녀는 울음을 터뜨리고 말았다. — 무의지적인 개시(開始))
最近、体の調子が悪いので、マルチビタミンを飲みはじめた。
(최근 몸 상태가 나빠 종합비타민을 먹기 시작했다.)
: 의지적인 개시(開始)이므로, 아래와 같이「~だす」로 바꿔 쓰면 다소 어색해 진다.

ex)(?)最近、体の調子が悪いので、マルチビタミンを飲みだした。

b. 계속의 의미를 나타내는 경우 :「~つづける」,「~つづく」(~하기를 계속하다)

「~つづく」가 사용되는 경우,「雨(雪)が降る」,「雷が鳴る」,「風が吹く」등, 기상현상을 나타내는 일부의 동사들이 전항동사로 사용되어「雨(雪)が降りつづく」「雷が鳴りつづく」「風が吹きつづく」등 제한적으로 사용되는 특징이 있으나,「~つづける」가 사용되는 경우, 전항동사로 다양한 동사류가 사용될 수 있어 사용범위가 넓다.

ex) 台風の影響で、三日間ものすごい量の雨が降りつづいた。
(태풍의 영향으로 3일간 상당한 양의 비가 계속 내렸다.)
3時間も手紙を書きつづけた。(3시간이나 편지쓰기를 계속했다.)
同じものを1ヶ月間食べつづけた。(같은 음식을 1개월간이나 계속 먹었다.)

c. 종료의 의미를 나타내는 경우
:「~おわる(おえる)」,「~やむ」,「~きる」(~하기를 마치다, 다 ~하다.)

ⅰ)「~おわる(おえる)」: 시간적・의지적인 종료를 나타낼 때 많이 쓰임.

ex) コーヒーは飲みおわった後、コップをこちらへ入れてください。
(커피는 마신 후에, 컵을 여기에 넣어 주세요.)

잔에 담긴 커피를 '한 방울도 남지 않게 모두 마신 후'란 의미보다 '커피를 마시는 행위가 종료한 후'란 의미가 강함.

ii)「〜きる」: 시간적인 종료가 아닌 '분량의 소화'를 나타낼 때 많이 쓰임.

ex) 10分で4人前の焼き肉を全部食べきった。
(10분 만에 4인분의 고기를 전부 다 먹었다.)

식사를 끝마친다는 시간적인 종료의 의미보다, 4인분의 고기의 양을 '남기지 않고 모두 먹었다' 라는 '분량의 소화' 의 의미가 강함.

iii)「〜やむ」: 무의지적인 종료를 나타낼 때 많이 사용됨.

ex) 赤ちゃんがやっと泣きやんだ。(아기가 겨우 울음을 그쳤다.)
雨は一向に降りやむ様子もない。(비는 전혀 그칠 기미도 없다.)

(4) 보조동사에 의한 다양한 상 표현

a. 〜ていく
: 현재의 시점을 기준으로 현재에서 미래로의 점진적인 변화를 나타냄.

ex) これからもっと努力していくつもりです。(앞으로 더욱 노력해 갈 생각입니다.)
うまくやっていけそう? (잘 해 나갈 수 있겠어?)
紅葉で山全体が赤く染まっていく。(단풍으로 산 전체가 붉게 물들어 간다.)

b. 〜てくる
i) 과거에서 현재에 이르기까지의 점진적인 변화를 나타냄.

ex) 3年前から子どもと二人で暮らしてきた。(3년전부터 아이와 둘이서 생활해 왔다.)
食習慣の変化により、最近肥満患者の数が増えてきた。
(식습관의 변화로 최근 비만환자의 수가 늘어났다.)

ii) 개시(開始)를 나타냄.

ex) いきなり雪が降ってきた。(갑자기 눈이 내리기 시작했다.)
部屋の中がだんだん暖かくなってきた。(방 안이 점점 따뜻해지기 시작했다.)

Q&A

Q1) 「増えている」는 '늘고 있다(진행상)'란 의미인가요? '늘어나 있다(결과상)'란 의미인가요?

A1) 일반적으로 「순간동사 + ている」는 결과상, 「계속동사 + ている」는 진행상의 의미를 나타내지만 문제가 될 수 있는 것은 순간동사와 계속동사를 특정기준에 의해 깨끗이 2분류하기 어렵다는 점입니다. 즉, 순간동사와 계속동사는 아래에서 제시하는 것과 같이 전형적인 순간동사와 전형적인 계속동사가 양 극에 존재하며, 그 사이에 두 가지의 동사류의 특징이 혼재되어 있는 동사류들이 연속적으로 분포하는 형태로 구성되어 있다고 보는 편이 적절할 것 같습니다.

전형적인 계속동사 ←————————————→ 전형적인 순간동사
走る, 泳ぐ, 食べる 등 ·························· 死ぬ, 終わる, 始まる 등

따라서 전형적인 계속동사인 경우 「～ている」가 사용되면 진행상의 해석이 부여되고, 전형적인 순간동사인 경우 「～ている」가 사용되면 결과상의 해석이 부여되지만, 계속동사로도, 순간동사로도 해석 가능한 중간단계의 동사들의 경우 「～ている」가 사용되면 진행상과 결과상 어느 쪽으로도 해석 가능한 경우도 생길 수 있다는 이야기입니다.

「増えている」가 그 예로, '늘고 있다'라는 '진행상'과 '늘어나 있다'라는 '결과상' 양쪽으로의 해석이 가능한 경우이며 전후문맥이 동반되는 경우, 그 문맥을 통해 진행상인지 결과

상인지의 해석을 유추할 수 있습니다.

ex) 毎年就職せずにバイトだけで生活する人々が少しずつ増えている状態だ。
(매년, 취직하지 않고 아르바이트만으로 생활하는 사람들이 조금씩 늘고 있는 상태이다.) – 진행상
5年ぶりに実家に帰ったら、母のシワも増えているように見えた。
(5년만에 집에 돌아갔더니, 어머니의 주름도 늘어나 있는 듯 보였다.) – 결과상

Q2) 「太郎は家に帰っている」는 결과상인가요, 진행상인가요?

A2) 다른 문맥의 도움을 받지 않고 위 문만이 가지는 해석을 놓고 본다면 이 예문은 '다로는 집에 돌아와 있다' 라는 결과상으로 해석되는 것이 일반적입니다. 그것은 동사 「帰る」의 경우, 「走る」 「歩く」 등의 계속동사와 달라서, 일정 목적지에 도착해야만 해당동작이 순간적으로 성립하는 전형적인 순간동사로 분류되기 때문입니다. 즉, 위 문장은 「순간동사 + ている」의 조합이므로 결과상으로 해석되는 경우이며, 이와 비슷한 예로 「来ている」 「行っている」 등이 있으나 모두 「순간동사 + ている」의 조합으로 결과상에 속하여 각각 '와 있다' '가 있다'로 해석됨을 알 수 있습니다.

따라서, 만약 「帰る」를 술어로 사용하여 '돌아오고 있다' 란 진행상의 문장을 만들고 싶다면 「～ている」형이 아닌 「～ている途中だ」의 형태를 사용하여 「帰っている途中だ」로 표현해야 합니다. 단, 동사 「来る」나 「行く」를 사용하여 '오고 있다' '가고 있다' 란 진행상의 문장을 만들고자 하는 경우는 「来ているところだ(途中だ)」나 「行っているところだ(途中だ)」 등의 문장보다는 「～に向かっている(～로 향하고 있다)」의 형태를 쓰는 것이 자연스러우니 기억해 두세요.

Q3) 「이동동사 + ている」표현인 「山に登っている」와 「山を登っている」의 해석의 차이가 있나요?

A3) 「山を登る」는 산을 '이동경로'로 생각하는 경우이며 「山に登る」는 산을 '착점'으로 생각하는 경우입니다. 때문에 술부에 「～ている」가 사용되게 되면 「山に登っている」는 '산에 올라가 있다'라는 결과상의 의미가, 「山を登っている」의 경우, '산을 오르고 있다'라는 진행상의 의미가 부여되어 해석에 차이가 생김을 기억해 두세요.

TIP 일본어의 시제와 상표현과 한국어와의 관계

한국인 학습자들은 '~았(었)다'로 해석되는 부분이면 모두「た형」이 사용될 것이라 오해하기 쉬우나 실제 모두 그런 것은 아니다. 다음과 같은 표현에 특히 주의하도록 하자.

① 그녀는 (미혼이 아니라 이미) 결혼했다.

ex) 彼女は結婚している。(*彼女は結婚した。)

한국어로 '결혼했다' 이므로「結婚した」의「た형」을 사용하기 쉽지만, 이 때의 '결혼했다' 란 그녀는 '기혼상태' 임을 나타내기 위해 사용된 말이므로「彼女は結婚している」로 표현해 주어야 한다. 만약, '나는 2년 전에 결혼했다'와 같이, '기혼상태'를 나타내는 표현이 아니라 결혼 한 시점이 과거임을 나타내는 표현이라면「私は2年前、結婚した」를 사용하여 나타내어도 무방하다.

② 나는 아빠랑 닮았어.

ex) 私は父と似ている。(*私は父と似た。)

한국어로 '닮았다'로 표현되므로「た형」을 사용하기 쉽지만 일본어로는「~ている」를 사용하여 표현해 주어야 한다. 이 외에도, 한국인 학습자들이 오용을 범하기 쉬운 표현들은 다음과 같다. 아래 예문은,「た형」이 사용되지만 과거가 아닌, 현재의 상태를 나타내므로 주의하여 외워두도록 하자.

ex) おなかがすきました。(배가 고픕니다.)
喉が乾きました。(목이 마릅니다.)
ああ、疲れた。(아, 피곤해.)
あ、困ったな。(아, 곤란한데…)

③ 早く帰ったほうがいいよ。(빨리 돌아가는 편이 좋아.)
「た형」이 사용되지만 과거의 사태를 서술하는 경우가 아니다. 이 때의「た형」은 시제가 과거임을 나타내는 표현이 아니라, 화자의 감정이나 기분을 나타내기 위해 사용되는 것으로「た형」이 사용됨으로 인해 화자가 '조언' 또는 '충고'를 하고 있다는 뉘앙스가 강해진다. 단,「~たほうがいい」를 부정형으로 바꾸어 '~하지 않는 편이 좋아' 인 경우,「~たほうがいい」의 부정형인「~なかったほうがいい」가 아닌,「~ないほうがいい」를 쓴다는 데 주의하도록 하자.

ex) 早く帰らないほうがいいよ。(빨리 돌아가지 않는 편이 좋아.)

심화학습 : 「～てある」문의 다양한 특징

본문에서는「～てある」가 '동작주의 행위를 내포하는 결과상' 과 '준비의 의미를 가진 결과상'의 의미를 나타낼 수 있다고 언급했으나 실제「～てある」문에는 이외에도 다양한 특징이 존재한다.

(1)「타동사 + てある」의 형태로 단순한 상태를 나타낼 수 있다.

타동사 중에는 대응하는 자동사 페어를 갖는 타동사(유대타동사 : 切る, 伸ばす, 開ける, 付ける, 割る, 閉ざす등)와, 대응하는 자동사 페어를 갖지 못하는 타동사(무대타동사 : ひく, 書く, 描く,叩く, 殴る 등)가 있다.

그런데 이 중,「유대타동사 + てある」의 경우는 '동작주의 행위를 내포하는 결과상'으로 해석되는 경향이 강하지만,「무대타동사 + てある」문의 경우는 '동작주의 행위를 내포하는 결과상'으로 해석됨은 물론, 단순한 '상태'로 해석되는 경우도 있어 주의를 요한다.

ex) 太郎に貸した本を見たら、所々赤いペンで下線がひいてあった。
(다로에게 빌려준 책을 보았더니, 군데군데 붉은 펜으로 밑줄이 그어져 있었다.)

위 예문은 다로가 펜으로 선을 그어 그 결과가 남아있는 것을「ひいてある」로 표현한 것이다. 즉, 동작주인 다로의 행위를 내포하는 결과상의 예문임을 알 수 있다. 그러나 다음 예문의 경우는 의미가 달라짐을 알 수 있다.

ex) 00社の便せんには赤い線がひいてある。(00사의 편지지에는 붉은 선이 그어져 있다.)

위 예문의 경우, 누군가가 편지지에 붉은 펜을 들고 선을 그어 그 결과가 남아있는 것이 아니라, 편지지의 인쇄상태, 즉 편지지의 속성을「～てある」문으로 나타내고 있을 뿐이다. 즉 이 예문은 동작주의 행위를 내포하는 결과상이 아닌 단순한 '상태'임을 알 수 있다. 즉,「무대타동사 + てある」문의 경우는 '동작주의 행위를 내포하는 결과상'은 물론, 단순한 '상태'의 의미도 지님을 기억할 필요가 있다.

이 외에「무대타동사 + てある」의 형태로 단순한 '상태'를 나타내는 예문으로 다음과 같은 경우가 있으니 참고하도록 하자.

ex) 花子の顔にはひどく傷付いたって書いてある。

(하나코의 얼굴에는 심하게 상처받았다 라고 쓰여 있다.)

누군가가 하나코의 얼굴에 글을 써서 그 결과가 남아있다는 표현이 아니라, 하나코의 우울한 심리상태, 즉 하나코의 상태를 「~てある」문으로 나타내고 있을 뿐임을 알 수 있다.

(2) 「타동사 + てある」문이 전부, 동작주의 의도적인 행위에 의한 결과를 나타내지는 않는다.

'동작주의 행위를 내포하는 결과상'의 의미를 지니는 「타동사 + てある」문의 경우, 보통 동작주의 '의도적인 행위'를 나타내는 것이 일반적이나 아래 예문과 같이 '비의도적인 행위에 의한 결과상'을 나타내는 경우도 드물지만 존재한다.

ex) 机の上に本が置き忘れてある。(책상 위에 책이 놓여 있다.)

이 때 동작주는 깜빡 잊고 책을 책상 위에 놓아둔 것이므로, 이 경우의 「~てある」문은 비의도적임을 알 수 있다.

(3) 「A(대상명사)を + V(타동사) + てある」문중에는, 「A(대상명사)が + V(타동사) + てある」문으로의 교체가 가능한 경우가 있다. 즉, 대상명사를 나타내는 격조사 「を」의 「が」로의 교체가 가능한 경우와 그렇지 못한 경우가 있다.

ex) 貼り薬を貼ってある。(붙이는 약을 붙여 놓은 상태이다.)

→ 貼り薬が貼ってある。

: 교체 가능

酔い止め薬を飲んである。(멀미약을 마셔놓은 상태이다.)

→ * 酔い止め薬が飲んである。

: 교체 불가

대상명사를 나타내는 격조사 「を」를 「が」로 교체할 수 있기 위해서는 눈에 보이는 사태를 묘사하고 있는 상황이어야 한다. 상기예문 '酔い止め薬を飲んである'의 경우, 눈으로 관찰할 수 있는 상황이 아니므로 격조사 「を」를 「が」로 교체하기 어려웠던 것이다.

연 습 문 제

1. 다음 중 밑줄 친 「ている」부분의 해석이 같은 것끼리 페어로 묶어보시오.

① 太郎は家に帰っている。　② 猫が死んでいる。

③ 桜の花がひらひらと落ちている。　④ 服を着ているから寒くないよ。

⑤ 太郎はパンを食べている。

2. 다음 해석에 맞도록 괄호를 메우시오.

(1) 해석 : 아, 피곤하다.

⇒ あ、(　　　　　　)。

(2) 해석 : 갑자기 아기가 울기 시작했다.

⇒ 急に赤ん坊が(　　　　　　)。

(3) 해석 : 바로 작업에 들어갈 수 있도록 종이가 잘려져 있다.

⇒ すぐに作業に入れるよう、紙が (　　　　　　)。

(4) 해석 : 아침은 먹는 편이 좋아.

⇒ 朝食は(　　　　　　)方がいい。

3. 다음 문장에서 잘못된 부분을 찾아 고치시오.

(1) 彼は3年前、結婚している。

⇒ ______________________

(2) 彼は全ての面で優れた。

⇒ ______________________

(3) 木村さんはご飯を食べやんだ。

⇒ ______________________________

(4) 今月からダンスを習いだそう。

⇒ ______________________________

4. **다음 문장을 한국어로 옮기시오.**

(1) 私はすでに三回も日本に行っている。

⇒ ______________________________

(2) 薬を飲んである。

⇒ ______________________________

(3) 針は先がとがっている。

⇒ ______________________________

(4) 桜の花がひらひらと落ちている。

⇒ ______________________________

5. **다음 문장을 일본어로 옮기시오.**

(1) 길이 굽어 있다.

⇒ ______________________________

(2) 지도가 붙여져 있다.

⇒ ______________________________

(3) 그는 산에 올라가 있다.

⇒ ______________________________

(4) 기무라씨는 벌써 학교에 가 있다.

⇒ ______________________________

독 해 문 제 1

「母からの伝言」

あやかへ

今日から3日間、留守番お願いします。あやかの好きなプリンを買っておいたから、おやつにでも食べてください。まず、食事はちゃんと食べてね。お母さんが作ったご飯が冷蔵庫の中にあるから、それを食べてください。お金はテーブルの上に置いておいたから、何か買うものがあったら使ってください。でも必要なものだけを買うようにしなさいね。

それから、ポチのえさと散歩もお願いします。今は庭を１)走っているけど、やっぱり散歩したほうがいいので夕方は必ず大山公園へ連れて行ってあげてね。散歩の時に持って行くかばんは、ポチの小屋の横に置いてあるから、それを使ってください。

そして、一番大変なそうじとせんたくだけど、大きいそうじきは２)壊れているから、小さいそうじきを使ってください。せんたくは、朝起きたらすぐにしなさいね。さとしのサッカーのユニフォームはいつもよごれているから、水であらってからせんたくきの中に入れてね。

では、いろいろと頼みましたがよろしくね！お母さんが泊まる旅館の住所と電話番号は、電話の前のかべにはっておきました。何かあったら連絡ください。あ！それともうひとつ！日曜日に東京からおじいちゃんとおばあちゃんが来るから、すしを６人前たのんでおいてくれませんか。クーポンは机の引き出しに入れておくから、使ってください。

それじゃあ、お願いします。お土産買ってくるからね。

母より

(1) あやかさんが留守番中にすることは何ですか。 **a. ~ 1.** から選びなさい。

(　　　　　　　　　　　　　　　　　　　　　　　　　　　　　　　　)

a．プリンを買う	b．テーブルの上にお金を置く
c．ポチと散歩する	d．すしを注文する
e．毎日母に電話する	f．旅館の住所と番号をかべにはる
g．おじいちゃんとおばあちゃんとすしを食べる	h．クーポンを引き出しに入れる
i．大きいそうじきでそうじをする	j．朝起きたらせんたくする
k．かばんはポチの小屋の横にある	l．お土産を買っておく

(2) 1)走っていると**2)**壊れていると同じ使い方をしている文を選びなさい。

① 雪が降っています。　② ゆう子さんは今日も赤いセーターを着ています。
③ 金さんは勉強しています。　④ 教室の電気がついています。
⑤ 窓の下に虫が死んでいます。　⑥ 李さんと田中さんはテニスをしています。
⑦ 銀行はもう閉まっています。　⑧ 山田さんは朴さんと話しています。

1)	2)

독 해 문 제 2

「学祭」

夜１１時半。誰もいなくなった学校で、私は１人立っている。周りを見渡してみる。カラフルなポスターや、サークルの名前が大きく書いてあるテント、コンサート用に並べてあるたくさんの椅子。明日は、私の大学で学祭がある。学生会のメンバーである私は、明日のために、この１ヶ月間ずっと準備をしてきた。明日の学祭が成功するように、帰る前にもう一度チェックをしておこう。

廊下を歩く。よし、ポスターがちゃんと貼ってある。はがれそうなものがないか、チェックする。あ、このポスター、左右の高さがちがう。貼りなおそう。あ、こっちのポスター、字が間違っている。明日、このサークルの子に忘れずに言わなくては。手帳を取り出して、「△△サークルポスター間違い」とメモしておく。

移動して、テントのところへ。明日はここでかき氷やジュース、それにお酒も販売する。買い出しリストの紙が置いてある。今日買ってきて、学生会の部屋の冷蔵庫に入れてあるはずだ。あとで確認しよう。リストの紙をポケットに入れておく。次は、コンサートステージ。ライトの位置、オッケー。椅子の数は合っているかな。１，２，3…数えている時、携帯が鳴った。母からの電話だ。数えるのをやめて、電話に出た。

「何しているの。もう１２時だから、早く帰ってきなさい」

なんとなく、母の声がこわい。この１カ月、毎日こんなかんじだ。

「まだ大学。明日学祭だから、最後にもう一度確認しておこうと思って、大学内をまわっているの。でも、もうすぐ帰るから、心配しないで」

電話を切って、ため息をつく。他のみんなはもう寝ているかな。

見回りを終えて、帰ろうとしたら、学生会の部屋の電気がついている。あれ、おかしいな。消しておいたのに。中に入ったら、黒板にメッセージが書いてあった。

「お疲れ様。明日の学祭、成功させようね！」

いつの間に書いたんだろう。疲れていたけど、なんだかうれしくなった。よし、明日の学祭がんばるぞ！

(1) 本文と合っている内容を選び、○をつけなさい。

( ) ポスターが正しく貼ってある。

( ) 現在、テントの中にはかき氷やジュース、お酒などが置いていない。

( ) コンサートステージにマイクスタンドが立ててある。

( ) 教室の電気が消してある。

(2) 次の会話は、「私」と「△△サークル」の部長の会話です。

( )内の正しいほうに○をつけなさい。

私　:「ポスターがはって(あった ・ おいた)けど、字が間違っていたよ」

部長 :「え、本当に?何が間違っていた?」

私　:「日本文化をたいけんしようって書いて(あった・おいた)けど、体験っていう字が間違っていたよ。」

部長 :「そう?ありがとう。お客さんが来る前に、正しい字になおして(ある ・ おく)ね」

私　:「さっき他の部員に言って(あった・おいた)から、もう大丈夫だと思うよ。でも、ねんのため、部長のキムさんにも言って(ある ・ おく)ほうがいいかなと思って」

部長 :「ありがとう。なおして(ある ・ おく)か、見に行ってみるね」

(3) 週末、パーティーがあります。前日までに、何をしておきますか。**3**つ書きなさい。

( )

( )

( )

7 수동

수동문은 동사어간에 「れる・られる」가 접속된 형태로, 해당 사태를 행하는 사람의 입장이 아닌, 당하는 사람의 입장에서 서술하는 구문을 말한다.

ex) 太郎が次郎を殴った。(다로가 지로를 때렸다) → 능동문
次郎は太郎に殴られた。(지로는 다로에게 맞았다) → 수동문

7.1 수동동사 만들기

해당동사에 「れる・られる」를 접속하며 만들며, 「れる」를 사용할지 「られる」를 사용할지는 아래와 같이 동사의 종류에 따라 달라진다.

(1) 1그룹동사의 경우

해당동사의 어미를 「あ」단으로 고치고 「れる」를 접속하여 만든다.

ex) 運ぶ → 運ば ＋ れる　　殴る → 殴ら ＋ れる
押す → 押さ ＋ れる　　抜く → 抜か ＋ れる
打つ → 打た ＋ れる　　誘う → 誘わ ＋ れる

(2) 2그룹동사의 경우

해당동사의 어미「る」를 떼고「られる」를 접속하여 만든다.

ex) 起きる→ 起き + られる　　捨てる → 捨て + られる
食べる → 食べ + られる　　掛ける → 掛け + られる
寄せる → 寄せ + られる　　閉める → 閉め + られる
避ける → 避け + られる

(3) 3그룹동사의 경우

ex) する → される
来る → 来られる

cf) 단, 모든 동사가 수동동사화 될 수 있는 것은 아니며, 아래의 동사들은 수동동사를 만들 수 없다.

ex) ある, 要る, 聞こえる, できる, 教わる, 見つかる 등

7.2 수동문의 종류

수동문의 분류법은 다양한 형태가 있으나 통상, 직접수동문, 소유자수동문, 간접수동문으로 3분류하는 것이 일반적이다. 각 수동문의 특징은 다음과 같다.

(1) 직접수동문

해당 능동문의 대상이 되는「を격」명사를 주어의 자리에 이동시켜 만든다

太郎が次郎を殴った。(능동문 - 다로가 지로를 때렸다.)

次郎は太郎に殴られた。(지로는 다로에게 맞았다.)

先生が太郎をほめた。(능동문 - 선생님이 다로를 칭찬했다.)

太郎は先生にほめられた。(다로는 선생님에게 칭찬받았다.)

TIP 「太郎が次郎に通訳を頼んだ」와 같이 능동문내에 상대를 나타내는 「に격」 명사가 존재하고 있는 경우, 「に격」 명사를 주어의 자리에 이동시켜서도 직접수동문을 만들 수 있다.

ex) 太郎が次郎に通訳を頼んだ。(다로는 지로에게 통역을 부탁했다.)

次郎は太郎に通訳を頼まれた。(지로는 다로에게 통역을 부탁받았다.)

(2) 소유자수동문

해당능동문의 소유자인 「の격」 명사를 주어의 자리에 이동시켜 만든다.

太郎が次郎の頭を殴った。(능동문 - 다로가 지로의 머리를 때렸다.)

次郎が太郎に頭を殴られた。(지로가 다로에게 머리를 맞았다.)

どろぼうが太郎のかばんを盗んだ。(능동문 - 도둑이 다로의 가방을 훔쳤다.)

↓

太郎はどろぼうにかばんを盗まれた。(다로는 도둑에게 가방을 도난당했다.)

(3) 간접수동문

해당능동문에서는 존재하지 않았던 인물을 수동문의 주어로 끌어와, 그 인물이 받는 피해의 의미를 강조하기 위하여 사용한다. 해당능동문에서는 존재하지 않으나 피해를 받게 되는 인물을 주어로 삼고 해당능동문의 주어를 행위자(동작주)의 자리에 위치시켜 만든다.

雨が降った。(능동문 - 비가 왔다.)

↓

→ 太郎は雨に降られた。(다로는 비 때문에 피해를 입었다.)

友だちが来た。(능동문 - 친구가 왔다.)

↓

→ 花子は友だちに来られた。(하나코는 친구가 와서 피해를 입었다.)

TIP 간접수동문과 직접수동문・소유자수동문이 구별되는 가장 큰 특징은, 수동문의 주어가 능동문 상에서 존재하던 것이냐 수동문으로 변형되면서 추가된 것이냐에 있다. 즉, 능동문 상에서 존재하던 인물 혹은 사물이 수동문의 주어가 되는 경우는 직접수동문・소유자수동문을 만들며, 능동문에서는 존재하지 않거나 해당사태에 직접적으로 관여치 않던 것이 수동문의 형태에서 주어로 등장하여 피해의 당사자가 되는 경우는 간접수동문을 만든다고 보면 된다.

간접수동문의 경우, 수동문의 주어가 피해를 입었다는 의미만을 나타내므로 '피해의 수동'이라고도 불리며, 주어는 피해의 유무를 느끼고 감지할 수 있는 존재여야 하므로 유정명사(인간, 동물)만이 간접수동문의 주어가 될 수 있다. 또한, 간접수동문의 경우, 직접수동문과 소유자수동문에 비해 실제의 사용빈도는 높지 않고 몇 몇 제한된 표현으로 정형화되어 사용되는 경우가 많다. 자주 사용되는 간접수동문의 예는 다음과 같으며 자동사에 의해 만들어지는 경우가 대다수이다.

① 자동사에 의해 만들어진 간접수동문의 예

ex) 太郎は雨に降られてびしょびしょに濡れた。(다로는 비를 맞아 흠뻑 젖었다.)

試験前日、花子は夜中友だちに来られ、勉強は全然できなかった。

(하나코는 밤에 친구가 오는 바람에, 공부는 전혀 하지 못했다.)

太郎は結婚式当日に花嫁に逃げられてしまった。

(다로는 결혼식 당일날 신부가 사라져버려 피해를 입었다.)

太郎は子供の頃、父に死なれ、大変な毎日を送ってきた。

(다로는 어릴 때 아버지가 돌아가시는 바람에, 힘든 나날을 보내왔다.)

一番忙しい月末に同僚に休まれてしまい、太郎は本当に困っている。

(가장 바쁜 월말에 동료가 쉬어버리는 바람에 다로는 상당히 곤란해하고 있다.)

夏休み、太郎は空き巣に入られ、貴重品を全て盗まれてしまった。

(여름휴가 때 다로는 빈집털이가 들어와 귀중품을 모두 도둑맞고 말았다.)

太郎は隣の赤ちゃんに一晩中泣かれ、一睡もできなかった。

(다로는 옆집아기가 밤새 우는 바람에 한 숨도 자지 못했다.)

② 타동사에 의해 만들어진 간접수동문의 예

ex) 太郎は隣の人に一日中ピアノをひかれ、勉強できなかった。

(다로는 옆집사람이 하루 종일 피아노를 쳐 대는 바람에 공부를 하지 못했다.)

7.3 수동문의 행위자를 나타내는 조사

능동문이 수동화되면서 능동문의 주어는 수동문의 행위자(동작주)의 위치로 이동한다. 이 때 행위자를 나타내는 조사로는 일반적으로 「に」가 가장 많이 사용되나, 「から」「によって」「で」등이 사용되는 경우도 있다.

(1) 행위자표시로 「から」가 사용되는 경우

① 「渡す」「送る」「与える」등, 2자간의 물품이동을 나타내는 동사류가 사용되는 경우 「から」가 사용된다.

ex) 彼女がこの手紙を送った。(그녀가 이 편지를 보냈다.)

→ この手紙は彼女から送られてきた。(이 편지는 그녀로부터 보내져 왔다.)

ex) 太郎が新しいニュースを伝えた。(다로가 새로운 뉴스를 전했다.)

→ 新しいニュースは太郎から伝えられた。(새로운 뉴스는 다로로부터 전해졌다.)

ex) 花子がプレゼントを渡した。(하나코가 선물을 건넸다.)

→ プレゼントは花子から渡された。(선물은 하나코로부터 건네졌다.)

이 경우, 행위자표시로 「に」가 사용되면 아래와 같이 해석이 달라져 오해의 소지가 생길 수 있으므로 「に」는 사용되기 어렵다.

ex) 彼女がこの手紙を送った。(그녀가 이 편지를 보냈다.)

→ ?この手紙は彼女に送られてきた。(이 편지는 그녀에게로 보내져 왔다.)

ex) 太郎が新しいニュースを伝えた。(다로가 새로운 뉴스를 전했다.)

→ ?新しいニュースは太郎に伝えられた。(새로운 뉴스는 다로에게 전해졌다.)

ex) 花子がプレゼントを渡した。(하나코가 선물을 건넸다.)

→ ?プレゼントは花子に渡された。(선물은 하나코에게 건네졌다.)

② 「話しかける」「招待する」「愛する」와 같이 직접적인 접촉을 나타내지 않는 동사류가 사용될 때 「から」가 많이 사용되며 이 경우 「に」도 사용될 수 있다.

ex) 知らない人 [から・に] 話しかけられた。(모르는 사람이 말을 걸었다.)

あのアイドル歌手はみんな [から・に] 愛されている。

(저 아이돌 가수는 모두에게서 사랑받고 있다.)

(2) 행위자표시로 「によって」가 사용되는 경우

① 「作る」「書く」「描く」「焼く」「建てる」등, 생산, 작성의 의미를 지닌 동사류가 사용되는 경우, 「によって」가 사용되기 쉽다.

ex) この料理は有名なシェフによって作られた。(이 요리는 유명한 요리사에 의해 만들어졌다.)

「ノルウェイの森」は村上春樹によって書かれた。

('노르웨이의 숲' 은 무라카미하루키에 의해 쓰여졌다.)

② 식물, 무생물 등 감정을 지니지 않는 무정명사(無情名詞)가 주어에 위치하는 수동문인 경우, 「によって」가 사용된다.

ex) 試験用紙が先生によって回収された。(시험용지가 선생님에 의해 회수되었다.)

※ 주의점) 직접수동문의 경우 「に, から, によって, で」가 모두 사용될 수 있으나, 간접수동문의 경우 행위자표시로 「に」만 사용될 수 있다.

ex) 太郎は雨 (*から・*によって・*で・に) 降られてびしょびしょに濡れた。

(다로는 비를 맞아 흠뻑 젖었다.)

太郎は隣の赤ちゃん(*から・*によって・*で・に)一晩中泣かれ、一睡もできなかった。

(다로는 옆집아기가 밤새우는 바람에 한 숨도 자지 못했다.)

Q&A

Q1) 본문의 '소유자수동문' 파트에서 언급된 예문「太郎が次郎の頭を殴った」및「どろぼうが太郎のかばんを盗んだ」는 각각 대상명사인 を격「次郎の頭」와「太郎のかばん」이 존재하므로, 이들 を격 명사를 주어의 자리로 이동시켜「次郎の頭が太郎に殴られた」와「太郎の鞄がどろぼうに盗まれた」등으로 고치면 직접수동문을 만들 수 있는데 왜 굳이 소유자수동문인「次郎は太郎に頭を殴られた」및「太郎はどろぼうにかばんを盗まれた」이라는 형태가 존재하는 것인지요?

A1) 질문한 것처럼「太郎が次郎の頭を殴った」및「どろぼうが太郎のかばんを盗んだ」등의 능동문의 경우,「次郎の頭が太郎に殴られた」와「太郎の鞄がどろぼうに盗まれた」처럼 직접수동문의 형태로 만들 수 있습니다. 그러나 문제는 이러한 형태로 직접수동문을 만들게 되면 해당수동문의 주어가 모두 무정명사가 되어버린다는 것입니다.

무정명사란, 사람 동물 등과 달리 감정을 가지지 못하는 식물이나 사물 등을 나타내는 명사인데요. 일본어의 경우, 무정명사가 주어가 되는 문장은 가능한 한 피하고자 하는 특징이 있어「次郎の頭が太郎に殴られた」와「太郎の鞄が盗まれた」등의 직접수동문은 그다지 선호되는 표현이라고는 볼 수 없습니다. 때문에 해당 능동문인「太郎が次郎の頭を殴った」와「どろぼうが太郎のかばんを盗んだ」는 사람, 동물 등의 유정명사가 주어가 되는 능동문의 형태 그대로를 고수하거나, 혹 수동문으로 고쳐야 하는 상황이 발생하더라도, 무정명사인「を격」이 주어가 되는 것이 아닌, 유정명사인「の격」을 주어의 자리에 이동시킨 '소유자수동문' 의 형태가 선호되게 되는 것입니다. 단, 다음과 같이 동작주가 불특정다수이거나 불명확할 경우 등 유정명사주어의 구문이 만들어지기 어려워, 어쩔 수 없이 무정명사를 주어로 한 문이 선택되는 상황도 있습니다.

ex) この曲は10代の学生たちに愛されている。(이 곡은 10대 학생들에게 사랑받고 있다.)
あのマンションは1990年代に建てられたそうだ。(저 맨션은 1990년대에 세워졌다고 한다.)
ベルが鳴り、試験用紙が回収された。(벨이 울리고, 시험용지가 회수되었다.)

이러한 상황이라면 무정명사가 주어가 되는 수동문이어도 자연스러우므로, 무정명사 주어의 수동문이 모두 부자연스럽다거나 허용되기 어렵다고 알아두어서는 안 될 것입니다.

Q2) 「知らない人から話しかけられた。(모르는 사람이 나에게 말을 걸었다.)」「私はドラエモンに似ているとよく言われる。(사람들은 내가 도라에몽을 닮았다고들 한다.)」처럼, 능동문으로 사용해도 되는 사태를 일본어에서는 굳이 수동문으로 사용하는 경우가 많은 것 같습니다. 실제, 한국어와 일본어를 비교해보아도 일본어에서 수동문의 사용빈도가 월등히 많음을 알 수 있는데, 이렇듯 일본어에서 수동문이 빈번하게 사용되는 이유는 무엇인지요?

A2) 다음과 같은 이유 때문에 일본어에서는 한국어보다 수동문의 사용이 빈번합니다.

① 일본어의 경우, 제 3자와 내가 관련되는 일련의 상황을 나타내야 하는 경우, '나'를 주어로 그 상황을 표현하기를 좋아하는 특징이 있습니다. 예를 들어 위의 예문「知らない人から話しかけられた」「私はドラエモンに似ているとよく言われる」의 경우, 모두 수동문의 형태를 취하고 있는 경우인데, 이들 예문은 모두 한국어로 표현하게 되면 행위자인 제 3자를 주어로 하는 능동문인「상대가 나에게 말을 걸어왔다 · 다들 내가 도라에몽을 닮았다고들 한다」로 사용되기 쉬워집니다. 그러나 일본어의 경우는 가능한 한 제 3자와 내가 관련되는 일련의 상황이라면 '나'를 주어로 사태를 파악하기를 원하므로, 능동문보다는 수동문이 선호되는 것이지요.

② 일본어의 경우 한국에 비해 빈번한 시점변화가 선호되지 않는 경향이 강하므로 주어를 고정시켜 사용할 필요가 있을 때 수동문의 사용이 빈번해집니다.

ex) 彼女は、相手に年齢を聞かれると、普通は言わないことにしている。
(상대가 나이를 물어오면 보통은 말을 하지 않기로 하고 있다.)

→ 복문의 주절(普通は言わないことにしている)의 주어가「彼女」이므로, 종속절을 능동형으로 표현하게 되면 종속절의 주어가「相手」가 되어 주어가 일치되지 않으나, 수동형으로 표현하게 되면 종속절의 주어가「彼女」가 되므로 주어의 일치를 이룰 수 있다.

ex) みんなに愛されて彼女は幸せそうだった。
(많은 사람들로부터 사랑을 받아서 그녀는 행복해보였다.)

→ 수동문을 사용하게 되면 주절의 주어와 종속절의 주어가「彼女」가 되어 주어의 일치를 이룰 수 있다.

심화학습

수동문 중에는 반드시 대응하는 능동문을 가지는 것만 존재하는 것은 아니다. 즉, 대응하는 능동문을 가지지 않고 오직 수동의 형태로만 사용되는 수동문도 있으며 그 일부를 소개하면 다음과 같다.

(1) ～にうなされる

ex) 最近彼女は毎晩のように悪夢にうなされている。

(최근 그녀는 매일 밤 악몽에 시달리고 있다.)

(2) ～に恵(めぐ)まれる

ex) 田中さんは可愛い子供に恵まれて幸せな毎日を送っている。

(다나카씨는 귀여운 아기가 태어나(귀여운 아기의 혜택을 입어) 행복한 매일을 보내고 있다.)

(3) ～に魅(み)せられる

ex) 年を重ねるごとに着物の魅力に魅せられ、彼女は今着物のことを本格的に学ぼうとしている。(시간이 지날수록 기모노의 매력에 매료되어, 그녀는 지금 기모노를 본격적으로 공부하려 하고 있다.)

(4) ～にとらわれる

ex) これ以上過去のことにとらわれてはいけないと思う。

(더 이상 과거의 일에 연연해서는 안된다고 생각해.)

연 습 문 제

1. 다음 중 수동문의 종류가 다른 하나를 고르시오.

① 太郎は次郎に頭を殴られた。

② 太郎は夜遅く友だちに来られて眠れなかった。

③ 太郎は雪に降られて足止め状態になった。

④ 太郎は隣の人にピアノをひかれて寝られなかった。

2. 다음 빈 칸에 알맞은 조사를 써 넣어 해당사태를 수동문으로 고치시오.

(1) 田中さんが手紙を送った。

⇒ (수동문) 手紙は田中さん(　　　　　　　)送られた。

(2) 木村さんは毎日悪い夢を見て苦しがっている。

⇒ (수동문) 木村さんは悪夢(　　　　　　　)うなされている。

(3) 今まで多くの選手が新しい記録を作ってきた。

⇒ (수동문) 今まで多くの選手(　　　　　　　)新しい記録が作られてきた。

3. 다음 문장을 한국어로 옮기시오.

(1) うちの学校は日本語を学ぶためのいい環境に恵まれている。

⇒ ______________________________

(2) 部長はもっとも忙しい時期に部下に辞められ、困っている。

⇒ ____

(3) 大事にしまっておいたチョコレートを妹に食べられて悔しい。

⇒ ____

4. **다음 문장을 수동문의 형태를 넣어 일본어로 옮기시오.**

(1) 외국인이 길을 묻기에 가르쳐 주었습니다.

⇒ ____

(2) 다로는 집에 오는 길에 비를 맞아 온 몸이 다 젖었다.

⇒ ____

(3) 이름을 부르기에 면접장소로 들어갔다.

⇒ ____

(4) 다로는 논문을 잘 썼다고 지도교수에게 칭찬받았다.

⇒ ____

독 해 문 제 1

「日本人と富士山」

富士山は、国内だけでなく、海外でも日本の象徴として知られる「日本一の山」です。古くから日本人に愛され、心のふるさととしても親しまれています。その美しさと知名度から、絵画や写真等の美術をはじめ、商業デザインのモチーフとしても幅広く使用されています。富士山と言えば、銭湯を思い浮かべる人も多いでしょう。富士山の絵が初めて銭湯に描かれたのは1912年で、絵を見ながらゆっくり湯船につかれるようにと、東京にある銭湯の経営者によって考案されました。これが評判となり、東京や東日本を中心に広がったと言われています。社名や商品名としても「富士」の名前がつけられることは少なくありません。これには、「富士山のように日本を代表する存在になる」という願いもこめられているようです。また、富士山が日本を代表する山であることから、日本各地に「富士」とつく地名がたくさんあります。富士山のふもとの町では、静岡県に富士市・富士宮市、山梨県に富士吉田市・富士河口湖町などがあります。そのほか、富士山が見える場所は富士見と名づけられたり、形が富士山に似ている山は「○○富士」と呼ばれたりしています。

「富士山に一度も登らぬバカ、二度登るバカ」という言葉があります。これは、「富士山登山の魅力を知らないのもバカ、登山の苦労を思い知ったのにもう一度しようとするのもバカ」という意味だと考えられます。みなさんも日本に行かれたら、ぜひ一度富士山登山に挑戦されてみてはいかがでしょうか。

(1) 文章の中で使用されている「自発形」を抜き出しなさい。

(2) 文章の中で使用されている「可能形」を抜き出しなさい。

(3) 文章の中で使用されている「尊敬形」を抜き出しなさい。

(4) 富士山の説明として、正しい文に○をつけなさい。

( ) 富士山は、海外でもよく知られている。

( ) 富士山が日本人に愛されるようになったのは最近のことだ。

( ) 東京の銭湯経営者が銭湯に富士山の絵を描くことを思いついた。

( ) 「富士」とつく地名は日本に四つしかない。

( ) 「富士山に登る人はバカだ」という意味の言葉がある。

독 해 문 제 2

目覚まし時計が鳴った。朝の７時だ。来週は、母の誕生日だ。毎年、母の誕生日には私と妹で家族だけの誕生日パーティを企画する。去年はみんなで箱根に１泊２日の旅行に行った。今年、母は還暦を迎える。還暦なのでいつもとは違う特別な誕生日パーティにしたい。そこで、妹のアイディアで母と父、そして私達姉妹の思い出をアルバムにしてプレゼントすることにした。写真を整理していると色々なことが思い出される。小さかった頃はよくけんかをして母に叱られた。「お姉ちゃんでしょ！ ちゃんとしなさい！」と言われたこともある。妹は私より２歳下だが、私よりも頭がよくていつもテストでいい点を取って母にほめられていた。それに私よりも男の子に人気があって、よくデートを申し込まれていた。しかし私は勉強もあまりできないし、スポーツも苦手だ。おせじにも美人とは言えない。料理も下手な方で、母のまねをして肉じゃがを作ったら、妹に「ごめん、まずくて食べられない。」と言われてショックだった。でも母は、「大丈夫よ。何回か練習すれば上手になるよ。」と笑ってくれた。

写真を選びながらふと思った。カメラがなかった時代には、どうやって思い出を残したのだろう。絵を描いたのだろうか。それとも頭に残された記憶がすべてだったのだろうか。それを考えると、本当に便利なものが発明されたものだと思う。そうだ！アルバムにはメッセージをそえよう。母のことを知っているいろいろな人から一言ずつ書いてもらうのはどうだろうか。そういえば、母がよくお世話になったお医者さんが来週からアメリカに①行かれるそうだ。その前にお願いしなきゃ… それから母のジャズダンスの先生も去年還暦を迎えられたそうだ。どんなお祝いをしたか聞いてみよう。母のよろこぶ顔を想像するとなんだかうれしくなってきた。

(1) 下線部①「行かれる」と同じ用法の文を１つ選びなさい。

( ) 友達に先に行かれてしまった。

( ) 大統領は、明日日本に来られます。

( ) 規則をやぶって、寮を出された。

( ) この薬は虫さされ用です。

( ) 悪口をホワイトボードに書かれた。

(2) 本文の内容と一致するものを全部選びなさい。

① 先週は母の誕生日だった。

② 子供のころ、よく兄弟げんかをして妹に叱られた。

③ 肉じゃがを作ったら、妹にはまずいと言われた。

④ 今年還暦を迎えるのは母とジャズダンスの先生だ。

⑤ カメラは便利だと思う。

8 사역

사역문은 동사어간에 「せる・させる」가 접속되어 「XがYに(を)Vさせる」와 같은 형식을 취하여, X가 어떠한 해당사태가 일어나도록 Y에게 강요하거나 혹은 허용하는 형태의 문을 말한다. 본서에서는, 해당사태를 강요하거나 허용하는 「X」를 '사역주', 해당사태를 강요당하거나 허용받는 「Y」를 '동작주'라 칭하기로 한다.

· 해당사태 : 生徒が黒板を見る。 (학생이 칠판을 보다.)

→ 사역문 : 先生が生徒に黒板を見させた。(선생님이 학생에게 칠판을 보게 했다.)
사역주 : 先生 동작주 : 生徒

· 해당사태 : みんなが驚く。 (모두가 놀라다.)

→ 사역문 : 彼はみんなを驚かせた。(그는 모두를 놀라게 했다.)
사역주 : 彼 동작주 : みんな

· 해당사태 : 牛乳が凍る。 (우유가 얼다.)

→ 사역문 : 私はうっかりして牛乳を凍らせてしまった。(나는 깜빡하고 우유를 얼려버렸다.)
사역주 : 私 동작주 : 牛乳

8.1 사역동사 만들기

해당동사에 「せる・させる」를 접속하여 만들며, 「せる」를 사용할지 「させる」를 사용할지는 아래와 같이 동사의 종류에 따라 달라진다.

(1) 1그룹동사의 경우

해당동사의 어미를 「あ단」으로 고치고 「せる」를 접속하여 만든다.

ex) 行く → 行か ＋ せる
言う → 言わ ＋ せる
殴る → 殴ら ＋ せる
押す → 押さ ＋ せる
運ぶ → 運ば ＋ せる

(2) 2그룹동사의 경우

해당동사의 어미 「る」를 떼고 「させる」를 접속하여 만든다.

ex) 捨てる → 捨て ＋ させる
掛ける → 掛け ＋ させる
閉める → 閉め ＋ させる
やめる → やめ ＋ させる

(3) 3그룹동사의 경우

ex) する → させる
来る → こさせる

> **TIP** 단, 모든 동사가 사역동사화되거나 사역문으로 사용될 수 있는 것은 아니며 아래의 경우, 사역형으로 사용되지 않는다.
>
> ① 존재, 필요, 가능, 유사관계를 나타내는 동사류
>
> ex) ある, 要る, できる, 似合う 등
> 「*あらせる」「*要らせる」「*できさせる」
>
> ② 비의지를 나타내는 자동사 중에서도 대응하는 타동사 페어를 가지는 경우, 사역동사는 사용되지 않는다.
>
> ex) 開く, わく, 付く 등
> 「*開かせる」「*わかせる」「*付かせる」

8.2 사역문의 의미

사역문은 해당사태에 사역주가 적극적으로 관여하는지 소극적으로 관여하는지에 따라 다양한 의미를 나타낼 수 있다.

(1) 강제

ex) 先生が生徒を立たせる。(선생님이 학생을 일어서게 하다.)

(2) 유도

ex) 彼はいつも手品でみんなを楽しませる。(그는 언제나 마술로 모두를 즐겁게 한다.)

(3) 허가

ex) 母親は娘に思う存分アイスクリームを食べさせた。

(엄마는 딸에게 마음껏 아이스크림을 먹도록했다.)

(4) 방임

ex) 言いたい奴には言わせておけ。(말하고자 하는 자에겐 말하게끔 내버려둬.)

(5) 후회

ex) 彼は交通事故で娘を死なせた。(그는 교통사고로 딸을 죽게 했다.(잃었다))

(6) 과실

ex) うっかりしてハムを腐らせてしまった。(깜빡 잊고 햄을 썩게 해 버렸다.)

(1) 의 강제의 의미의 사역은 사역주가 '직접적인 관여'를, (2)~(6)은 사역주가 '간접적인 관여'를 하는 경우를 말한다.

8.3 사역문의 종류

8.3.1 타동사사역문

사역문의 기본형태인「Xが ＋ Yに / を ＋ Vさせる」에서의 동작주Y는 보통「に격」을 취하여 나타난다.

ex) 子供が薬を飲む。

→ 親が子供に薬を飲ませる。(부모가 아이에게 약을 먹게 한다.)

ex) 社員が荷物を運ぶ。

→ 社長は社員に荷物を運ばせる。(사장은 사원에게 짐을 옮기게 한다.)

타동사사역문에서 동작주가 보통「に격」으로 나타나는 이유는, 기본문의 형태가 타동사술어로 이루어져 있어 기본문에 이미 존재하는「を격」과의 중복을 피하기 위해서이다.

8.3.2 자동사사역문

자동사사역문의 경우 기본문은 자동사술어로 이루어져 있어, 기본문에「を격」이 존재하지 않는 형태가 많다. 따라서 동작주는「に격」으로도「を격」으로도 나타낼 수 있다. 단, 자동사사역문이라 할지라도 기본문의 형태에 「を격」이 존재하는 경우도 있으며(ex: 이동경로 출발점 등을 나타내는 を격 등) 이런 경우라면 동작주는「に격」으로 표시된다. 이하 동작주 Y가「を격」을 취하는 경우,「に격」을 취하는 경우로 나누어 상세히 알아보도록 하자.

(1) 동작주 Y가 「を격」을 취하는 경우

① 해당 사태가 '비의지'를 나타내는 경우, 동작주 Y는「を격」을 취한다.

ex) 息子が死んだ。

→ 母親が息子を死なせた。(어머니가 아들을 죽게 했다.(잃었다))

ex) 子供がおぼれた。

→ 花子が子供をおぼれさせた。(하나코가 아이를 익사하게 했다.)

ex) 牛乳が腐った。

→ 太郎は牛乳を腐らせた。(다로는 우유를 썩게 했다.)

ex) 桜が咲いた。

→ 暖かい日差しが桜を咲かせた。(따뜻한 햇살이 벚꽃을 피게끔 했다.)

② 감정동사(驚く, 安心する, 失神する, 泣く, 喜ぶ, 笑う)가 사용되는 경우, 동작주 Y는 「を격」을 취한다.

ex) みんなが笑う。

→ 太郎はいつもみんなを笑わせる。(다로는 언제나 모두를 웃게 한다.)

ex) 母親が安心する。

→ 先生の一言が母親を安心させた。(선생님의 한마디가 어머니를 안심시켰다.)

ex) みんなが泣く。

→ あの映画はみんなを泣かせた。(저 영화는 모두를 울게 했다.)

③ 동작주가 「に격」과 「を격」을 모두 취할 수 있는 상황에서, '강제'의 뉘앙스를 강조하고 싶을 때 (일부 동사에 한함)

감정동사를 제외한 해당사태가 '의지'를 나타내는 경우, 사역문의 기본형태인 「Xが ＋ Yに / を ＋ Vさせる」에서의 동작주 Y는 「を격」과 「に격」 모두 취할 수 있다. 동사별로 차이가 있으나 동작주 Y를 「を격」으로 나타내면 '강제'의 뉘앙스가, 「に격」으로 나타내면 '허용・ 방임'의 뉘앙스가 강해지는 경우가 있다.

ex) 親が子供を駅まで歩かせる。

→ 부모가 아이의 의지를 무시하고 강제적으로 역까지 걷게 했다는 뉘앙스가 강함

cf) 親が子供に駅まで歩かせる。

→ 부모가 걷겠다는 아이의 의지를 존중하여 역까지 걷게끔 허용했다는 뉘앙스가 강함

ex) 夫が妻を働かせる。

→ 남편이 아내의 의지를 무시하고 강제적으로 일을 하게끔 시켰다는 뉘앙스가 강함

cf) 夫が妻に働かせる。

→ 남편이 아내의 의지를 존중하여 일을 하게끔 허용했다는 뉘앙스가 강함

모든 동사에 해당되는 것은 아니지만, 일부 동사에서는 이러한 경향이 보이므로 '강제'의 뉘앙스를 강조해주고 싶다면 동작주를 「を격」으로 나타낼 수 있다.

(2) 동작주 Y가 「に격」을 취하는 경우

① 기본문의 형태 안에 「を격」이 이미 존재하는 경우는 중복을 피하기 위해 동작주가 「に격」으로 나타나기도 한다.

ex) 花子が運動場を走る。

→ 先生は花子 [??を・に] 運動場を走らせた。

(선생님은 (강제로) 하나코에게 운동장을 돌게 했다.)

기본문의 형태가 자동사를 술어로 취하는 경우라 할지라도, 이동경로 및 출발점을 나타내는 「を격」은 사용될 수 있다. 위의 예가 그것으로, 이러한 경우라면 자동사사역문이라 할지라도 기본문에 「を격」이 존재하는 형태를 취하므로, 사역문을 만들었을 때 중복을 피하기 위해 동작주를 「に격」으로 나타내는 것이 좋다.

② 동작주가 「に격」과 「を격」을 모두 취할 수 있는 상황에서, '허용' 혹은 '방임'의 뉘앙스를 강조하고 싶을 때 (일부 동사에 한함)
해당사태가 '의지'를 나타내는 경우(단, 감정동사가 사용되는 경우 제외), 동작주 Y를 「に격」으로 나타내면 '허용' 혹은 '방임'의 뉘앙스가 강해지는 경우가 있다.

ex) 親が子供に駅まで歩かせた。

→ 부모가 걷겠다는 아이의 의지를 존중하여 역까지 걷게끔 했다.

夫が妻に働かせた。

→ 남편이 아내의 의지를 존중하여 일을 하게끔 허용했다.

모든 동사에 해당되는 것은 아니지만, 일부 동사에서는 이러한 경향이 보이므로 '허용'의 뉘앙스를 강조해주고 싶다면 동작주를 「に격」으로 나타낼 수 있다.

TIP

자동사사역문에서 감정동사를 제외한 의지를 나타내는 사태의 경우, 동작주는「に격」과 「を격」어느 쪽을 취해도 상관이 없다. 이 경우, 「に격」을 취하게 되면 '허용', 「を격」을 취하게 되면 '강제'의 의미가 강조된다고 알려져 있기도 한데 이러한 등식은 늘 성립하는 것은 아니다.

본문에서 언급했던 대로, 실제 「歩く, 通る」와 같은 이동의 의미를 나타내는 동사나 「踊る, 歌う」등 동족목적어를 가지는 동사 정도를 제외하면 자동사사역문의 사역주가 「に격」을 취하는 경우는 극히 드문 것이 사실이다. 또한 자동사사역문에서 드물게 동작주가 「に격」을 취하는 경우가 있다 해도 실제 동작주가 「を격」을 취하는 경우와 뉘앙스의 차이가 크게 나타나지 않는다고 보는 시각도 있다. 즉, 「に」사역이라고 하여 '허용'의 의미만을, 「を」사역이라고 해서 '강제'의 의미만을 나타낸다고 보기는 어렵다고 판단하는 경우도 많다. 따라서 자동사사역문에서의 「「に」사역= '허용', 「を」사역 = 강제」라는 등식의 성립은, 모든 자동사에 적용되는 것이 아니며, 뉘앙스의 차이 역시 개인차가 있다고 기억해둘 필요가 있겠다.

Q&A

Q1) 「着させる」와 「着せる」는 모두 사역동사인가요?

A1) 결론부터 얘기하면 「着させる」는 '입게 하다' 로 해석되는 사역동사, 「着せる」는 '입히다' 로 해석되는 타동사입니다. 타동사 「着る」는 2그룹동사이므로 사역동사를 만들려면 「着させる」의 형태가 되지요. 의미적인 면에서 본다면 「着させる」는, 사역주체가 피사역자에게 옷을 입으라고 시켜, 피사역자가 본인의 손으로 옷을 입는 경우에 사용되고, 「着せる」는 타동사이므로 동작주가 대상에게 직접 옷을 입히는 동작을 행하는 경우에 사용됩니다. 따라서 '아이가 인형에게 옷을 입히다' 의 경우, 인형은 본인의 의지로 움직일 수 없는 주체이므로 사역동사를 사용할 수 없고 「着せる」를 사용한 타동사문[子供が人形に服を着せた]만을

만들 수 있게 됩니다. 이와 비슷한 예로 「見させる」와 「見せる」도 있습니다만 「見させる」는 사역동사, 「見せる」는 타동사이고 각 동사는 다음과 같이 사용될 수 있습니다.

ex1) 母親は子供に自分の泣いた顔を見せた。(어머니는 아이에게 자신의 울었던 얼굴을 보였다.)

ex2) 母親は子供に自分の泣いた顔を見させた。

(어머니는 아이에게 자신의 운 얼굴을 (억지로) 보게 했다.(보게끔 시켰다))

Q2) 「行かせていただきます・発表させていただきます」 등의 표현을 들어본 적이 있습니다. 이 표현은 무엇을 의미하며 어떤 경우에 사용하나요?

A2) 「(さ)せていただく」표현은 보통 자신을 낮추고 상대편을 높이는 겸양의 표현으로 알려져 있습니다. 단, 여러분이 주의할 필요가 있는 것은, 「(さ)せていただく」표현에 겸양의 의미가 있다하여 상황을 가리지 않고 남발해서는 안 된다는 것입니다. 겸양의 의미가 있다면 스스로를 낮춰 표현한다는 것인데 왜 남발해서는 안 되는 것일까요. 그것은 「(さ)せていただく」표현이 겸양의 의미를 가지게 되는 경로를 확인해보면 알 수 있답니다. 「(さ)せていただく」는, 허용의 의미를 지닌 「(さ)せる」에, 「~해 받다」의 의미를 지닌 수익표현 「~ていただく」가 접속되어 만들어진 표현으로, 직역하면 상대가 어떤 행위를 하도록 허용을 해주면 그 허용을 받겠다는 의미입니다. 즉, 자신이 하는 행위에 상대의 허용 혹은 허가를 구하여 행하겠다는 뉘앙스이니 스스로를 낮추는 겸양의 해석으로 이어진 것이지요. 단, 여기서 주목할 필요가 있는 부분은 바로 이것입니다. 「(さ)せていただく」가 가진 겸양의 뉘앙스는 허용의 의미를 가진 「(さ)せる」에서 온 것이라는 점입니다. 즉, 어떠한 행위를 할 때 그것이 상대의 허용 혹은 허가가 요구되는 사항이라면 큰 문제는 되지 않겠지만 상대의 허용・허가를 필요로 하지 않는 사항이라면 굳이 「(さ)せていただく」를 쓸 필요는 없을 것입니다. 다음 예문을 확인해보도록 합시다.

ex1) 客 : この靴のデザインがいいですね。じゃ、こちらにします。
あ、でもサイズが合わないみたいですが。
店員 : じゃ、ちょっとお客様の足のサイズを測らせていただきますね。

ex2) ??(近所の人に)私どもは、クリスマスはハワイで過ごさせていただきます。

처음 예문에서 사용되고 있는 「(さ)せていただく」 표현의 경우는 자연스러우나 두 번째 예문은 그렇지 않은 경우입니다. 이는 왜일까요?

첫 번째 예문의 경우는 손님의 발사이즈를 재는 행위에 「(さ)せていただく」 표현이 사용되었는데, 손님의 발 사이즈를 재는 행위는 손님인 상대가 직접적으로 행위에 연관되며, 손님의 협력 역시 필요한 것이므로 허용의 「(さ)せる」가 사용되어도 무방합니다. 그러나 두 번째 예문의 경우 크리스마스를 하와이에서 보낸다는 얘기를 이웃에게 하고 있는 상황에서 「(さ)せていただく」 표현이 사용되고 있습니다. 크리스마스를 하와이에서 보낸다는 것은 상대인 이웃이 행위에 연관되어 있지도 않으며, 이웃의 협력이나 허용이 필요한 상황도 아닙니다. 이런 상황에서는 허용의 「(さ)せる」가 사용되어 겸양의 의미를 지니게 되는 「(さ)せていただく」 표현은 어색해 지며 이런 것으로 볼 때, 허용이 필요한 상황이 아닌 경우라면 「(さ)せていただく」 표현이 겸양의 뉘앙스를 나타낼 수 있다하여 이 표현을 마구 남발해서는 안 된다는 것을 알 수 있습니다.

심화학습 :

「사람 + が + 자신의 신체부분 + を~させる」의 형태를 취하면 관용적・비유적인 표현으로도 사용될 수 있다.

ex) 太郎は目を輝かせながら先生の話に耳を傾けた。
(다로는 눈을 반짝이며 선생님의 얘기에 귀를 기울였다.)
うっかり口を滑らせて、言ってはいけないことまで全部話してしまった。
(깜빡 말실수를 하여 해서는 안 될 말까지 전부 해버리고 말았다.)
先生に叱られた花子は口を尖らせて不満そうな様子だった。
(선생님께 꾸중을 들은 하나코는 입을 뾰루퉁하게 내밀고는 불만에 찬 모습이었다.)
彼女は風に髪をなびかせながら私の前から走り去っていった。
(그녀는 바람에 머리카락을 나부끼며, 내 앞에서 사라져갔다.)

이 외에도 「足音を忍ばせる(발소리를 죽이다)」 「心を落ち着かせる(마음을 안정시키다)」 등의 표현이 있다.

연 습 문 제

1. 다음 빈 괄호에 적당한 조사를 넣으시오.

(1) (가기 싫어하는 학생을 대상으로 선생님이 억지로 산길을 걷게 하는 상황)
先生は学生(　　　)むりやり山道を歩かせた。

(2) (다로가 학생들에게 즐거움과 웃음을 주고 있는 상황)
太郎はいつも学生(　　　)笑わせる。

(3) (걷기를 원하는 하나코를 보며)
親は花子(　　　)学校まで歩かせた。

2. 다음 상황에 맞게 주어진 문장의 부자연스러운 부분을 바르게 고치시오.

(1) 어머니가 사고로 아들을 잃게 된 상황
母が息子に死なせた。⇒ ______________________________

(2) 찍은 사진을 보여 달라고 요청하는 친구들에게 사진을 보여주고 있는 상황.
太郎は友だちに旅行先で撮った写真を見させた。
⇒ ______________________________

(3) 부주의로 야채를 냉동실에 넣어버리게 된 상황
うっかりして野菜に凍らせてしまった。⇒ ______________________________

3. 다음을 사역문을 사용하여 일본어로 옮기시오.

(1) 꾀병으로 울고 있을 뿐이니까, 그대로 울게 내버려두면 돼.

⇒ ______________________________

(2) 좋아한다고 해서 초컬릿만 먹게 해서는 안된다.

⇒ ______________________________

(3) 경제의 발달이 지구의 환경을 악화시켰다.

⇒ ______________________________

(4) 도대체 누가 그 사람을 그렇게 만들었는가.

⇒ ______________________________

(5) 손질만 게을리 하지 않으면, 매년 꽃을 피게 할 수 있습니다.

⇒ ______________________________

(6) 희망에 마음이 부풀었던 때가 있었다.

⇒ ______________________________

독 해 문 제 1

「人やものを動かす方法」

カモーン。カモーン。動け。動け。

いくらやっても、私の目の前にある鉛筆は私の方に動いてきてくれません。みなさんも、やってみたことくらいはあるでしょう?そう、超能力の練習です。暑い…、暑い…。窓よ。開け。開け!! と心の中で叫んでも、窓は開きません。近くにいる弟や妹に「おい、窓、開けろ。」と言って窓を開けさせるくらいの能力しかないのが普通の人間でしょう。しかし、そんな権威すら失ったみなさんにとっては、自分で窓を開けるしか方法はないですね。エアコンにしても同様で、エアコンよ。つけ。つけ!!　と心の中で叫んでも、エアコンはつきません。近くにいる誰かに命令したり頼んだりしてつけさせる(つけてもらう)か、または、自分でエアコンをつけるしかありません。

意志のない窓やエアコンを動かすには、自分でするか、誰かにさせるか、どちらかです。しかし、「目を開けろ。死ぬな。目を開けろ。」パチッ。「おお、危なかった、死ぬところだった。お前が呼んでくれなかったら、死んでいたよ。」というような状況では、あなたの言葉で相手の目を開ける(開けさせる)ことができます。もっとも、いくら意志のある相手であっても、「俺のほうを向け。俺のことを好きになれ。」と心の中で叫んでいては、鉛筆が動かないのと同じで、相手の心も動きません。好きな人がいるなら、声を出して「俺のことを好きになれ。」と言うくらいの勇気が必要です。そんなこともできなければ、オタク確定です。現実の世界に生きましょう。いくら心の中でがんばっても、かめはめ波が出せるようになって悟空のようなヒーローになることはできません。

(1) 本文の内容に合っているものには○、合っていないものには×をつけてください。

① (　) 筆者は、だれもが超能力の練習をしたことがあると考えている。

② (　) 窓を開けるためには、自分で開けるか、だれかに開けさせるかしか方法はない。

③ (　) 意志のある相手には心の中で叫んでも通じる。

④ (　) 筆者は、かめはめ波は、がんばればできると考えている。

(2) 使役を使いますか。他動詞を使いますか。適当なものを選んでください。

答えは一つとはかぎりません。また、状況やニュアンスによっても答えは変わります。

① 図書館で勉強している時、うるさく感じたのでiPodを(とめた・とまらせた)。

② 人が足りなかったので、後輩を(あつめた・あつまらせた・あつめさせた)。

③ ハムスターがエサをあまり食べなかった。でも、大丈夫だと思っていたので獣医に見せなかった。次の日、ハムスターは死んでいた。私が(死なせ・殺し)てしまった。

④ 生卵を(立てよう・立たせよう)としてもなかなか立たない。

(3)「する」「される」「させる」のうち、正しいものを選んでください。

① 二酸化炭素が気温を上昇(している・されている・させている)。

② 親は子供をいい大学に進学(したがる・されたがる・させたがる)。

③ 新製品が開発(した・された・させた)。

④ 仕事で無理をしすぎて、病気を悪化(した・された・させた)。

독 해 문 제 2

各家庭によって、子供の教育方針はさまざまだ。たとえば、子供が勉強したがらなくても、強制的に勉強させる親もいるだろう。また、子供が勉強する前に遊びたいと言えば、まず遊ばせてからその後で勉強させる親もいるだろう。あるいは、勉強するかどうかは子供の自主性にまかせて、遊びたければ遊ばせ、自分で勉強を始めようとするまで自由にさせておく親もいるかもしれない。

それらの結果はどうなるだろう。

たとえば、子供の意志にかかわらず無理やり勉強させたからといって、かならず成績が上がるとはかぎらない。反対に、子供の自由にさせておいても子供が勉強に興味を示して自主的に勉強した結果、成績が上がるということもあるかもしれない。要するに、すべての子供について当てはまる最も有効な勉強方法というものはないのだろう。子供ひとりひとりに個性があるように、勉強に対する取り組み方もそれぞれの子供によってさまざまなので、それぞれに合った方法で勉強させることが重要だ。

(1) 本文の内容にあっているものには○を、あっていないものには×をつけましょう。

①(　　) 子供を無理やり勉強させれば、かならず成績は上がる。

②(　　) すべての子供の成績を向上させる決まった勉強方法はない。

③(　　) 子供一人ひとりには個性があるが、子供はみんな勉強がきらいだ。

(2) { ・ }から、適当なほうをえらびましょう。

① 先生は子供たち{を ・ に}作文を書かせた。

② あの老人は、戦争で息子{を ・ に}死なせた。

③ ソウルまで車{を・に}走らせた。

(3) [　　　　] の中から適当なことばをえらび、形をかえて文を完成しましょう。

① おかあさんは、子供たちにご飯を (　　　　　　　)。

② 夜おそいので、先生は学生を家に (　　　　　　　)。

③ 体育の授業で、学生たちに運動場を10周 (　　　　　　　)。

食べる　飲む　帰る　乗る　走る

9 사역수동

사역수동이란 사역을 나타내는 동작을 받는 입장, 즉 당하는 입장에서 서술한 형태를 말한다. 쉽게 말해 사역문을 수동화시킨 경우라고 보면 되며, 「~가 시켜서(~에 의해서) 어쩔 수 없이 ~하다」의 해석을 가진다.

・사역을 나타내는 사태 - 사역문 : 先生が学生に運動場を走らせた。
(선생님이 학생에게 운동장을 돌게 했다.)

수동화 ↓

사역수동문 : 学生は先生に運動場を走らせられた。
(학생은 (선생님이 시켜서) 어쩔 수 없이 운동장을 달렸다.)

・사역을 나타내는 사태 - 사역문 : 母は子供に部屋の掃除をさせた。
(엄마는 아이에게 방 청소를 시켰다.)

수동화 ↓

사역수동문 : 子供は母に部屋の掃除をさせられた。
(아이는 (엄마가 시켜서)어쩔 수 없이 방 청소를 했다.)

참고로, 사역수동문이 만들어지는 과정을 능동문으로부터 사역문으로, 사역문이 다시 사역수동문으로 변화되는 순서대로 정리하면 다음과 같다.

僕が掃除した。(내가 청소했다.) : 능동문
→ 先生が僕に掃除させた。(선생님이 나에게 청소를 시켰다.) : 사역문
→ 僕が先生に掃除させられた。(나는 (선생님이 시켜서) 어쩔 수 없이 청소를 했다.) : 사역수동문

한편, 사역수동문은 형태 그대로를 직역하면 '~에게 ~시킴을 당했다' 라는 의미가 되지만, 이런 해석은 한국어로는 부자연스러우므로 해석을 할 때에는 '어쩔수 없이~했다'의 형태로 의역하는 편이 좋다.

9.1 사역수동동사 만들기

사역동사를 수동화시켜 사역수동문이 만들어지는 원리이므로, 해당동사를 사역수동동사로 만들기 위해서는 아래와 같은 방법을 따른다.

(1) 1그룹동사의 경우

해당동사의 어미를「あ단」으로 고치고「せられる」를 접속하여 만든다.

ex) 行く → 行か ＋ せ ＋ られる
買う → 買わ ＋ せ ＋ られる
飲む → 飲ま ＋ せ ＋ られる
運ぶ → 運ば ＋ せ ＋ られる
作る → 作ら ＋ せ ＋ られる

(2) 2그룹동사의 경우

해당동사의 어미「る」를 떼고「させられる」를 접속하여 만든다.

ex) 起きる → 起き ＋ させ ＋ られる
覚える → 覚え ＋ させ ＋ られる
閉める → 閉め ＋ させ ＋ られる
調べる → 調べ ＋ させ ＋ られる
やめる → やめ ＋ させ ＋ られる

(3) 3그룹동사의 경우

ex) する → させ ＋ られる
来る → こさせ ＋ られる

TIP 사역수동동사의 축약형

「す」로 끝나지 않는 1그룹동사에 한하여, 「せられる」는 축약형「される」로 사용될 수 있다.

ex) 行かせられる → 行かされる
払わせられる → 払わされる
作らせられる → 作らされる

즉,「す」로 끝이 나는 1그룹동사와, 2그룹동사, 3그룹동사의 경우,「せられる」는 축약형「される」로 사용될 수 없다.

cf) 押させられる → *押さされる (1그룹동사, 사전형 : 押す)
食べさせられる → *食べさされる (2그룹동사)
掃除させられる → *掃除さされる (3그룹동사)

9.2 사역수동문의 의미

(1) 사역주의 명령 등에 의해 강제적으로 동작이 이루어져 어쩔 수 없이 그렇게 되어 버림을 나타내는 경우

ex) 私は両親に一週間に二冊以上、本を読ませられた。

(나는 (부모님이 시켜서) 어쩔 수 없이 1주에 두 권 이상은 책을 읽었다.)

太郎は見合い相手にホテルで一時間も待たせられた。

(다로는 맞선 상대에 의해 어쩔 수 없이 호텔에서 1시간이나 기다렸다.)

(2) 사역주의 명령에 의한 강제적인 행위는 일어나지 않으나 결론적으로 어떠한 상황에 놓임을 나타내는 경우.
심리, 감정적인 현상을 나타내는 동사(예 : 感動する, 感心する, 驚く, 考える 등)가 사용되는 경우가 대부분이다.

ex) 私は彼に会うと、いつもどきどきさせられる。(나는 그를 만나면 언제나 두근거린다.)

時々、ネットを使っていて「なんて便利なんだ!!」と感動させられる事がある。

(가끔씩 인터넷을 사용하며 '이 얼마나 편리한가!!' 하며 감동받을 때가 있다.)

田中さんのスポーツに対する情熱にはいつも驚かされてしまう。

(다나카씨의 스포츠에 대한 정열에는 늘 놀라버리고 만다.)

Q&A

Q) 사역수동문은 직역의 의미와 의역의 의미가 다르다보니 자주 혼동스럽습니다.
사역수동문을 작문할 때, 그리고 해석할 때 쉽게 하는 방법은 없을까요?

A) 사역수동문의 형태로 작문해야 할 때는 '직역'을, 사역수동문을 해석해야 할 때는 '의역'을 떠올리세요.

예를 들어 '기무라씨는 어쩔 수 없이 모두의 앞에서 노래를 불러야만 했다' 라는 형태의 문장을 작문해야 한다면 의미상 사역수동문이 가장 적합하다는 것을 감지할 수 있을 것입니다. 그러나 주어진 해석에만 정신을 빼앗기다보면 「しかたなく歌うしかなかった」의 형태만 생각이 날 뿐 사역수동문으로 어떻게 작문해야 할 지 난감해지는 사람들도 많을 것입니다. 이렇게 해석이 주어져있고 이에 맞는 문장을 사역수동문으로 작문해야 할 때는, '기무라씨는 모두가 시켜서(모두에게) 노래시킴을 당했다' 라는, 사역수동문의 '직역'의 의미를 떠올려 작문하면 쉽습니다. 이 때 '노래시킴을 당하다' 라는 술어는 '노래하다'의 동사 「歌う」를 사역동사로 고친 후 다시 수동화시킨 「歌わせられる」를 사용하면 되지요. 즉, 「木村さんはみんなに歌わせられた」의 형태가 만들어 지게 됩니다.

한편 사역수동문을 해석해야 하는 상황일 때는 '~에게 ~시킴을 당했다' 라는 직역이 아닌 '(누군가가 시켜서)어쩔 수 없이~하다' 의 형태로 의역의 형태를 떠올리세요. 「太郎は母に1時間も掃除させられた」란 사역수동문을 해석해야 한다면 '다로는 어머니가 시켜서 어쩔 수 없이 1시간이나 청소를 해야 했다' 로 의역하면 됩니다.

즉, '작문 →직역, 해석 → 의역' 의 원칙만 기억하고 있다면 사역수동문은 쉽게 정복할 수 있답니다. 자 그럼 '하나코는 점장이 시켜서 어쩔 수 없이 3시간이나 설거지를 했다' 를 사역수동문의 형태로 작문한다고 해 봅시다. '작문 →직역'이 먼저 머릿 속에 떠오르나요? 즉 '하나코는 점장에게 설거지 시킴을 당했다' 이렇게 작문한다고 생각하면 쉽죠? 즉, 답은 「花子は店長に3時間も皿洗いをさせられた」가 됩니다.

연 습 문 제

1. 주어진 동사를 사역수동동사로 바꾸었을 때 잘못 변형된 것 하나를 고르시오.

① 行く → 行かせられる　　② 入る → 入させられる

③ 登る → 登らせられる　　④ 書く → 書かせられる

2. 다음 문장을 한국어로 옮기시오.

(1) あの会社は経営者に一方的に破産宣告させられ、企業閉鎖になってしまった。

⇒ ________________________________

(2) 彼女は、CD発売のうわさだけでもワクワクさせられるほど長年ジャニーズのファンである。

⇒ ________________________________

(3) あの店は、以前訪問して不愉快な思いをさせられたことがあるので、行きたくない。

⇒ ________________________________

(4) 新入社員の田中さんは喪中なのに新年会に強制参加させられたという。

⇒ ________________________________

3. 다음을 사역수동문을 사용하여 일본어로 옮기시오.

(1) 다로는 어머니의 강요로 싫어하는 당근을 먹을 수 밖에 없었다.

⇒ ________________________________

(2) 하나코는 언니가 시켜서 억지로 설거지를 했다.

⇒ ______________________________

(3) 키가 작은 동생은 어머니의 강요로 억지로 매일 우유를 두 잔씩 마시고 있다.

⇒ ______________________________

(4) 신혼 초인 기무라씨는 아내의 강요로 매일 아내를 도와 청소를 하고 있다.

⇒ ______________________________

(5) 추리 드라마를 보고 있으면 늘 조마조마하게 된다.

⇒ ______________________________

독 해 문 제 1

「愛の鞭には御用心！」

小学校から高校まで元気に楽しい日々を過ごしたみなさん。もう一度思い出してみてください。みなさんの思い出は楽しいことばかりだったでしょうか。楽しかったこと、辛かったこと、悲しかったこと、いろいろな思い出がたくさん頭に浮かんでくるんじゃないですか。でも思い出したくない思い出もあるでしょう?たとえば、先生に怒られた思い出。先生の愛のむち(本名：体罰)もいろんな方法があったと思います。今、冷静になって考えてみてください。理不尽なことで愛のむちを受けませんでしたか?「どうしてオレが…」、「そこまでさせなくてもいいんじゃないの?」って。

今、日本でこんな愛の鞭が行われているかわかりませんが、漫画やドラマでよく見かけるものを紹介したいと思います。①生徒が運動場を走らせられる、②生徒が水の入ったバケツを持たされて廊下に立たせられる、③棒や本で殴られる、などです。

でも、韓国の方がもっとひどい。映画やドラマでもよく見かける場面ですが、例えば①ケツバット(お尻を野球用バットで殴る)、②地面に伏した状態になり、手を後ろに組んで腰を上げ、頭で全身を支える(ケツバットもされることも)、③机の上で正座をさせられて、長時間手も上げさせる、などなど。特に、登校時間に遅刻した時、校門の横でさせられてる場面をよくドラマで見ました。怖い生徒指導の先生が竹刀やバットを振り回しながら・・・。登校する度、いつもハラハラ、ドキドキさせられたんじゃないですか?

韓国はまだまだ先生の権威があるから、今でも大丈夫なのでしょうかね?日本ではすぐに裁判になるかもしれませんね。とはいえ、最近は日本と同様に、韓国でも児童や生徒への体罰が問題になっているみたいです。

(1) 本文の内容と合っているものすべてに○をつけなさい。

( ) 韓国と日本では、体罰は良くないと考えられている。

( ) すべて自分が悪いので先生から罰を受けた。

( ) 先生に反抗すると、もっと罰を与えられた。

( ) バケツを持って立つのは運動のためだ。

( ) 校門に好きな子がいると、ドキドキさせられる。

( ) 体罰は生徒指導なので問題になることはない。

(2) 次の表の空欄を埋めなさい。

	辞書形	受身形	使役形	使役受身形
①			行かせる	
②		見られる		
③			切らせる	
④	呼ぶ			
⑤		される		
⑥	来る			

(3) 次の場面を想像して文をつくりなさい。

例)彼女と買い物に行きました。 私は彼女が買った荷物を持たされました。

① 先生が研究室の掃除をしていました。

② 友達がレポートで悩んでいます。

③ 韓国料理が得意だと日本人の友達に言ってしまいました。

독 해 문 제 2

「不満」

① 彼のうちに遊びに行くと、いつも「ちょっと手伝って。」と言われ、部屋のそうじばかりさせられる。 (Aさん、24歳・女性)

② 彼女とショッピングに行くと、彼女は絶対に自分のお金は使わずに「これ買って！あ、これも！」と言って、何でも私に買わせる。 (Bさん、29歳・男性)

③ 仕事が忙しいのはしょうがないが、週末も仕事をしろ、と言われた。初めの頃はがんばってしていたが、ストレスで病気になり会社をやめた。 (Cさん、35歳・男性)

④ 暇そうな男性社員もたくさんいるのに、お客さんが来たときは、いつも私がお茶をださなければならない。 (Dさん、30歳・女性)

⑤ 結婚する前は幸せだったが、結婚して子どもが生まれてからは、家の仕事は何もせず、全て私にさせていた。 (Eさん、32歳、女性)

⑥ 仕事で疲れて帰ってきたのに、妻に「ちょっと暇なら、そこの服を洗濯して。しないならご飯作らないわよ。」と言われ、無理やり洗濯させられた。 (Fさん、50歳、男性)

⑦ 英語はすきじゃないのに、「いい大学に行くためには必要なの」と母に言われ、
しかたなく勉強した。 (Gさん、16歳、男性)

⑧ パーティーに行ったとき、ゲームで負けてしまって、お酒はあまり飲めないのに、
飲まなければいけなかった。 (Hさん、22歳、女性)

⑨ 彼女と買い物に行ったとき、彼女は自分の荷物も僕に持たせ、
一人で買い物を楽しんでいた。 (Iさん、24歳、男性)

⑩ にんじんは嫌いなのに、母に「全部食べるまでテレビは見ちゃだめ」
と言われ、泣きながらがんばって食べた。 (Jさん、8歳、男性)

(1) ①から⑤に関して、正しいものを一つ選びなさい。

( ) Aは彼にいつもそうじばかりさせる。

( ) Bさんはいつも彼女に買わせた。

( ) Cさんは週末も仕事をさせられた。

( ) Dさんはお客さんにお茶を出させた。

( ) Eさんは主人に家の仕事を全てさせた。

(2) ⑥から⑩に関して、( ) に適当な言葉を書きなさい。

⑥ Fは( )に洗濯を( )。

⑦ ( )は( )に英語を勉強させられた。

⑧ ( )は友達にお酒を( )。

⑨ 彼女は( )に荷物を( )。

⑩ ( )は( )ににんじんを食べさせた。

(3) あなたが誰かにさせられた嫌なことを書いてください。

私は、

10 가능 · 자발

10.1 가능

가능표현은 「食べる」「行く」「勉強する」처럼 의지성을 가지는 동사가 나타내는 어떠한 행위를, 할 수 있는지 없는지의 여부를 나타내는 것을 말한다.

cf) 가능형을 만들 수 없는 동사
: 開く, 閉まる, 消える등과 같은 무의지동사
わかる, 出来る, 慣れる등과 같이 이미 가능의 의미를 가지고 있는 동사

10.1.1 가능표현 만들기

가능표현은 이하의 세 가지 방법으로 만들 수 있다.

- 가능동사
  ex) 日本語が話せる。(일본어를 할 수 있다.)
- 동사의 사전형 + ことができる
  ex) 日本語を話すことができる。(일본어를 할 수 있다.)
- 명사 + ができる
  ex) 日本語ができる。(일본어를 할 수 있다.)

(1) 가능동사 만들기

동사의 종류에 따라 가능동사를 만드는 방법이 아래와 같이 달라진다.

① 1그룹동사

동사어미를「え단」으로 고친 후「る」를 접속하여 만든다.

ex) 行く → 行ける　踊る → 踊れる　押す → 押せる

飲む → 飲める　使う → 使える

② 2그룹동사의 경우

해당동사의 어미「る」를 떼고「られる」를 접속하여 만든다.

ex) 捨てる → 捨てられる　答える → 答えられる　覚える → 覚えられる

決める → 決められる　避ける → 避けられる

③ 3그룹동사의 경우

ex) する → できる　来る → こられる

(2) 동사의 사전형 ＋ ことができる

ex) 行く → 行くことができる　歌う → 歌うことができる

起きる → 起きることができる　決める → 決めることができる

(3) 명사 ＋ ができる

명사 ＋ する의 형태로 사용되는 동사(掃除, 運動, 運転등)의 명사부분에「～ができる」가 접속된 형태

ex) 掃除する → 掃除ができる　運動する → 運動ができる

運転する → 運転ができる

10.1.2 가능표현과 조사

가능형은 기본적으로「日本語ができる」「漢字が書ける」처럼 조사로「が」를 사용하는 경우가 일반적이나,「を」를 사용하는 경우도 많아 가능표현에 있어 조사의 사용은 변칙적이라 할 수 있다.

10.1.2.1 대상을 나타내는 조사

(1)「が」를 많이 사용하는 경우

食べる, 飲む, 書く등의 일상생활을 나타내는 동사들이 가능형을 만들 때

ex) もう少し待てば、待ちに待った本場の日本料理が食べられる。

(조금만 더 기다리면, 기다리고 기다리던 정통 일본요리를 먹을 수 있다.)

(2)「が」보다「を」가 사용되기 쉬워지는 경우

① 대상이 누구인지 혼란이 올 여지가 있는 경우

ex) ?太郎は彼女が引きとめられなかった。

→ 太郎は彼女を引きとめられなかった。(다로는 그녀를 말릴 수 없었다.)

② 타동성이 강하며 음절수가 많은 동사류

ex) ?あの柵にこの犬が結び付けられない。

→ あの柵にこの犬を結び付けられない。(저 울타리에 이 개를 묶을 수 없다.)

③ 종속절 내에 사용되는 경우

ex) 音だけで字を書き込める装置が開発された。

(소리만으로 글씨를 써 넣을 수 있는 장치가 개발되었다.)

(3) 특정조사를 취하는 동사의 경우라면 가능표현으로 사용할 때에도 특정조사는 유지한다.

ex) やっと2時の電車に乗れた。(← ～に乗る)

(겨우 2시 전철을 탈 수 있었다.)

5年も離れていた友だちに会えた。(← ～に会う)

(5년이나 떨어져 있었던 친구와 만날 수 있었다.)

こりごりだった夫とやっと離婚できた。(← ～と離婚する)

(지긋지긋했던 남편과 겨우 이혼할 수 있었다.)

5時間もかけてやっと山を越えられた。(← ～を越える)

(5시간이나 걸려 겨우 산을 넘을 수 있었다.)

10.1.2.2 주체를 나타내는 조사

부정의 의미를 지니고 있거나 타자와의 비교를 나타내는 문장인 경우, 가능을 나타내는 주체를「に」로 표시할 수 있는 경우가 있다.

ex) 私にはこれ以上とうていできません。(나는 이 이상은 도저히 할 수 없습니다.)

(? 私にはこれ以上できます)

彼にできることだから、あなたにもできるはずだよ。

(그 사람도 할 수 있는 일이니까, 틀림없이 당신도 할 수 있을거야.)

10.1.3 가능의 다양한 의미

(1) 능력가능 : 해당 주체에 그러한 행위・일을 할 수 있는 능력이 있는지 없는지를 문제 삼는 경우

ex) 彼は5ヶ国語が話せます。(그는 5개국어를 할 수 있습니다.)

彼はお腹がすくと、ご飯三杯くらいは5分で食べられます。

(그는 배가 고프면, 밥 세 그릇을 5분 만에 먹을 수 있습니다.)

(2) 상황가능

: 어떠한 상황 하에서 그러한 행위・일을 할 수 있게 되는지를 문제 삼는 경우

ex) 会議中には中に入れません。(회의중에는 안에 들어갈 수 없습니다.)

二十歳になる前にはお酒は飲めません。(20살이 되기 전엔 술은 마실 수 없습니다.)

(3) 속성가능

: 해당 대상에 그러한 행위・일이 가능해 질 수 있는 속성이나 성질이 있는지를 문제 삼는 경우

ex) このきのこは毒があるから食べられません。(이 버섯은 독이 있으므로 먹을 수 없습니다.)

この水は汚くて飲めません。(이 물은 더러워서 마실 수 없습니다.)

Q&A

Q1) 회화에서 「熱いものでもすぐに食べれる」「ここで映画が見れる」「すぐに来れる」등의 표현을 접한 적이 있습니다. 이 표현들도 가능동사인가요?

A1) 食べる, 見る, 来る의 가능동사는 각각 食べられる, 見られる, 来られる의 형태가 문법적으로는 맞는 표현이지만, 일상회화에서 이를 줄여「食べれる」「見れる」「来れる」로 사용하기도 합니다. 이들은 각각의 가능동사에서「ら」가 생략된 표현으로「ら抜きことば」라고 불리우는 표현입니다.

이들「ら抜き현상」은 2그룹동사와 3그룹의「来る」에서 자주 나타나며 특히 저연령층일수록, 음절수가 많은 동사보다는 적은 동사일수록 빈번히 발생합니다. 예를 들어, 2그룹동사 중에서도 음절수가 많은「信じる」가 음절수가 적은「見る」에 비해「ら抜き현상」이 덜 일어나는 것으로 알려져 있습니다. 단,「ら抜きことば」는 문법적으로 타당한 표현이라고 보기 어려워 위화감을 느끼는 사람도 많으므로, 격식을 차려야 할 장소나 상대에게는「ら抜きことば」의 사용을 피하는 것이 좋겠습니다.

Q2)「見える」와「聞こえる」도 가능동사인가요?

A2)「見える」와「聞こえる」는 주체의 의지와 상관없이 행동이 자발적으로 이루어짐을 나타내는 자발동사의 일종으로 각각 '보이다' '들리다'로 해석되며 가능동사는 아닙니다. 단, 의미상으로 가능동사와 유사한 부분이 많으므로 주의하여 살펴보아야 할 부분입니다. '볼 수 있다', '들을 수 있다' 에 해당하는 가능동사는「見られる」와「聞ける」이며 위의 자발동사와는 아래와 같은 형태로 구별되어 쓰입니다.

ex) a. ここから太郎の部屋が見える。(여기에서 다로의 방이 보인다.)
b. このサイトに行くと、A会社の商品が全て見られる。
(이 사이트에 가면 A회사 상품을 전부 볼 수 있다.)

ex) a. 部屋から猫の泣き声が聞こえる。(방에서 고양이 울음소리가 들린다.)
b. 一ヶ月500円も出せば、流行りの音楽が何度でも聞ける。
(1개월 500엔만 내면 유행하는 음악을 몇 번이고 들을 수 있다.)

Q3) 어떤 경우에 가능동사를, 어떤 경우에 「～ことができる」를 많이 사용하나요?

A3) 가능동사와「～ことができる」의 의미용법은 같은 경우가 대부분이나, 보통 가능동사는 회화체에서,「～ことができる」는 약간은 문어체적인 어투로 사용되는 경우가 많습니다. 그러므로,「飲む」「食べる」「買う」등과 같은 일상생활에서 자주 사용되는 동사의 경우는 가능동사의 형태가,「述べる」「まとめる」와 같은 딱딱한 문체로 사용되기 쉬운 동사의 경우에는「～ことができる」의 형태로 가능형을 만드는 경우가 많습니다. 또한, 2그룹동사나 3그룹동사 중「来る」등의 경우는 가능형과 수동형이 동일한 형태이므로 혼동을 막기 위해 가능동사의 형태가 아닌「～ことができる」를 사용하기도 합니다.

ex) 분리하지 않고 버릴 수 있는 쓰레기
→ 分離せずに捨てることができるゴミ

cf) 分離せずに捨てられるゴミ
('분리하지 않고 버려지는 쓰레기' 즉, 수동문으로 해석될 수도 있음)

한편, 「売る」「釣る」「切る」「取る」등의 1그룹동사의 경우, 가능동사화시키면 자동사「売れる(팔리다)」,「釣れる(잡히다)」,「切れる(잘리다)」,「取れる(떨어지다)」와 동일한 형태가 되어 혼동의 여지가 생깁니다. 이런 동사들의 경우에도 혼동을 막기 위해「~ことができる」를 사용하여 가능형을 만드는 경우가 많지요.

ex) a. 使い終わったものは、リサイクルショップに売ることもできる。

(다 쓴 물건은 재활용품점에 팔 수도 있다.) → 가능

b. この靴は中・高校生によく売れる。

(이 구두는 중고생들에게 잘 팔린다.) → 자동사

ex) a. この辺は、夜になるとイカも釣ることができる。

(이 근방은 밤이 되면 오징어도 잡을 수 있다.) → 가능

b. この川でよく釣れる魚は何ですか。

(이 강에서는 잘 잡히는 물고기는 무엇이죠?) → 자동사

ex) a. あの美容室はたったの1000円で髪を切ることができるらしい。

(저 미용실은 단돈 1000엔으로 머리를 자를 수 있다고 한다.) → 가능

b. このナイフは買ったばかりなので、なんでもよく切れる。

(이 칼은 산지 얼마 안 되어 뭐든 잘 잘린다.) → 자동사

10.2 자발

의지에 의해 행위가 일어나는 것이 아닌, 무의식적으로 행위가 이뤄지는 것을 나타내는 표현이다. 모든 동사를 자발표현으로 만들 수 있는 것은 아니며, 대개 심리, 사고, 지각과 관련된 동사류(ex : 思う, 思い出す, 懐かしむ, 心配する, 案じる, 偲ぶ, 考える, 感じる, 待つ 등)가 자발표현을 형성한다.

10.2.1 자발동사 만들기

자발동사를 만드는 방법은 수동동사를 만드는 방법과 동일하다.

(1) 1그룹동사의 경우

해당동사의 어미를「あ단」으로 고치고「れる」를 접속하여 만든다.

ex) 思う → 思われる
思い出す → 思い出される
懐かしむ → 懐かしまれる
偲ぶ → 偲ばれる

ex) 昔のアルバムを見ていると、今までのことが思い出され泣きそうになった。
(예전 앨범을 보고 있자니, 지금까지의 일들이 떠올라 눈물이 날 것 같았다.)
歴代の作品に接すると、先人たちの熱い思いや苦労が偲ばれ、やる気が出てきた。
(역대의 작품들을 접하니, 선인들의 뜨거운 의지와 수고가 그리워져 의욕이 생기기 시작했다.)

(2) 2그룹동사의 경우

해당동사의 어미「る」를 떼고「られる」를 접속하여 만든다.

ex) 感じる → 感じられる
考える → 考えられる
案じる → 案じられる

ex) 小さくてもいいから、木のぬくもりが感じられる素朴な家がいいです。
(작아도 좋으니, 나무의 온기가 느껴지는 소박한 집이 좋습니다.)
現在、あのボランティア団体は、会員の高齢化で活発な活動が案じられる状態だ。
(현재 저 봉사단체는 회원의 고령화로 활발한 활동이 우려되는 상태이다.)

(3) 3그룹동사의 경우

ex) 心配する → 心配される

ex) オゾン層の破壊で、紫外線の増加による人体への影響が心配されています。

(오존층의 파괴로, 자외선의 증가에 의한 인체에의 영향이 우려되고 있습니다.)

Q&A

Q) 思える, 泣ける, 笑える등은 가능동사이지만 자발의 의미도 있는 것 같은데 어떤가요?

A) 思う, 泣く, 笑う 등의 동사는 가능동사의 형태로 자발의 의미를 나타낼 수 있는 독특한 특징이 있는 동사들입니다. 즉, 思える, 泣ける, 笑える등의 형태로 가능의 의미도, 자발의 의미도 나타낼 수 있기 때문에, 이들 동사가 나타내는 의미를 알고자 할 때는 전후문맥을 통하여 파악해야 합니다.

ex) a. 泣ける映画が好きだ。(나도 모르게 눈물이 나는(슬픈) 영화가 좋다.) → 자발

b. 泣こうと思えば、10秒で泣ける。(울려고만 한다면, 10초만에도 울 수 있다.) → 가능

연 습 문 제

1. 다음 중 자발의 의미를 가지지 않는 문장을 모두 고르시오.

① 空を見ていると、昔のことが思い出される。

② 将来のことが心配されてしょうがない。

③ 彼は相手の両親に結婚を反対され、がっかりしている。

④ まだ3月なのに夏休みが待たれる。

⑤ 毎朝5時に起きられますか。

2. 다음 중 종류가 같은 가능문끼리 번호로 묶어보시오.

① 鈴木君は小学生だが、高校生レベルの問題も解くことができるという。

② 今はお金がないから映画は見られない。

③ 彼女は日本語のみではなく中国語も話せる。

④ もう20才だから運転できるよ。

⑤ 田中君は100メートルを11秒で走れるという。

3. 다음 중 어색한 표현을 맞게 고치시오.

(1) 3시간정도로 이 산을 오를 수 있습니까?

: 3時間くらいでこの山に登られますか。

⇒ ____________________

(2) 야마구치씨는 단 1분만에 두 벌의 옷을 모두 갈아입을 수 있다고 한다.

: 山口さんはたったの1分で二着の服を全て着替えれるという。

⇒ ____________________

(3) 그는 20KG가 넘는 짐도 한 번에 옮길 수 있습니다.

: 彼は20キログラムを超える荷物も一度に運べられます。

⇒ ______________________________

(4) 시간만 있다면 여기 있는 물건을 모두 팔 수 있습니다.

: 時間さえあれば、ここにあるものは全て売れます。

⇒ ______________________________

4. **다음 문장을 일본어로 옮기시오.**

(1) 다소 시간이 걸려도 좋으니 신뢰할 수 있는 정보를 원합니다.

⇒ ______________________________

(2) 컴퓨터를 새로 구입한 경우, 지금까지 사용했던 컴퓨터의 정보는 옮길 수 있는 건가요?

⇒ ______________________________

(3) 가방이랑 우산을 걸 수 있는 행거를 주문하고 싶습니다.

⇒ ______________________________

(4) 저 스포츠센터는, 수영할 수 있는 능력에 따라 여러 가지 코스가 있습니다.

⇒ ______________________________

(5) 심플하면서도 따뜻함이 느껴지는 집을 원합니다.

⇒ ______________________________

(6) 아들 부부의 귀국이 기다려진다.

⇒ ______________________________

(7) 그녀는 이름만 들어도 귀여운 이미지가 상상되어진다.

⇒ ______________________________

독 해 문 제 1

「今の自分しかできないこと」

大学3年生になりました。親の脛をかじって生活できるのもあとわずかです。高い学費を払ってもらい、私はこの3年間、一体何をしてきたのでしょうか。自信を持って言えることが何一つありません。親の期待にも全く応えられていません。入学して間もないころはよく勉強もしていたので自己紹介では「私は日本語が少し話せます」と声高らかに言うことができましたが、最近は目標もなく、だらだらと過ごす日々が続いています。

しかし、こんな生活をしていてはいけないと思い、私は心を改めることにしました。できるかどうかわかりませんが、これからは毎朝６時に起床し、朝のさわやかな空気を吸いながら川沿いを少し散歩してみようかと思っています。夜12時頃寝れば、朝も早く起きられるでしょう。川沿いを散歩して、少し疲れたら、土手に座って読書でもしたいですね。よい本に出会い、朝の大自然の中で「自分は無知で無力なのだ」ということを再確認したいと思います。そこから新しい自分を発見できるかもしれませんし。

(1) 下線部「親の脛をかじる」とはどういう意味ですか。正しいものに○をつけなさい。

( ) 子供がアルバイトをして家計を助けること。

( ) 子供が親の足をマッサージしてあげること。

( ) 子供が経済的に自立できていないので、親に助けてもらうこと。

( ) 子供が親と一緒に食事をすること。

( ) 子供が親からいろいろアドバイスをもらうこと。

(2) 本文の内容と合っているもの全てに○をつけなさい。

( ) 私は大学に入学してから勉強をしたことがない。

( ) 大学3年間を振り返り、反省している。

(　) 規則正しい生活は自分にはできないと考えている。

(　) 読書で確認したいことは自分はやれば何でもできるということだ。

(　) 朝の空気はあまりきれいではない。

(3) 人生に影響を与えてくれるような本や映画をクラスメートに紹介しましょう。

독 해 문 제 2

「私のまち」

私のまちはとても小さい。でも、とてもすてきな町だ。私は５歳のとき、ひとりで公園に例）①行けるようになった。その公園からは山も見えるし、海の音も聞こえるし、私が一番好きな公園だ。

公園の隣には、郵便局がある。その郵便局はベビーカーで②入ることができる。私が赤ちゃんの時、お母さんと一緒に行ったことがある。入り口がとても広くて、お母さんは「あなたと一緒に来られるから、とてもうれしいわ」と言っていた。

公園の近くにはスーパーもある。とても大きなスーパーでまちの人はみんなここで買い物をする。私はここでおいしいアイスクリームが食べられるから、いつもスーパーへ行くことが楽しみだった。それに、子どもでも注文できるようにメニューはひらがなで書いてある。また、お年よりが読めるように、大きい字でも書いてある。

みんなにやさしい私のまち。20年たっても変わらない。今日もあの公園で、海の音を③聞くことができる。

(1) 本文の内容と合っているものに○をつけなさい。

( ) 私のまちは大きい。

( ) 公園から海だけ見える。

( ) 5歳のとき、お母さんと一緒に郵便局へ行った。

( ) 公園の近くににスーパーがある。

( ) 私は今5歳だ。

(2) 例のように、可能動詞に下線をひきましょう。４つあります。

(3) 例の形で表を完成させましょう。

④～⑦は**(2)**で下線をひいた可能動詞を書きましょう。

例)① 行ける	② 入ることができる	③ 聞くことができる	④
行くことができる			
⑤	⑥	⑦	

11 수수표현

어떤 행위나 동작, 물건 등을 주고 받는 것을 나타내는 표현으로「あげる・くれる・もらう」등이 수수표현에 대표적으로 사용된다. 특히 이러한 동사들을 '수수동사'라고 한다. 수수표현은 물건 등을 주고 받는 경우와 이익이 되는 동작, 행위를 주고받는 경우로 나뉘어 각각 아래와 같이 분류된다.

수수표현
- ① 수급표현 : 물건 등을 주고 받는 표현
  「あげる・くれる・もらう」등
- ② 수익표현 : 이익이 되는 동작, 행위를 주고 받는 표현
  「～てあげる・～てくれる・～てもらう」등

특히, 수익표현은 기본적으로 상대방에게 이익이 되는 것, 좋은 것을 해 준다는 의미를 나타내므로, 은혜의 느낌이 없는 경우, 수익표현을 쓰기 어렵다.

ex) **【창문이 살짝 열려 추웠던 상황에서 수업을 하던 중, 학생 한 명이 창문을 닫은 상황】**

教師：窓閉め<u>てくれた</u>ね。ありがとう～

【수업 전, 환기를 위해 창문이 살짝 열어 두었는데, 그것을 모른 학생이 창문을 닫아버린 상황】

教師：木村君。今、窓閉めた(??閉めてくれた)けど、開けてくれる？

◈ 수수표현을 나타내는 동사

	주 다		받 다
동작의 주체	누가 주는가? 1인칭이 → 2・3인칭에게 2인칭이 → 3인칭에게 3인칭이 → 3인칭에게	누가 주는가? 2・3인칭이 → 1인칭에게 3인칭이 → 3인칭에게	누가 받는가? 1인칭이 ← 3인칭에게 1인칭이 ← 2인칭에게 3인칭이 ← 3인칭에게
윗사람	さしあげる(드리다)	くださる(주시다)	いただく(받다)
동등한 관계	あげる(주다)	くれる(주다)	もらう(받다)
손아래 (동물, 식물)	やる(주다)	くれる(주다)	もらう(받다)

주의할 점은 일본어에서 '주다'의 경우는 주는 사람이 누구인가에 따라서 「あげる・くれる」처럼 두 종류의 수수동사가 존재한다는 점이다.

11.1 물건을 주고 받는 경우(수급표현)

11.1.1 「さしあげる」「あげる」「やる」: '드리다・주다'

「さしあげる」「あげる」「やる」는 주는 사람이 주어가 되어, 주고받는 관계에서 상대적으로 숫자가 낮은 인칭이 주어가 되어 높은 인칭에게 물건을 줄때나, 3인칭이 3인칭에게 물건을 줄 때 사용된다.

◈「さしあげる」「あげる」「やる」그룹이 사용되는 경우와 인칭관계도

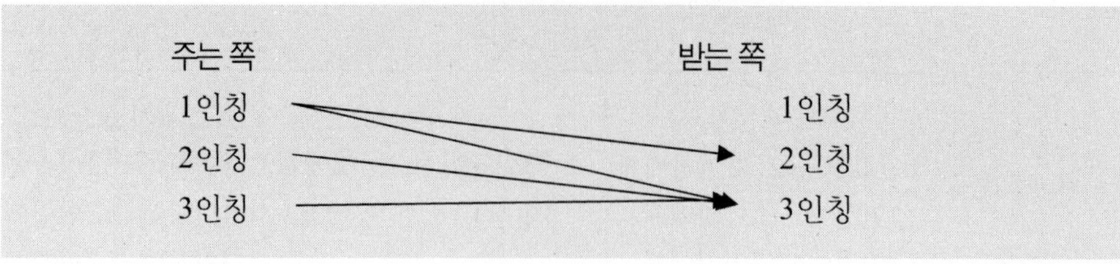

(1인칭 → 2인칭, 1인칭 → 3인칭, 2인칭 → 3인칭, 3인칭→ 3인칭)

(1)「XがYに～をあげる」: '주다'

「あげる」는 기본적인 수수표현으로 물건을 주고 받는 사람의 서열관계가 동등할 경우에 사용된다.

ex) 私は山田さんにプレゼントをあげました。

(나는 야마다씨에게 선물을 주었습니다.)【1인칭 → 3인칭】

あなたも山田さんにプレゼントをあげましたか。

(당신도 야마다씨에게 선물을 주었습니까.)【2인칭 → 3인칭】

学生が友達にプレゼントをあげる。

(학생이 친구에게 선물을 준다.)【3인칭 → 3인칭】

(2)「XがYに～をさしあげる」: '드리다'

「さしあげる」를 포함한 표현은「あげる」의 겸양표현으로 자신을 낮추어 결과적으로 상대를 높이는 존경의 효과를 나타낸다. 주어는 물건을 주는 사람이고, 받는 사람은「に격」으로 나타난다. 물건을 주는 사람보다 물건을 받는 사람이 서열상 높은 사람일 경우에 사용된다.

ex) (私は)先生に本をさしあげました。(나는 선생님에게 책을 드렸습니다.)

今日、訪れるお客さんにコップをさしあげます。

(오늘 방문하시는 손님께는 컵을 드립니다.)【1인칭 → 3인칭】

あなたも先生に本をさしあげましたか。

(당신도 선생님에게 책을 드렸습니까.) 【2인칭 → 3인칭】

友だちは先生に本をさしあげた。

(학생이 선생님에게 책을 드렸다.) 【3인칭 → 3인칭】

(3)「XがYに～をやる」: '주다'

「やる」를 포함한 표현은 물건을 주는 사람보다 받는 사람이 서열상 낮은 경우, 혹은 동식물에게 무언가를 주는 경우 등에 사용된다.

ex) 私はこどもにこづかいをやる。(나는 아이에게 용돈을 준다.) 【1인칭 → 3인칭】

あなたが花に水をやりますか。(당신이 꽃에 물을 줍니까?) 【2인칭 → 3인칭】

母が犬にえさをやる。(어머니가 개에게 먹이를 준다.) 【3인칭 → 3인칭】

11.1.2「くださる」「くれる」: '주시다 · 주다'

「くださる・くれる」그룹은 주는 사람이 주어가 되는데, 주고 받는 관계에서 상대적으로 숫자가 높은 인칭이 주어가 되어 낮은 인칭에게 물건을 줄때나, 3인칭이 3인칭에게 물건을 줄 때 사용된다.

◈「くださる・くれる」**그룹이 사용되는 경우와 인칭관계도**

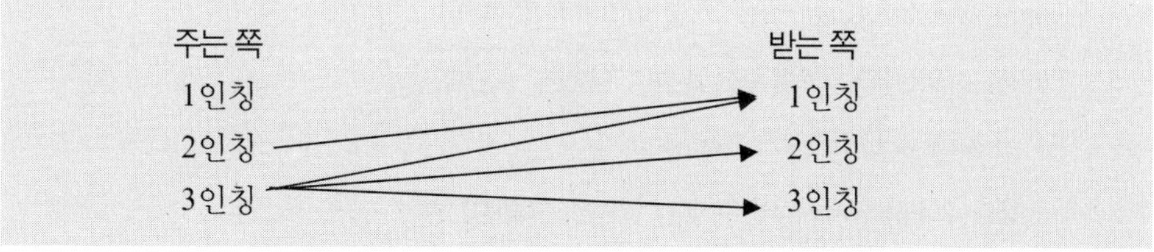

(2인칭 → 1인칭, 3인칭 → 1인칭, 3인칭 → 2인칭, 3인칭 → 3인칭)

(1) 「XがYに～をくれる」 : '주다'

「くれる」는 기본적인 수수표현으로 사용되며 물건을 주고 받는 사람의 서열관계가 동등하거나 낮은 경우에 사용된다.

ex) (あなたが)私に花をくれませんか。

(당신이 나에게 꽃을 주지 않겠습니까?) 【2인칭 →1인칭】

山田さんは私に花をくれました。

(야마다씨는 나에게 꽃을 주었습니다.) 【3인칭 → 1인칭】

山田さんが (あなたに) ノートをくれましたか。

(야마다씨가 (당신에게) 노트를 주었습니까?) 【3인칭 → 2인칭】

山田さんが私の妹に花をくれました。

(야마다씨는 내 여동생에게 꽃을 주었습니다.) 【3인칭 → 3인칭】

(2) 「XがYに～をくださる」 : '주시다'

「くださる」를 포함한 표현은 「くれる」의 존경표현으로, 주는 사람이 받는 사람보다 서열상 높은 사람일 경우에 사용된다.

ex) (あなたが)私にアドバイスをください。

(나에게 어드바이스를 주세요.) 【2인칭 →1인칭】

先生が私に辞書をくださる。(선생님이 나에게 사전을 주신다.) 【3인칭 → 1인칭】

先生があなたにノートをくださったんですか。

(선생님이 당신에게 노트를 주셨습니까?) 【3인칭 → 2인칭】

先生が妹に辞書をくださる。

(선생님이 여동생에게 사전을 주신다.) 【3인칭 → 3인칭】

部長が部下の田中君に書類をくださる。

(부장님이 부하직원인 다나카군에게 서류를 주신다.) 【3인칭 → 3인칭】

TIP 3인칭에게 3인칭이 물건을 주는 표현으로 기본적으로 「くれる」보다는 「あげる」를 많이 사용한다.

ex) 야마다씨가 기무라씨에게 꽃을 준다.

→ ?山田さんが木村さんに花をくれる。 < 山田さんが木村さんに花をあげる。

cf) 山田さんが木村さんに花をくれたそうです。

단, '다나카씨는 내 여동생에게 선물을 주었다' 처럼, 주는 사람과 받는 사람이 모두 3인칭이지만, 받는 사람이 화자인 나와 가까운 경우(가족, 친구 등)라면, 「くれる」 를 사용하여, 「田中さんは私の妹にプレゼントをくれた」와 같이 작문해야 한다. 그것은, 나와 가까운 존재인 경우 3인칭이기는 하나 1인칭에 상당하는 역할을 한다고 간주되기 때문이다.

즉, 외형상 3인칭인 田中さん이 3인칭인 내 여동생에게 선물을 주고 있으므로 '3인칭→3인칭' 으로의 이동으로 보이지만 실제로 내 여동생은 1인칭에 상당하는 역할을 한다고 간주되므로 이동은 '3인칭→1인칭'으로 일어난다고 볼 수 있는 것이다. 따라서 이 경우에는 「あげる」가 아닌 「くれる」계열을 써 주는 것이 타당하다.

또한, cf)처럼 만일 제 3자간 수수에서 「くれる」 를 사용하였다면, 해당 상황을 표현하고 있는 화자인 내가, 받는 쪽 사람(윗 문장에서는 木村さん)을 더 가깝게 느끼고 있다는 것을 나타낸다.

11.1.3 「いただく」「もらう」: '받다'

「いただく・もらう」그룹은 받는 사람이 주어가 되는데, 주고 받는 관계에서 상대적으로 숫자가 낮은 인칭이 주어가 되어 숫자가 높은 인칭에게 물건을 제공받을 때 혹은 3인칭이 3인칭에게 물건을 제공받을 때 사용된다.

◆ 「いただく・もらう」그룹이 사용되는 경우와 인칭관계도

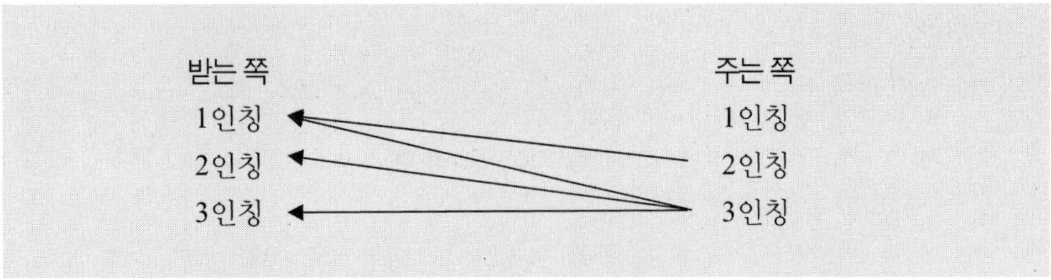

(1인칭 ← 2인칭, 1인칭 ← 3인칭, 2인칭 ← 3인칭 , 3인칭 ← 3인칭)

(1)「YがXに～をもらう」: '받다'

「もらう」는 기본적인 수수표현으로 사용되며 물건을 주고 받는 사람의 서열관계가 동등하거나 낮은 경우에 사용된다.

ex) 日本に行った時は、いろいろとお土産をもらっちゃって、悪かったね。

(일본에 갔을 때 여러 가지로 선물을 받아서 미안했어.) 【1인칭 ← 2인칭】

私は山田さんに花をもらった。(나는 야마다씨에게 꽃을 받았다.) 【1인칭 ←3인칭】

あなたは山田さんに花をもらいましたか。

(당신은 야마다씨에게 꽃을 받았습니까?) 【2인칭 ← 3인칭】

山田さんは木村さんに花をもらった。

(야마다씨는 기무라씨에게 꽃을 받았다.) 【3인칭 ← 3인칭】

(2)「YがXに～をいただく」: '받다'

「もらう」와 사용되는 인칭관계는 동일하나, 주는 사람이 받는 사람보다 윗사람이거나 경의를 표시해야 하는 사람인 경우에 사용한다. 즉, 「いただく」는 「もらう」의 겸양표현이라고 볼 수 있다.

ex) 私は佐藤先生に手紙をいただいた。

(나는 사토우선생님께 편지를 받았다.) 【1인칭 ← 3인칭】

環境問題に関する資料をいただけますか。(상대가 나보다 서열이 높은 사람인 경우)

(환경문제에 관한 자료를 받을 수 있습니까?) 【1인칭 ← 2인칭】

弟は山田さんに本をいただいた。(남동생은 야마다씨에게 책을 받았다.) 【3인칭 ← 3인칭】

後輩はお客さんから労いの言葉をもらいました。

(후배는 손님에게 노고를 치하하는 이야기를 들었다.) 【3인칭 ← 3인칭】

TIP 3인칭에게 3인칭이 물건을 받는 상황에서, 화자의 입장에서 보아 받는 사람보다 주는 사람이 더 화자와 가까운 경우라면「もらう・いただく」의 사용이 어색해진다.

ex) 야마다씨가 내 여동생에게 선물을 받았다.

→ ?山田さんが 私の妹から プレゼントをもらった。

받는 사람 주는 사람

이는 앞서 언급한 것처럼「내 여동생」의 경우, 나와 가까운 존재로 3인칭이기는 하나, 1인칭에 상당하는 역할을 한다고 간주되기 때문이다.

「もらう・いただく」표현은 숫자가 낮은 인칭이 높은 인칭에게 물건을 제공받을 때 사용될 수 있는 특징이 있다. 그런데,「내 여동생」이 주는 사람으로 사용되는 경우, 3인칭인 야마다씨가 1인칭에 상당하는「내 여동생」에게 물건을 제공받는 셈이 되므로「もらう・いただく」표현이 사용되기 어려워지는 것이다. 즉, 3인칭인 야마다씨가 외형상 3인칭인 내 여동생에게 선물을 받고 있는 상황이어서 '3인칭←3인칭' 으로의 이동으로 보이지만 실제로 내 여동생은 1인칭에 상당하는 역할을 한다고 간주되므로 이동은 '3인칭←1인칭'으로 일어난다고 볼 수 있는 것이다. 따라서 이 경우에는「もらう・いただく」를 사용하여 작문하면 어색한 문장이 되는 것이다.

그렇다면,「야마다씨가 내 여동생에게 선물을 받았다」는 일본어로 어떻게 작문해야 하는 것일까? 그럴 때는 굳이 야마다씨를 주어로 하여「받았다」형식으로 작문 하려하지 말고, 준 쪽인 여동생을 주어로 한「私の妹が山田さんにプレゼントをあげた」로 작문하면 된다.

11.2 도움이 되는 행위를 해 주고 받는 경우(수익표현)

수수동사가 보조동사로 사용되어 도움이나 이익이 되는 동작이나 행위를 하는 경우이다.

11.2.1「～てさしあげる」「～てあげる」「～てやる」: '～ 해 드리다 · ～ 해 주다'

「～てさしあげる」「～てあげる」「～てやる」그룹은 주는 사람이 주어가 되는데, 숫자가 낮은 인칭이 높은 인칭에게, 혹은 3인칭이 3인칭에게 이익이 되는 행위를 할 때 사용된다.

◈「～てさしあげる」「～てあげる」「～てやる」**그룹이 사용되는 경우와 인칭관계도**

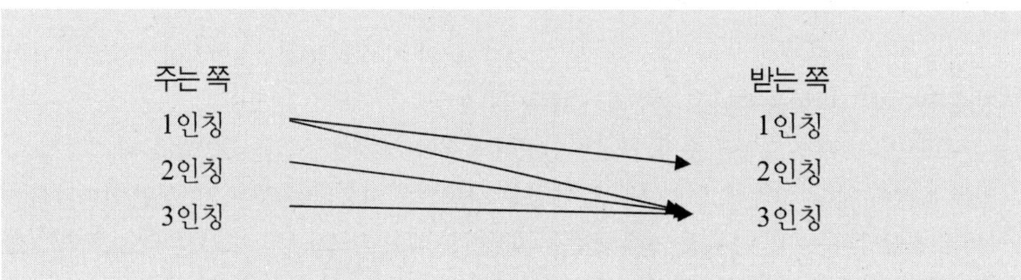

(1인칭 → 2인칭, 1인칭 → 3인칭, 2인칭 → 3인칭, 3인칭→ 3인칭)

(1)「XがYに～を～てあげる」: '～ 해 주다'

「～てあげる」는 기본적인 수익표현으로 도움의 행위를 주고 받는 사람의 서열관계가 동등할 경우에 사용되며, 인칭의 이동관계는 수급표현「あげる」가 사용되는 상황과 동일하다.

ex) 友達には財布を買ってあげようと思っています。

(나는 친구에게 지갑을 사주려고 생각하고 있습니다.)【1인칭 → 3인칭】

あなたは彼にお金を貸してあげましたか。

(당신은 그에게 돈을 빌려 주었습니까?) 【2인칭 → 3인칭】

彼(学生)が彼女(友達)を富士山へ連れていってあげた。

(그(학생)가 그녀(친구)를 후지산에 데리고 가 주었다.) 【3인칭 → 3인칭】

(2)「XがYに～を～てさしあげる」: '～ 해 드리다'

「～てさしあげる」를 포함한 표현은「～てあげる」의 겸양표현으로 자신을 낮추어 결과적으로 상대를 높이는 존경의 효과를 나타내며, 인칭의 이동관계는 수급표현「さしあげる」가 사용되는 상황과 동일하다. 도움이나 이익이 되는 행위를 하는 사람보다 행위의 이익을 받는 사람이 서열상 높은 사람일 경우에 사용된다.

ex) 旅行の帰りに車で社長を家まで送ってさしあげた。

(여행에서 돌아오는 길에 차로 사장님을 집에까지 모셔다 드렸다.) 【1인칭 → 3인칭】

あなたは高橋さんの仕事を手伝ってさしあげましたか。

(당신은 다카하시씨의 일을 도와 드렸습니까?) 【2인칭 → 3인칭】

(3)「XがYに～を～てやる」:「～ 해 주다」

인칭의 이동관계는 수급표현「やる」가 사용되는 상황과 동일하다.「やる」를 포함한 표현은 도움, 이익이 되는 행위를 주는 사람보다 받는 사람이 서열상 낮은 경우에 사용된다.

ex) 私が犬におもちゃを買ってやった。(나는 개에게 장난감을 사 주었다.)

私はこどもにケーキを作ってやる。(나는 아이에게 케익을 만들어 준다.) 【1인칭 → 3인칭】

あなたは子供に昔話をしてやりますか。

(당신이 아이에게 옛날 이야기를 해 줍니까?) 【2인칭 → 3인칭】

安田さんは後輩の佐藤君にプラモデルを作ってやった。

(야스다군은 후배인 사토군에게 조립완구를 만들어 주었다.) 【3인칭 → 3인칭】

TIP

①「～てあげる」・「～てさしあげる」표현은 은혜를 베풀어 생색내는 인상을 주므로, 은혜를 받게 되는 상대를 앞에 두고 말할 경우에는 사용하지 말아야 한다.

(윗사람) * 先生、代わりに手紙を書いてさしあげますか。

(*선생님, 선생님 대신으로 편지를 써 드릴까요?)

(윗사람) * 先生、カバンを持ってさしあげます。

(*선생님, 가방을 들어드리겠습니다.)

이 때에는 겸양어를 만드는 형식인「お～동사의ます형+～する(いたす)」의 형태를 사용하여 작문하는 것이 바람직하다.

→ (윗사람) 先生、代わりに手紙をお書きしましょうか(お書きいたしましょうか)。

(선생님, 선생님 대신으로 편지를 써 드릴까요?)

(윗사람) 先生、カバンをお持ちします(お持ちいたします)。

(선생님, 가방을 들어드리겠습니다.)

한편, 윗사람이 아닌, 동등한 관계이거나, 손아래사람인 경우에는 굳이 겸양어를 사용하지 않아도 되므로 아래와 같이 표현하면 된다.

(동등) 持ちます → 持ちましょうか。

(손아래) 持ちます → 持とうか。

② 은혜를 베푸는 상대에게 직접 말하는 경우가 아니라면, 도움이나 이익이 되는 동작이나 행위를「～てあげる」「～てさしあげる」로 표현해도 무방하다.

子供：お母さん、いっぱい荷物を持っている人がいたから、持ってあげたよ。

(엄마, 짐을 잔뜩 든 사람이 있어서, 짐을 들어 줬어요.)

母：そう、いいことしたわね。(그래, 좋은 일 했구나.)

11.2.2「～てくださる」「～てくれる」: '～해 주시다・～해 주다'

「くださる・くれる」그룹은 주는 사람이 주어가 되는데, 주고 받는 관계에서 숫자가 높은 인칭이 주어가 되어 낮은 인칭에게 도움이 되는 행위를 해 줄 때나, 3인칭이 3인칭에게 도움이 되는 행위를 할 때 사용된다.

◈「～てくださる」「～てくれる」**그룹이 사용되는 경우와 인칭관계도**

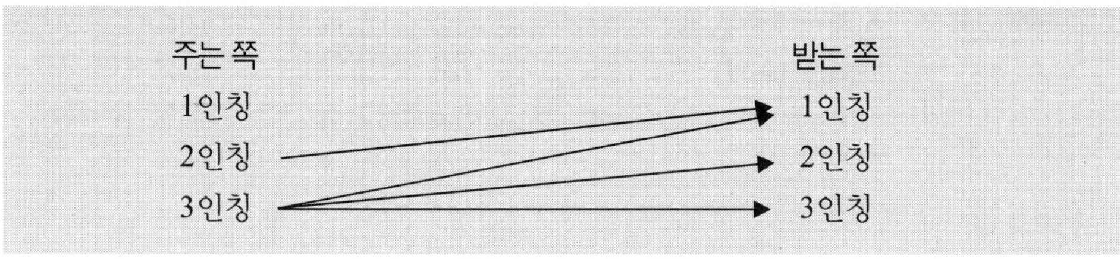

(2인칭 → 1인칭, 3인칭 → 1인칭, 3인칭 → 2인칭, 3인칭→ 3인칭)

(1)「XがYに～を～てくれる」：‘～해 주다’

「～てくれる」는 기본적인 수수표현으로 사용되며 인칭의 이동관계는 수급표현「くれる」가 사용되는 상황과 동일하다. 도움의 행위를 주고 받는 사람의 서열관계가 동등하거나 낮은 경우에 사용된다.

ex) 明日また来てくれますか。(내일 또 와 주겠습니까?)【2인칭 → 1인칭】

安田さんは私たちに日本語を教えてくれます。

(야스다씨는 우리들에게 일본어를 가르쳐 줍니다.)【3인칭 → 1인칭】

彼はその件についてあなたに助言してくれるだろう。

(그는 그건에 대해 당신에게 조언해 주겠지요.)【3인칭 → 2인칭】

(2)「XがYに～を～てくださる」：‘～해 주시다’

「くださる」는「くれる」의 존경표현으로, 도움이나 이익이 되는 행위를 하는 사람이 받는 사람보다 서열상 높은 사람일 경우에 사용된다. 인칭의 이동관계는 수급표현「くださる」가 사용되는 상황과 동일하다.

ex) 先生がこの本を貸してくださった。(선생님이 이 책을 빌려 주셨다.)【3인칭 → 1인칭】

(あなたが)私の話、聞いてくださってどうもありがとうございます。

：상대가 나보다 서열이 높은 사람인 경우임

(저의 말을 들어주셔서 정말 감사드립니다.)【2인칭 → 1인칭】

> **TIP** 3인칭끼리 해당 행위를 주고 받는 표현은 기본적으로「～てあげる」를 사용하기 때문에「～てくれる」로 표현하기보다는 ex1)처럼「～てあげる」를 사용하는 편이 적당하다. 그러나, ex2) 처럼, 행위를 받는 쪽이 화자의 가족인 경우라면 외형상으로는 같은 3인칭이라 해도, 1인칭에 상당하는 역할을 하므로 길 안내는 3인칭인 '선생님'으로부터 1인칭에 상당하는 '여동생'에게 이뤄진 셈이 된다. 즉, 숫자가 높은 인칭에서 낮은 인칭으로 행위를 제공한 셈이 되므로,「あげる」계열이 아닌「くれる」계열이 사용되는 것이 적당하다.
>
> ex1) *山田さんが木村さんに花を買ってくれる。
> 　　→山田さんが木村さんに花を買ってあげる。(야마다씨가 기무라씨에게 꽃을 사 준다.)
> ex2) 先生は私の妹に東京を案内してくれる。(선생님은 여동생에게 동경을 안내해 준다.)

11.2.3「～てもらう」「～ていただく」: '～를 해 받다'(직역)

「～ていただく」및「～てもらう」형은 도움이나 이익이 되는 행위를 제공받을 때 쓰는 표현이다. 주어는 동작이나 행위를 받는 사람이고,「に・から」격은 동작이나 행위를 주는 사람이 된다. 직역하면 '～에게 ～를 해 받다'가 되나 한국어에서는 없는 표현이므로, 주는 사람을 주어로 하여 '～가 ～를 해 주다'로 의역하거나, 이들 표현이 주로 주어가「に・から」격에게 어떤 행위를 의뢰하여 제공받는 경우에 많이 사용된다는 점에서, '~에게 ~해 달라고 하다' 로 의역하는 편이 자연스럽다.

수급표현「もらう」,「いただく」와 마찬가지로 받는 사람이 주어가 되는데, 주고 받는 관계에서 숫자가 낮은 인칭이 주어가 되어 숫자가 높은 인칭에게 해당 행위를 제공받을 때, 혹은 3인칭이 3인칭에게 행위를 제공받을 때 사용된다.

◈「～ていただく・～てもらう」그룹이 사용되는 경우와 인칭관계도

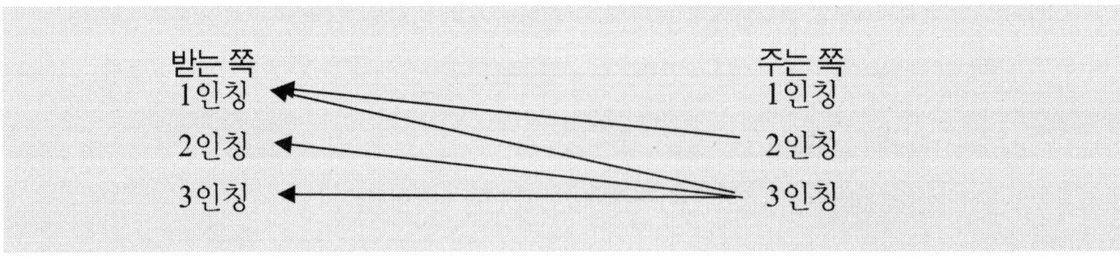

(1)「YがXに～を～てもらう」 : ‘(의역하여) X가 Y에게 ～을 해 주다’

‘(의역하여) Y가 X에게 ~를 해 달라고 하다’

- 의뢰의 의미가 있는 경우

「～てもらう」는 도움이 되는 행위를 받은 사람과 그 행위를 한 사람의 서열관계가 동등하거나 낮은 경우에 사용되며, 인칭의 이동관계는 수급표현 「もらう」와 동일하다.

ex) 私は友だちに地図を書いてもらった。 【1인칭 ← 3인칭】

(의역 : 친구가 나에게 지도를 그려 주었다. / 나는 친구에게 지도를 그려 달라고 했다.)

(私は)(あなたに)地図を書いてもらいませんか。 【1인칭 ← 2인칭】

(의역 : 지도를 그려 주시지 않으시겠습니까?)

あなたは山田さんに説明をしてもらいましたか。 【2인칭 ← 3인칭】

(의역 : 야마다씨는 당신에게 설명을 해 주었습니까? / 당신은 야마다씨에게 설명해 달라고 했습니까?)

山田さんは木村さんに地図を書いてもらいましたか。 【3인칭 ← 3인칭】

(의역 : 기무라씨는 야마다씨에게 지도를 그려주었습니까?

야마다씨는 기무라씨에게 지도를 그려 달라고 했습니까?)

(2)「YがXに～を～ていただく」 : ‘(의역하여) X가 Y에게 ～을 해 주시다’

‘(의역하여) Y가 X에게 ~를 해 주십사 부탁하다’

- 의뢰의 의미가 있는 경우

「～ていただく」는 「～てもらう」의 겸양표현으로, 자신을 낮추어 결과적으로 상대를 높이는 존경의 효과를 나타낸다. 그 때문에 행위를 하는 사람이 도움이나 이익이 되는 행위를 받는 사람보다 서열이 높은 경우에 사용되며, 인칭의 이동관계는 수급표현 「いただく」와 동일하다.

ex) 私は先生に推薦状を書いていただきました。 【1인칭 ← 3인칭】

(의역 : 선생님은 나에게 추천장을 써 주셨습니다.

나는 선생님께 추천장을 써 주십사 부탁드렸습니다.)

(私は)(あなたに)道を教えていただきたいですが・・・。

: 이 때 상대는 나보다 서열이 높은 사람인 경우임

(의역 : 길을 가르쳐 주셨으면 합니다만…) 【1인칭 ← 2인칭】

娘の花子は社長に仕事を紹介していただきました。

(사장님이 딸 하나코에게 일을 소개시켜 주셨습니다.) 【3인칭 ← 3인칭】

TIP 「友達が私にCDを貸してくれた」와 「私は友達にCDを貸してもらった」는 같을까요?

「~てもらう」와 「~てくれる」는 같은 사실관계를 나타내고 있다. 그러나 「~てくれる」의 경우 상대가 자발적으로 한 행동인 경우가 많은데 비해, 「~てもらう」는 상대가 자발적으로 한 행동에도 쓰일 수 있지만, 상대에게 해당 행위를 의뢰한 결과, 상대가 한 행위를 나타내는데 쓰일 수 있다는 특징이 있다. 즉, 「~てもらう」는 '의뢰'의 의미를 나타낼 수 있다는 점에서 「~てくれる」와 다소 차이가 있다.

즉, 「友達が私にCDを貸してくれた」의 경우는 친구가 자발적으로 CD를 빌려주었다는 의미를 「私は友達にCDを貸してもらった」의 경우는 상대에게 빌려달라는 의뢰를 한 결과, 상대가 CD를 빌려주었다는 의미를 나타낼 수 있다는 점에서 양 표현은 차이가 있다.

TIP ◈ 경어의 측면에서 정리한 수수표현

겸양어	일반동사	존경어
さしあげる	あげる	×
×	くれる	くださる
いただく	もらう	×

「あげる」는 겸양어는 있으나 존경어는 없다. 기본적으로 말하는 사람(1인칭)이 주어가 되어 타인(2,3인칭)에게 주는 것을 나타내기 때문에 주어인 나를 높이는 표현은 없다. 「くれる」는 존경어는 있으나 겸양어는 없다. 기본적으로 타인(2,3인칭)이 주어로 말하는 사람(1인칭)에게 주는 것을 나타내기 때문에 말하는 사람이 주는 분을 높여 표현하기 때문에 존경어만 존재하며 자신을 낮춘 겸양어표현은 없다. 「もらう」는 겸양어는 있으나 존경어는 없다. 기본적으로 말하는 사람(1인칭) 이 주어가 되어 타인(2,3인칭)에게 받는 것을 나타내기 때문에 주어인 나를 높이는 표현은 없다.

TIP 수수표현에서 수익을 받는 사람의 격

물건과 언행, 지식등이 이동하는 경우, 「に・から」의 양쪽이 다 성립한다.

ex) 先生に(から)辞典を貸してもらう。(선생님에게 사전을 빌렸다.)
お客さんに(から)丁寧なお礼の手紙をいただいた。
(손님에게 정중한 감사의 편지를 받았다.)

그러나 다음과 같이 단순한 대리행동의 경우는 「から」는 쓸 수 없다.

ex) 先生に(*から)日本語で手紙を書いてもらう。
(선생님이 일본어로 편지를 써 주셨다.)
先生に(*から)日本語の手紙を読んでもらう。
(선생님이 일본어 편지를 읽어 주셨다.)

그리고 행위를 베푸는 주체가 사람이 아니고, 국가나 학교 회사 등과 같은 조직의 경우는 항상 「から」가 쓰여진다.

ex) イタリアでは自転車を購入する時、国から奨励金がもらえる制度が4月末から開始された。
(이탈리아에서는 자전거 구입할 때, 나라에서 장려금을 받을 수 있는 제도가 4월 말부터 시작되었다.)

심화학습

수수표현은 의뢰표현으로도 사용할 수 있다.

a. この傘を借りたいです。(이 우산을 빌리고 싶습니다.)
b. この傘を貸してください。(이 우산을 빌려 주십시오.)
c. この傘を貸してくれますか。(이 우산 빌려줍니까?)
d. この傘を貸してもらえますか。(이 우산을 빌려줄 수 있습니까?)

a～d의 예문에서 주어는 우산을 빌리고 싶다고 하는 희망을 나타내고 있지만, 그 의뢰의 정도는 차이가 있다. a의「～たいです」는 자신의 요구만을 전달하고 있을 뿐이며 b의「～てください」는 직접적인 의뢰이다. c는 질문의 형태를 취하고 있어 상대의 의향도 살피고 있다.d는「～てもらう」의 가능형인「～てもらえる」를 의문형인「～てもらえますか」로 사용하여 자신의 요구를 전함과 동시에 질문의 형태로 상대의 의향을 묻고 있다. c와 d는 우산을 빌려줄 지 어떨지에 대한 판단을 상대에게 맡기고 있어 정중한 의뢰형이 된다.「くれる」의 존경어인「くださる」,「もらう」의 겸양어인「いただく」를 사용하면 더욱 정중하게 된다.

ex) a あのう、この傘を貸してくださいますか。(저, 이 우산을 빌려주십니까?)
b. あのう、この傘を貸していただけますか。(저, 이 우산을 빌려주실 수 있습니까?)

특히 윗사람에게 의뢰할 경우에는,「～たいです」나「～てください」는 실례가 되는 표현으로「～てくださいますか」나「いただく」의 가능형「いただける」을 의문형으로 한「～ていただけますか」을 사용한다. 그 외에도「～てくださいませんか」「～ていただけませんか」등 부정을 사용한 표현도 있다. 이때는 부정의 의문형을 취하고 있지만, 부정의 뜻을 포함하지는 않은 정중한 표현이 된다.

ex) このぺん、貸してもらえませんか? (이 펜 빌릴 수 없을까요?)
そのことについて話していただけませんか。(그 일에 대해 이야기 해 주시지 않겠습니까?)
お金を貸していただけませんでしょうか。(돈을 빌려주실 수 있으신지요?)

또한, 상대방은 전화를 받고 싶다는 생각을 하지 않고 있는데 나의 필요에 의해 전화를 하겠다는 표현을 하고자 할 경우,「明日、お電話さしあげます」의 표현보다「明日、お電話させていただきます」의 표현이 더욱 적합한 표현이 된다.

그 외에도 수수표현을 이용한 희망이나 의뢰표현으로는「させてください」「させてくれる」등이 있다.

ex) もうちょっとだけ休養させてください。(좀 더 휴양하게 해 주세요.)
その歌をもう一度聞かせてくださいませんか。(한번 더 그 노래를 들려주시지 않겠습니까?)

연 습 문 제

1. 다음 괄호 안에 들어갈 적당한 것을 고르시오.

(1) 社長に私たちの気持ちをわかって(　　　　)と思う。

① あげたい　　② さしあげたい　　③ いただきたい　　④ くださりたい

(2) 鈴木さんは私にスキーに行った時の写真を見せて(　　　　)ました。

① やり　　② あげ　　③ くれ　　④ もらい

⇒ 私は 鈴木さんにスキーに行った時の写真を見せて (　　　　)ました。

① もらい　　② くれ　　③ やり　　④ あげ

(3) リンさんは私(　　　)元気な子犬をくれました。

① が　　② へ　　③ に　　④ を

⇒ 私はリンさんから元気な子犬を(　　　　)ました。

① あげ　　② くれ　　③ もらい　　④ やり

(4) 私に日本語を教えて(　　　　)のは山田先生です。

① あげた　　② くださった　　③ もらった　　④ いただいた

2. 다음 해석에 맞게 (　　　　　)에 들어갈 적당한 수수동사표현을 쓰시오.

(1) 나카야마씨는 나에게 꽃다발을 주었습니다.

⇒ 中山さんは私に花束を(　　　　　　　　)。

⇒私は中山さんから花束を(　　　　　　　　)。

(2) 어제 친구에게 영화티켓을 받았습니다.

⇒ 昨日、友達から映画のチケットを (　　　　　　　　　　)

⇒ 昨日、友達は映画のチケットを (　　　　　　　　　　)

(3) 고등학생때 까지 나는 엄마에게 용돈을 받았습니다.

⇒ 高校生のときまで、私は母にお小遣いを(　　　　　　　　　　)。

⇒ 高校生のときまで、母は私に小遣いを(　　　　　　　　　　)。

(4) 친구가 내 여동생에게 인형을 주었습니다.

⇒ 友達が私の妹に人形を (　　　　　　　　　　)。

⇒ 私の妹は友達に人形を (　　　　　　　　　　)。

(5) 김씨는 회사로부터 보너스를 받았습니다.

⇒ 金さんは会社からボーナスを(　　　　　　　　　　)。

(6) 우리 아이는 건강하게 자라 주었다

⇒ うちの子は健康に育って (　　　　　　　　　　)。

3. 다음 질문에 답하시오.

(1) 다음 중 어법상 바른 문장은?

① 彼女は私の荷物を持ってあげました。

② お忙しいところ、お越しもらいまして、ありがとうございます。

③ 彼は私のために、料理を作ってくれました。

④ 犬にえさをさしあげました。

(2) 다음 보기의 문장을 일본어로 바르게 옮긴 것은?

[보기] 기무라씨가 저에게 일본어를 가르쳐 주셨어요.

① 木村さんが私に日本語を教えてくださいました。

② 木村 さんが私に日本語を教えていただきました。

③ 木村さんに私から日本語を教えてあげました

④ 木村さんから私は日本語を教えてくれました。

(3) 다음 보기의 문장과 의미가 같은 것을 고르시오.

[보기] 私は、父に新しいカバンをもらいました。

① 私は、父に新しいカバンをくださいました。

② 父は、私に新しいカバンをくれました。

③ 私は、父に新しいカバンをあげました。

④ 父は、私に新しいカバンをもらいました。

4. 다음 문의 차이점에 대해 생각해 봅시다.

(1) ① チョンさんが写真を見せました。

② チョンさんが写真を見せてくれました。

(2) ① 鈴木さんに論文を直されました。

② 鈴木さんが論文を直してくれました。

(3) ① 金本さんはドアを閉めました。

② 金本さんにドアを閉められました。

③ 金本さんがドアを閉めてくれました。

5. 다음 문장을 한국어로 옮기시오.

(1) 友達が手伝ってくれたから早く仕事が片付いた。

⇒ ______________________________

(2) あなたは山田さんに何をあげましたか。

⇒ ____

(3) 先日、森さんから本をもらいました。

⇒ ____

(4) 彼にクリスマスのプレゼントを買ってもらうつもりです。

⇒ ____

(5) 私の案を採用してもらうために徹夜で資料を作った。

⇒ ____

6. 다음 문장을 일본어로 옮기시오.

(1) 야마다씨는 당신에게 무엇을 주었습니까?

⇒ ____

(2) 어머니 생일에 어머니에게 무엇을 드립니까?

⇒ ____

(3) 이 펜은 다나카선생님이 여동생에게 사 주셨습니다.

⇒ ____

(4) 선생님, 칠판에 적어 주시지 않으시겠습니까?

⇒ ____

(5) 당신은 어제, 기무라씨에게 어떤 CD를 빌렸습니까?

⇒ ____

독 해 문 제 1

「田中先生へ」

田中先生。お久しぶりですね。私は10年前、田中先生のクラスにいた鈴木です。覚えていらっしゃいますか。私が卒業して、もう10年経ちました。あのころの私は、今思い出しても本当に悪い学生でしたよね。授業をさぼって悪い仲間と遊んだり、学校に行ってもまじめに授業を受けなかったり…先生には本当に迷惑をかけました。

でも、そんな私をかえてくださったのが、田中先生です。高校２年生までは、どの先生も、私に何も注意したり、叱ったりしませんでした。何を言ってもむだだ、かわらない、きっとそう思っていたのでしょうね。私自身も、あのときはそう思っていました。私は誰にも必要とされていない、誰も私のことを気にかけてくれない、そんなふうに思っていました。

でも、先生はちがいましたよね。私がどんなにいやな顔をしても、先生は真剣に叱ってくださいました。授業をさぼった私を、何時間もさがしてくださいました。

自分の子供のように、私に対して真剣にむきあってくださった先生。この人なら、信じられる。そう思いました。先生に何度も相談にのっていただきましたね。なやみを聞いていただき、私は自分に自信が持てるようになりました。

あれから、もう10年です。私は今年、教師になりました。先生と出会って、私も先生のような教師になりたいと思いました。一生懸命勉強して、夢をかなえることができました。

“先生に恩返しをしてさしあげたい！自分には何ができるだろう”

卒業してから、ずっと考えていました。今、私のクラスに10年前の私のような生徒もいます。私は田中先生の話を聞かせてあげようと思っています。先生が私にしてくださったことを、今度は私が彼らにしてあげる番です。それが先生への恩返しになるのではないかと思いました。まだ今は一人前の教師ではありません。でも、先生と会ってもはずかしくない教師になれたと思ったら、その時は先生に会いに行きます。

先生、それまでお元気で。

鈴木

(1) 鈴木さんに対して、田中先生がしたことは何ですか。

正しいものすべてに○をつけなさい。

( ) 悪い仲間とつきあわないように注意した。

( ) 鈴木さんが悪いことをしたら、しんけんに叱った。

( ) 鈴木さんの両親に、連絡をした。

( ) 鈴木さんのなやみを聞いた。

(2) 鈴木さんが田中先生を信じられると思ったのはどうしてですか。

( )

(3) 鈴木さんが考える、田中先生への「恩返し」は何ですか。

( )

(4) 感謝している先生にお礼のメッセージカードを送ります。何と書きますか。

독 해 문 제 2

「直ちゃんが教えてくれたこと」

小学校3年生のときに、クラスに日本人の女の子が転校してきた。名前が直美だったので、みんな直ちゃんと呼んでいた。直ちゃんは韓国語がぜんぜんできなかったが、近くに日本人学校がなかったので私たちの学校に来たようだった。私と家が近かったので、自然といっしょに帰るようになり、それをきっかけに仲良くなった。遊びながら、私は直ちゃんに韓国語を教えてあげ、直ちゃんは私に日本語を教えてくれた。私はだんだん日本語に興味を持ち始めた。直ちゃんに話したいこともいっぱいあったし、何より直ちゃんのことをもっと理解したかったからだ。私は直ちゃんに日本のマンガや雑誌を貸してもらって、自分でも少しずつ勉強するようになった。勉強ぎらいだった私が毎日机に向かって勉強しているので、家族もびっくりしていた。そして弟も、私の一生懸命な様子を見て、日本語を勉強したいと言い出した。私は直ちゃんから教えてもらった日本語をときどき弟に教えてやっていた。

4年生になる前の冬休みのことだった。私が江原道のおばあちゃんのうちに遊びに行っている間に、直ちゃんは突然日本に帰ってしまった。家庭の事情で、急に日本に帰ることになったらしい。直ちゃんが貸してくれたマンガや雑誌は、結局返すことができなかった。

あれから10年。私は大学で日本語を専攻し、高校の日本語の先生になるために、がんばっている。直ちゃんは、日本語を教えてくれただけではなく、私に将来の夢まで与えてくれた。今度は、私が他の誰かに夢を与える番だ。そのためにも、まずは自分の夢を実現できるように、頑張ろうと思う。

(1) 本文の内容と合っているものすべてに○をつけなさい。

( ) 直ちゃんと私は家が近所だった。

( ) 私は直ちゃんに日本語のマンガや雑誌を貸してあげた。

( ) 私は直ちゃんに別れのあいさつをすることができなかった。

( ) 直ちゃんは小学校4年生のときに日本に帰った。

( ) 私は直ちゃんのおかげで高校の日本語の先生になることができた。

(2)「やる」「あげる」「もらう」「くれる」を適当な形にして書きましょう。

① A：すてきなネックレスですね。だれに________んですか。
　B：姉が買って________んです。

② 私は 消しゴムがありませんでした。それで、友達に貸して________。

③ 私は きのう 弟の宿題を 見て________。

④ きのう、先ぱいが 私とイムさんに 晩ご飯を ごちそうして________。

⑤ 前にハンさんが私に作って________料理は とてもおいしかったです。
　今度作り方を教えて________たいと思います。

⑥ 姉は、毎朝6時にボーイフレンドを電話で起こして________ています。

12 서법

서법이란 어떤 명제(일, 사태)나 상대방에 대해서 말하는 이의 주관적인 심적 상태(기분)나 판단을 나타내는 것으로 문말(文末)에 위치하며 무드(ムード) 또는 모달리티(モダリティ)라고도 불린다.

명제 (객관적인 사실)		말하는 사람의 기분, 주관적인 인식이나 판단
【A】		【B】
あした学校へ行き	＋	たい (희망)
あした学校へ行き	＋	ませんか (권유)
あした学校へ行く	＋	つもりだ (의지)
あした学校へ行く	＋	でしょう (추측)
あした学校へ行か	＋	なければならない (의무)

위의 표에서와 같이 문장에는 객관적인 사실을 나타내는 부분(A)과 그 사실에 대한 말하는 이의 태도나 판단을 나타내는 부분(B)이 있다. 많은 표현들 중에서 유사한 표현들을 묶어서 살펴보기로 하자. 본 장에서 살펴 볼 서법 표현들은 다음과 같다.

◈ 여러가지 서법 표현

추량(추측)의 표현	~だろう, ~と思う, ~かもしれない, ~そうだ, ~ようだ, ~らしい
확신의 표현	~にちがいない, ~はずだ
설명의 표현	~のだ, ~わけだ, ~ものだ, ~ことだ

희망,의지,결정의 표현	~たい, ~ほしい, ~つもりだ, ~ことになる, ~ことにする
의무,허가,금지,조언의 표현	~なければならない, ~べきだ, ~てもいい, ~てはいけない, ~たほうがいい

12.1 추량(추측)을 나타내는 표현

「だろう」 「と思う」 「かもしれない」 「そうだ」 「ようだ」 「らしい」

(1) 「だろう」 : ~이겠지, ~일 것이다

어떤 일에 대해 사실판단의 정보가 불확실 할 경우에 말하는 이가 단정을 피하여 이야기할 때에 쓰이는 추량의 표현이다. 과거, 현재, 미래에 대한 추측을 나타낸다. 「です・ます체」에서는 「でしょう」, 「である체」에서는 「であろう」의 형태가 된다.

◈ **접속방법**

	긍 정	부 정	과 거	과거부정
동 사	行くだろう	行かないだろう	行っただろう	行かなかっただろう
い형용사	おいしいだろう	おいしくないだろう	おいしかっただろう	おいしくなかっただろう
な형용사	元気だろう	元気じゃないだろう	元気だっただろう	元気じゃなかっただろう
명 사	日本人だろう	日本人ではないだろう	日本人だっただろう	日本人ではなかっただろう

◎ **용례**

ex) たぶん金さんは明日来るだろう。(아마도 김씨는 내일 오겠지.)

このカードはおそらく使えないでしょう。(이 카드는 아마도 쓸 수 없겠지요.)

それはきっと彼の思い違いであろう。(그것은 필시 그의 착각일테지.)

おそらく山田さんはもう日本に帰ったでしょう。

(아마도 야마다씨는 벌써 일본에 돌아갔겠지요.)

「だろう」는 위의 예에서처럼 「たぶん・おそらく・きっと」와 같은 부사를 동반하는 경우가 많다. 회화체에서 「だろう」는 주로 남성이 쓰며 「でしょう」는 남녀모두 사용하는데 여성이 더 많이 사용하는 경향이 있다. 특히 「でしょう」는 뉴스의 일기예보에서 자주 들을 수 있는 표현이다.

ex) 明日は午前中は雨、午後になったら晴れるでしょう。

(내일 오전은 비, 오후가 되면 맑겠지요.)

TIP 「でしょう」는 용례에 있는 예에서처럼 추측의 의미로 사용되는 경우에는 하강조 억양을 취하지만, 회화체에서 상승조의 억양일 때에는 확인이나 동의를 구하는 의미로 사용된다는 점에 주의할 필요가 있다.

ex) さくら：さっき先生に「おつかれさま」って言ったでしょう↑。ちょっと失礼な気がするよ。

(좀 전에 선생님께 「수고하셨어요」라고 했지? 좀 실례되는 말인 것 같아.)

金：えっ、そうなの。知らなかった。(어머, 그런 거야? 몰랐어.)

ex) 田中君がさきに帰るの、鈴木さんも見たでしょう↑。

(다나카군이 먼저 돌아가는 거, 스즈키씨도 봤죠? (그렇죠?))

또한, 하강조이지만 추측의 의미가 아닌 비난의 의미로 쓰이는 경우도 있다.

ex) 弟：また試験に落ちちゃった。(또 시험에 떨어졌어.)

兄：だから、もっとしっかり勉強しなさいって言ったでしょう↓。

(그러니까 좀 더 열심히 공부하라고 했잖아.)

Q&A

Q) 「でしょう」는 「だろう」의 정중어체이니 손윗사람에게 써도 되나요?

A) 「でしょう(~이겠지요)」는 「だろう(~이겠지, ~일거야)」의 정중체이기는 하나 손윗사람에게 쓰면 건방진 말투(뉘앙스)로 들릴 수 있으므로 사용하지 않는 편이 좋습니다. 잘못 사용되고 있는 예로는 다음과 같은 경우를 들 수 있습니다.

ex) 先生：(出席をとった後) 田中君、来ないね。どうしたのかな。
(다나카군이 안 왔네, 무슨 일일까?)
学生：?? もうすぐ来るでしょう。(곧 오겠지요.)

학생의 입장에서는 조금 있으면 올 것이라는 의미를 전달하기 위해, 또한 손윗사람인 선생님에게 하는 말로서 「でしょう」라는 정중형을 사용했으므로 문제가 없다고 생각할 수 있으나 손윗사람에게는 사용을 피하는 것이 좋습니다. 위의 경우라면 「もうすぐ来ると思います」정도로 사용하는 것이 무난하겠습니다.

(2) 「と思う」: ~라고 생각하다

자신의 의견이나 추측, 판단을 상대에게 전할 때 쓰는 표현이다. 「思う」의 주체는 자기 자신이며 대개 생략된다.

◈ 접속방법

	긍정	부 정	과 거	과거부정
동사	行くと思う	行かないと思う	行ったと思う	行かなかったと思う
い형용사	おいしいと思う	おいしくないと思う	おいしかったと思う	おいしくなかったと思う
な형용사	元気だと思う	元気ではないと思う	元気だったと思う	元気ではなかったと思う
명사	日本人だと思う	日本人ではないと思う	日本人だったと思う	日本人ではなかったと思う

◎ **용례**

ex) あの人は日本人だと思います。(저 사람은 일본인이라고 생각합니다.)
このレポートは二日ぐらいでできると思います。
(이 리포트는 이틀정도면 할 수 있다고 생각합니다.)
そのかばんよりあのかばんの方がいいと思います。
(그 가방보다 저 가방 쪽이 좋다고 생각합니다.)
彼はハンバーガーが好きじゃないと思います。
(그는 햄버거를 좋아하지 않는다고 생각합니다.)

「と思う」는 「だろう」와 같이 쓰면 자신의 생각을 좀 더 조심스럽게 나타내는 효과가 있으며 정중함이 느껴지는 표현이 된다.

ex) 金先生は独身だろうと思います。(김선생님은 독신일 거라고 생각합니다.)

> **TIP** 「と思う」는 말하는 이가 단정을 피하여 이야기할 때 쓰이는 표현인 점에서는 「だろう」와 비슷하지만 자신의 개인적이고 주관적인 생각을 나타내는 표현이므로 객관적인 정보를 나타낼 때나 논문에서는 잘 쓰지 않는다.
>
> ex) [일기예보에서]
> 明日は大雨になるでしょう。(내일은 많은 비가 오겠지요.)
> *明日は大雨になると思います。(내일은 많은 비가 올 것이라 생각합니다.)

(3) 「かもしれない」 : ~일 지도 모른다

말하는 사람의 주관적인 판단을 전할 때 사용하는 표현으로 확실하지는 않지만 아마도 그럴 가능성이 있다는 것을 이야기 할 때에 쓴다. 「だろう」보다는 주관성이 약하다.

회화체에서는, 「~かもしれない」의 「しれない」가 생략되어 「~かも」의 형태로만 사용되어 추량의 의미를 나타내기도 한다.

◈ 접속방법

	긍 정	부 정	과 거	과거부정
동 사	行くかもしれない	行かないかもしれない	行ったかもしれない	行かなかったかもしれない
い형용사	おいしいかもしれない	おいしくないかもしれない	おいしかったかもしれない	おいしくなかったかもしれない
な형용사	元気かもしれない	元気ではないかもしれない	元気だったかもしれない	元気ではなかったかもしれない
명 사	日本人かもしれない	日本人ではないかもしれない	日本人だったかもしれない	日本人ではなかったかもしれない

◎ 용례

ex) 鈴木さんはこの頃忙しいから映画を見に行かないかもしれません。

(스즈키씨는 요즘 바쁘니까 영화를 보러 가지 않을지도 모릅니다.)

彼はまだ来ない。約束を忘れているかもしれない。

(그가 아직 안 온다. 약속을 잊고 있는지도 모른다.)

ここよりもあそこの方がもっと静かかもしれないよ。(이 곳보다 저곳이 더 조용할지도 몰라.)

ex) A：あの人が校長先生かもしれないね。(저 사람이 교장선생님일지도 몰라.)

B：そうかも。(그럴지도.)

TIP 「かもしれない」는 아래의 예처럼 실현 가능성은 낮지만 그럴 가능성이 있다 라는, 우리말의 「어쩌면」에 해당하는 「ひょっとすると(したら)・もしかすると(したら)」등의 부사를 동반하여 사용되는 경우도 많다.

ex) ひょっとすると明日、田中君は来ないかもしれません。

(어쩌면 내일 다나카군은 오지 않을지도 모릅니다.)

もしかすると来週の試験は延期になるかもしれません。

(어쩌면 다음 주 시험은 연기가 될 지도 모릅니다.)

또한, 「だろう」는 「だろうと思う」의 형태로는 잘 쓰이지만, 「かもしれない」는 「かもしれないと思う」의 형태로는 쓰이지 않는다.

(4) 『そうだ』 : ~인(일) 것 같다, ~인 듯하다

「~인(일) 것 같다, ~인 듯하다」의 의미를 나타내는 「そうだ」는, 주로 어떤 대상물의 외관에서 오는 직관적인 인상이나 어떤 사태의 징후를 느끼고 표현할 때 쓰인다.

「今にも」, 「いかにも」, 「みるからに」와 같은 부사적 표현과 같이 쓰이는 경우도 있다.

◈ 접속방법

	긍 정	부 정	과거	과거 부정
동 사	行きそうだ	行かな(さ)そうだ 行きそうにない・行きそうもない・行きそうにもない	—	—
い형용사	おいしそうだ	おいしくなさそうだ おいしそうではない	—	—
な형용사	元気そうだ	元気ではなさそうだ 元気そうではない	—	—
명 사	—	学生ではなさそうだ	—	—

◎ 용례

① 대상물의 외관에서 오는 직관적인 인상이나 어떤 사태의 징후나 예감을 나타내는 경우

ex) テーブルの上においしそうなケーキが置いてあります。

(테이블 위에 맛있어 보이는 (맛있을 것 같은) 케이크가 놓여있습니다.)

強い風が吹いて、木が倒れそうだ。(강한 바람이 불어서 나무가 쓰러질 것 같다.)

あの人は見るからにまじめそうだ。(저 사람은 딱 보기에 성실할 것 같다.)

단, 주의해야 할 것은 대상물의 외관, 주로 시각적인 정보를 토대로 그 인상을 말하거나 추측하는 경우라 할지라도 그것이 이미 과거의 사태인 경우에는「そうだ」가 사용될 수 없다는 점이다. 즉, 전문의「そうだ」가 아닌 양태, 추측의「そうだ」는 과거의 사태와는 접속할 수 없다.

ex) 【비가 오지 않아 쩍쩍 갈라져 있는 땅을 보며】地面がこんなに割れているのをみると、数ヵ月は雨が降らなかったようですね(*降らなかったそうですね)。
(지면이 이렇게 갈라져 있는 걸 보니, 몇 개월은 비가 오지 않은 것 같네요.)

위의 예문은, 갈라져 있는 땅의 외관, 즉 시각적인 정보를 토대로 한 것이지만 '비가 오지 않았다' 라는 과거의 사태를 추측하는 경우이므로,「そうだ」는 사용될 수 없다. 이 경우는 갈라져 있는 땅을 보고 스스로의 판단에 의해 비가 오지 않았음을 추측하는 경우로 이 후에 언급할「ようだ」가 사용되는 것이 타당하다.

양태, 추측의 「そうだ」가 과거의 사태와 접속할 수 없음은 아래의 예문에서도 찾아볼 수 있다.

ex) 頭がガンガンします。どうも風邪引いたようですね。(引いた : 과거사태)
*頭がガンガンします。どうも風邪引いたそうですね。(引いた : 과거사태)
(머리가 지끈지끈합니다. 아무래도 감기에 걸린 것 같습니다.)

② 외관을 근거로 한 추측은 아니지만 징후나 예감의 뜻으로 표현되는 경우

ex) 11月なのにこんなに寒いんだから、今年の冬も相当寒くなりそうですね。
(11월 인데도 이렇게 추우니, 올해 겨울도 상당히 추울 것 같네요.)
今年、田中さんの息子さんも大学生になるんですね。これからもっとお金かかりそうですね。
(올해 다나카씨의 아드님도 대학생이 되는 거네요. 앞으로 더 돈이 많이 들겠어요.)

◎ **주의점**

① 형용사 중에서 어간이 한 글자(1字)인「よい」와「ない」는「よそうだ」와「なそうだ」가 아닌「よさそうだ」와「なさそうだ」가 된다는 점에 주의해야 한다.

ex) 今日は天気がよさそうだ。(오늘은 날씨가 좋을 것 같다.)
あの人はお金がなさそうだ。(저 사람은 돈이 없을 것 같다.)

② 또한 추측, 양태의 의미를 지니는「そうだ」는 명사에 직접 접속할 수 없으므로 추량(추측)의 명사문을 만들고자 하는 경우에는「ようだ」를 사용한다.

ex) *前田さん、風邪そうですね。(마에다씨, 감기인 모양이네요.)
前田さん、風邪のようですね。(마에다씨, 감기인 모양이네요.)

그러므로「そうだ」뒤에 명사가 이어질 때에는「そうだ」가「そうな」의 형태가 된다. 또한「そうだ」가 뒤에 오는 동사를 수식(설명)하는 경우에는「そうに」의 형태로 쓰인다.

ex) 彼女はいまにも泣きそうな顔をしていた。
(그녀는 금방이라도 울 것 같은 얼굴을 하고 있었다.)
子どもたちはとても楽しそうに遊んでいる。(아이들을 매우 즐거운 듯이 놀고 있다.)

③「동사 + そうだ」의 부정표현 만드는 방법에는 두 가지가 있는데,「そうだ」앞을 부정형으로 만드는 방법과「そうだ」의 뒷부분을「~そうにもない ・ ~そうにない ・ ~そうもない」의 형태로 만드는 방법이 있다. 이러한 부정형은 그러한 일이 일어날 가능성이 적다는 의미를 나타낸다.

(ⅰ)「そうだ」앞의 동사를 부정형으로 만든 경우

ex) レポートは明日までに終わらな(さ)そうだ。

(리포트는 내일까지 끝나지 않을 것 같다.)

(ⅱ)「そうだ」의 뒷부분을 부정형으로 만든 경우

ex) レポートは明日までに終わりそうにもない。

レポートは明日までに終わりそうにない。

レポートは明日までに終わりそうもない。

(리포트는 내일까지 끝날 것 같지도 않다.)

④「형용사 ＋ そうだ」의 부정표현은「そうだ」앞을 부정형으로 만드는 방법과「そうだ」의 뒷부분을「〜そうではない」의 형태로 바꾸어 만들 수 있다.

ex) あのレストランはいつもがらがらなのでどうもおいしくなさそうだ。

(저 레스토랑은 언제나 텅텅 비어있어 아무래도 맛이 없을 것 같다.)

あのレストランはいつもがらがらなのでどうもおいしそうではない。

(저 레스토랑은 언제나 텅텅 비어있어 아무래도 맛이 있을 것 같지는 않다.)

ex) この頃ずっと雨なので、あしたも天気がよくなさそうだ。

(요즘 계속 비가 오고 있으므로 내일도 날씨가 좋지 않을 것 같다.)

この頃ずっと雨なので、あしたも天気がよさそうではない。

(요즘 계속 비가 오고 있으므로 내일도 날씨가 좋을 것 같지는 않다.)

심화학습 : 「~ない」로 끝나는 い형용사 + そうだ

「おいしくない」에서 처럼 '~지 않다' 라는 부정의 뜻을 나타내는 조동사 「ない」가 아닌 형용사 자체가 「~ない」로 끝나는 「危ない、少ない、くだらない、もったいない」등과 같은 형용사는 「어간 + そうだ」의 형태로 접속하는 경우와, 어간에 さ가 붙은 형태인 「～なさそうだ」의 형태로 접속하는 경우가 있다.

(i) 「어간 + そうだ」의 형태로 접속하는 경우

危ない → 危なそうだ (위험할 것 같다.)

少ない → 少なそうだ (적을 것 같다.)

위의 형용사는 단어가 만들어질 때 우연히 단어의 끝이 「ない」의 형태만 취하고 있는 것으로 부정의 의미를 포함하고 있지 않아 원칙대로 어간에 そうだ가 접속한 것이다.

(ii) 어간에 さ가 붙은 형태인 「～なさそうだ」의 형태로 접속하는 경우

もったいない →もったいなさそうだ (아까울 것 같다.)

なにげない → なにげなさそうだ (아무렇지 않은 것 같다.)

「もったいない」의 경우 원래, 명사 「勿体(もったい)」에 형용사 ない가 접속된 형태가 이후 하나의 형용사로 굳어진 것이므로 그 영향에 의해 「もったいなさそうだ」의 형태로 접속이 되는 것이다. 「なにげない」 역시, 명사 「何気(なにげ)」에 형용사 ない가 접속된 형태가 이후 형용사로 굳어진 것으로 「なにげなさそうだ」의 형태로 접속된다.

(iii) 어느 쪽을 써도 상관없는 경우

くだらない →くだらなそうだ ・ くだらなさそうだ (시시할 것 같다.)

つまらない → つまらなそうだ ・ つまらなさそうだ (재미없을 것 같다.)

「くだらない」와 「つまらない」의 경우는 동사의 부정표현에서 파생되어 이 후 형용사로 굳어진 표현이다. 동사의 부정표현에 사용되는 「ない」는 형용사가 아닌 조동사로 분류되는데, 보통 조동사 「ない」에 「そうだ」가 접속되는 경우라면 「～なそうだ」의 형태로 사용되는 것이 일반적이다.

ex) 知らない ＋ そうだ → 知らなそうだ(잘 모르는 것 같다.)

즉, 「くだらない」와 「つまらない」의 경우도 이전 동사의 부정표현에서 파생되어 형용사로 굳어졌다는 것을 감안한다면 원칙적으로는 「くだらなそうだ」 「つまらなそうだ」의 형태가 사용되어야 할 것이다. 그러나 최근 들어 조동사 「ない」에 「そうだ」가 접속되는 경우라 해도 「～なさそうだ」의 형태도 허용되게 되어 예를 들어 '잘 모르는 것 같다' 에 해당하는 표현으로 「知らなそうだ」는 물론 「知らなさそうだ」도 허용되게 되었다. 「くだらない」와 「つまらない」도 그러한 영향에서인지 「くだらなそうだ」 「つまらなそうだ」이외에 「くだらなさそうだ」 「つまらなさそうだ」도 사용이 가능하게 되었다.

TIP 전문(伝聞)의 「そうだ」 : ～라고 한다

「そうだ」는 「～일 것 같다, 인 듯 보이다」라는 추측, 양태의 의미 이외에, 다른 사람에게서 듣거나 책 등에서 읽어서 알게 된 내용을 전할 때 쓰이는 표현인 「전문(伝聞)」의 용법도 있다. 이 때의 「そうだ」는 「～と言っている」라고 바꾸어 쓸 수 있으며, 보통 「～によると,～の話では,～では」라는 표현과 함께 쓰이는 경우가 많다.

각 품사별 접속방법이 추측, 양태의 「そうだ」와는 완전히 다르므로 양 용법별 「そうだ」의 접속방법을 따로 외워두도록 하자.

◈ 접속방법

	긍 정	부 정	과 거	과거부정
동 사	行くそうだ	行かないそうだ	行ったそうだ	行かなかったそうだ
い형용사	おいしいそうだ	おいしくないそうだ	おいしかったそうだ	おいしくなかったそうだ
な형용사	元気だそうだ	元気ではないそうだ	元気だったそうだ	元気ではなかったそうだ
명 사	日本人だそうだ	日本人ではないそうだ	日本人だったそうだ	日本人ではなかったそうだ

◎ 용례

ex) うわさでは金先生は来年結婚するそうです。
(소문으로는 김선생님은 내년에 결혼한답니다.)
うわさによると、彼は大学に落ちたそうです。
(소문에 의하면 그는 대학에 떨어졌다고 합니다.)
ニュースによると、昨夜北海道で地震があったそうです。
(뉴스에 의하면 어젯밤 홋카이도에서 지진이 있었다고 합니다.)

先輩の話ではこの本がレポート作成にとても役立つそうです。
(선배의 말에 따르면 이 책이 리포트작성에 많은 도움이 된다고 합니다.)
[人から聞いて]あの映画はとてもおもしろいそうです。(저 영화는 아주 재미있다고 합니다.)
あの学生は留学生だそうだ。(저 학생은 유학생이라고 한다.)

(5) 「ようだ」: ～인 것 같다, ～인 듯하다

「ようだ」는 자신이 실제 경험하거나 관찰한 것, 느낀 것을 토대로 한「주관적인 입장」에서의 추측 혹은 추량을 나타내는 표현으로 주로 사용된다. 타인으로부터 들은 이야기를 판단근거로 추측할 때 사용되는 경우도 없지는 않으나, 대체로 본인의 생각 및 관찰내용 등을 근거로 추측할 때 사용되는 것이 주된 특징이라 할 수 있다. 회화체에서는 주로「みたいだ」의 형태로 많이 쓰이는데 딱딱한 문체나 격식차린 장면에서는「ようだ」를 사용한다.

◈ **「ようだ」의 접속방법**

	긍 정	부 정	과 거	과거부정
동 사	行くようだ	行かないようだ	行ったようだ	行かなかったようだ
い형용사	おいしいようだ	おいしくないようだ	おいしかったようだ	おいしくなかったようだ
な형용사	元気なようだ	元気ではないようだ	元気だったようだ	元気ではなかったようだ
명 사	日本人のようだ	日本人ではないようだ	日本人だったようだ	日本人ではなかったようだ

「みたいだ」가「ようだ」와 접속방법이 다른 경우는, 명사긍정형「명사 + みたい」와 な형용사긍정형「な형용사어간 + みたいだ」의 두 가지이다. 그 외에는「ようだ」와 접속방법이 동일하다.

◈「みたいだ」의 접속방법

	긍 정	부 정	과 거	과거부정
동 사	行くみたい	行かないみたい	行ったみたい	行かなかったみたい
い형용사	おいしいみたい	おいしくないみたい	おいしかったみたい	おいしくなかったみたい
な형용사	元気みたい	元気ではないみたい	元気だったみたい	元気ではなかったみたい
명 사	日本人みたい	日本人ではないみたい	日本人だったみたい	日本人ではなかったみたい

◎ 용례

ex) 【학교 앞 문구점 주인이 늘 같은 시간에 학교 쪽으로 가는 사람을 보며】
あの人はこの学校の先生のようです。(저 사람은 이 학교의 선생님인 것 같습니다.)
【머리가 아프고 목 상태도 안 좋은 것을 감지한 후】
どうも風邪をひいてしまったようです。(아무래도 감기에 걸린 것 같습니다.)
あの豚カツ屋にはいつも人が大勢並んでいる。とてもおいしいようです。
(저 돈가스 가게는 항상 사람들이 줄을 서 있다. 정말 맛있는 모양입니다.)

ex) A：もうすぐ閉店みたいだね。店員が掃除をしはじめたよ。
(이제 곧 폐점인가봐, 점원이 청소를 시작했어.)
B：じゃ、そろそろ出ようか。(이제 슬슬 나갈까?)

TIP 「ようだ」는 '～인 것 같다' 로 해석되는 추측의 용법 이외에도 아래와 같은 용법이 있다.

① 비유 ：(마치)～와 같다, ～처럼
주로「まるで～のようだ」、「まるで～のように」의 형태로 많이 쓰인다.

ex) 私が合格するなんてまるで夢のようだ。(내가 합격하다니 마치 꿈같다.)
あの人はまるで日本人のように発音がきれいです。
(저 사람은 마치 일본인처럼 발음이 깨끗합니다.)

② 예시, 지시 : ~처럼, ~와 같이

ex) 指針に書いてあるように行動してください。
(지침에 쓰여져 있는 것과 같이 행동해 주세요.)
次の例のように書いてください。(다음의 예와 같이 써 주세요.)

③ 목적 : ~하도록
「~ように」의 형태로 쓰인다.
ex) 日本語がわからない人にもわかるように説明してください。
(일본어를 모르는 사람도 알 수 있도록 설명해 주십시오.)
これからは遅れないようにしてね。(이제부터는 늦지 않도록 해라.)
忘れないようにメモをしておいたほうがいいでしょう。
(잊지 않도록 메모를 해 두는 편이 낫겠지요.)

(6)「らしい」: ~인 것 같다, ~인 듯하다

「らしい」는 다른 사람의 이야기나, 책에서 읽은 내용 등 외부에서 얻은 정보를 토대로 한 추측의 표현이다. 외부로부터 얻은 간접적인 정보이므로 그 정보의 진실여부는 확실하지 않다.「聞くところによると」,「~の話では」,「噂では」라는 표현과 함께 잘 쓰인다.

◈ 접속방법

	긍 정	부 정	과 거	과거부정
동 사	行くらしい	行かないらしい	行ったらしい	行かなかったらしい
い형용사	おいしいらしい	おいしくないらしい	おいしかったらしい	おいしくなかったらしい
な형용사	元気らしい	元気ではないらしい	元気だったらしい	元気ではなかったらしい
명 사	日本人らしい	日本人ではないらしい	日本人だったらしい	日本人ではなかったらしい

◎ 용례

ex) 彼はのど自慢で賞をもらったそうだ。どうやら歌が上手らしい。

(그는 노래자랑에서 상을 받았다고 합니다. 노래를 잘 하는 것 같습니다.)

お母さんの話によると、兄はどうも試験がうまく行かなかったらしく、

帰ってくるなり部屋に閉じこもってしまった。

(엄마의 얘기에 따르면, 형은 아무래도 시험을 잘 못본 모양인지, 돌아오자마자 방에 틀어박혀버렸다.)

金さんによると、彼女は日本へ留学に行ったらしいです。

(김씨에 따르면 그녀는 일본에 유학하러 간 것 같습니다.)

> **TIP** 「らしい」가 접미어로 쓰이는 경우
>
> 접미어로 쓰이는 「らしい」는 그 명사의 전형적인 성질(속성)을 나타낸다.
> 「명사 + らしい」의 형태로 쓰여 「~다운, ~답다」라는 의미로 쓰인다.
>
> ex) 彼はとても男らしい。(그는 매우 남자답다.)
> この頃は子供らしい子供があまりいませんね。(요즘은 어린이다운 어린이가 별로 없지요.)
> 学生なら学生らしくしっかり勉強しなさい。(학생이라면 학생답게 정신 차려서 공부하세요.)
> そんなことで泣くなんて君らしくないね。(그런 일로 울다니 자네답지 않군.)

Q&A

Q1) 「そうだ・ようだ・らしい」의 전형적인 예에는 어떤 것이 있나요?

A1) 다음 예를 참고하세요.

① 「そうだ」는 눈으로 보고 알 수 있는 것, 징후(예감)를 말할 때 쓰인다.

【테이블위에 있는 케이크를 보고】 わあ、おいしそう！(와, 맛있겠다!)

【가게에 걸려있는 옷을 보고】 このスカートは私には大きそうですね。

(이 스커트는 내게는 클 것 같네요.)

【옷의 단추를 보고】 ボタンがとれそうですよ。(단추가 떨어질 것 같아요.)

【흐린 하늘을 보고】 今にも雨が降りそうです。(지금이라도 비가 내릴 것 같아요.)

② 「ようだ」는 체험 후나 관찰한 후의 추측의 표현으로 잘 쓰인다.

【옷을 입어본 후】 このスカートは私には大きいようだ。(이 스커트는 내게는 큰 것 같다.)

【가게 앞의 행렬을 보고】 あの店はおいしいようですね。(저 가게는 맛있나 봐요.)

【아이들의 우는 소리가 들려옴】 けんかをしているようですね。(싸움을 하나 보네요.)

【자신에 관한 것】 どうも風邪を引いたようだ。(아무래도 감기에 걸린 것 같다.)

【자신의 경험】 この薬を飲んで体の具合いがよくなったようだ。(이 약을 먹고 몸이 좋아진 것 같다.)

③ 「らしい」는 정말인지 어떤지 모르지만 누군가에게서 들은 정보를 토대로 한 추측의 표현으로 잘 쓰인다.

【소문으로 듣고】 金さんから聞いたけど、田中先生入院したらしいよ。

(김씨에게 들었는데 다나카선생님 입원하신 것 같아.)

【외부정보】 彼はスピーチコンテストで一番になったそうだ。日本語が上手らしい。

(그 사람 스피치콘테스트에서 1등을 했다고 해. 일본어를 잘 하는 모양이야.)

<「そうだ・ようだ・らしい」를 바꾸어 쓸 수 없는 예>

【예감】 오늘 시합은 어쩐지 이길 것 같은 예감이 든다.

ex) 今日の試合には何となく勝ちそうな感じがする。

*今日の試合には勝つようだ。なんとなくそんな感じがする。

【징후】 금방이라도 눈이 내릴 것 같다.

ex) 今にも雪がふりそうだ。

*今にも雪がふるようだ。

【환자를 진찰한 의사가】 위가 약해진 것 같군요.

ex) 胃が弱っているようですね

*胃が弱っているらしいですね。

Q2) 「そうだ・ようだ・らしい」는 어떻게 다른가요?

A2) 「そうだ・ようだ・らしい」의 비교표는 다음과 같습니다. 참고하세요.

	そうだ	ようだ	らしい
추측, 판단의 근거	주로 본 것에 대한 외관상의 직관적인 인상, 예감	화자가 직접보거나 들어 경험한(오감을 통한) 주관적인 인상	주로 책이나 다른 사람에게서 얻은 외부로부터의 간접적인 정보
특징	눈으로 보고 알 수 있는 것, 직감적, 곧 발생할 것 같은 징후를 말할 때 자주 쓰인다. 그러므로 과거의 형태 뒤에 접속하는 일은 없다. (직관)	화자가 직접 체험한 후나 어떤 상황을 관찰한 후의 판단을 말할 때 자주 쓰인다. (직접정보)	누군가에게서 들은 정보를 토대로 말할 때 자주 쓰인다. (간접정보)
주의점	직접 체험한 일에 쓰이지 않는다.	직감, 예감에 쓰이지 않는다.	내부정보(예를 들면 자신의 감각)에서 오는 추측에 쓰이지 않는다.

연습문제

1. 다음 밑줄 친 곳에 들어갈 알맞은 말을 고르시오.

(1) 明日は、たぶん、雨が＿＿＿＿＿＿だろう。

① 降る　② 降って　③ 降った　④ 降れば

(2) 私は今度新しいパソコンを＿＿＿＿＿と思っています。

① 買う　② 買よう　③ 買おう　④ 買ろう

(3) 金さんの話によると、山田さんは明日富士山に＿＿＿＿＿そうだ。

① のぼる　② のぼろう　③ のぼった　④ のぼるだろう

(4) あの人は、＿＿＿＿＿ようですね。

① お医者さんだ　② お医者さんな　③ お医者さんの　④ お医者さんで

(5) A：その荷物、＿＿＿＿＿ですね。お持ちしましょうか。

B：すみません、お願いします。

① 重い　② 重そう　③ 重いそう　④ 重いらしい

2. 다음의 질문에 답하시오.

(1) 다음 중 「ようだ」가 추량의 의미로 쓰인 것을 고르시오.

① これからは遅れないようにしてね。

② 家の猫は豚のように太っている。

③ サッカーのようなはげしい運動が好きだ。

④ 李さんは何も知らないようだった。

(2) 다음 중 「そうだ」의 용법이 다른 것을 고르시오.

① 彼は一時間も前に出発したそうだ。

② 彼女は日本の小説は読まないそうだ。

③ 日本に行っている兄はとても元気だそうだ。

④ 今年の大学入学試験は例年に比べてむずかしそうだ。

(3) 다음 중 「らしい」의 용법이 다른 것을 고르시오.

① 向うに立っているのは山田先生らしい。

② 誰かが言ったけど、駅前に銀行ができるらしいね。

③ 彼女はとても女らしい。

④ 彼が帰ってくるのは来年の春らしい。

3. 다음 괄호 안의 어휘를 사용하여 문법에 맞게 밑줄 친 곳에 써 넣으시오.

(1) この程度の作文なら誰にでも書ける________________ と思います。(だろう)

(2) 夜中に雨が降った ________________。地面がぬれている。(ようだ)

(3) あの人は泣いた________________ 顔をしている。(ようだ)

(4) この服は古くて________________ そうにない。(着られる)

(5) まるで映画________________ 話ですね。(みたいだ)

4. 다음 문장을 한국어로 옮기시오.

(1) この間、交通事故にあったのでしばらく運転できないかもしれません。

⇒ ____

(2) 昨日のニュースによると、農作物の輸入制限がなくなるそうですね。

⇒ ____

(3) 私ばかりが悪いみたいに言わないでよ。彼だって悪いんだから。

⇒ ____

(4) このノートパソコン、小さくて軽いから持ち運びに便利そうだね。

⇒ ____

(5) 部長に昇進したら責任が重くなるだろうと思います。

⇒ ____

5. 다음 문장을 일본어로 옮기시오.

(1) 그는 내일 오지 못할 거라고 생각합니다.

⇒ ____

(2) 내일은 아무래도 눈이 올 것 같다.

⇒ ____

(3) 모두에게 들릴 수 있도록 큰 소리로 이야기해주십시오.

⇒ ____

(4) 도로정체 때문에 3시 회의에 시간에 맞춰 올 수 없을 것 같다.

⇒ ____

(5) 소주를 못 마시는 사람이 있을지도 모르니까 맥주도 사 갑시다.

⇒ ____

독 해 문 제 1

「人間ウォッチング」

私には趣味がいろいろありますが、ひまな時は街に出て他の知らない人たちが何をしているか、ただながめる「人間ウォッチング」をします。今日は、家からバスで３０分のところにあるデパートの前で人々を観察することにしました。デパートの前には色んな人がいます。「あの人は、誰を待っているんだろう。今日は寒いのにあんなおしゃれをしているんだから、彼氏をまっているのかもしれない。」とか「あれ?今日はいい天気なのにどうしてあの人はかさを持ってるんだろう。

多分、友達に借りたのを返すために持ってきたんだろうなぁ。」とか「あ、なんだかあの女の人、電話をしながら泣きそうだ。誰かとけんかをしたのかなぁ。」「あ！子供が１人で泣いている！ 周りに母親らしき人もいないのに。子供が走り出した… お父さんを見つけたらしい。」「あの学生達は、友達を待っているようだけど１人じゃないから退屈しないと思う。」そんなことを一人で考えながら見ていると、ただ通り過ぎる人たちにいろいろな人間ドラマが見えてきます。私は今日は人間ウォッチングに来ましたが、もしかしたら他にも私のように他の人々を観察に来た人はいるかもしれません。ここにいる誰かが、私のことも観察してあれこれと考えているかもしれません。他の人から見た私は、どのように見えるのでしょうか。友達か彼氏と待ち合わせでしょうか。それともアルバイトの面接にいくために緊張しながら時間をつぶしているようにみえるでしょうか。今日は、こんなことを考えながら２時間も外にいたので、お腹がすきました。そういえば、通りの向こうに新しいスパゲティ屋さんができたそうです。値段も手ごろでおいしいそうなので、今から友達をさそってランチに行こうと思います。

(1)本文の内容と一致するものを１つ選びなさい。

(　) 今日は、デパートに買い物にいきました。

(　) デパートで迷子をたすけました。

(　) 今日は、他の人に人間ウォッチングをされました。

(　) 今からアルバイトの面接なので緊張しています。

(　) 私の趣味の１つは他の人々を観察することです。

(　) 今日のランチはスパゲティですが高かったです。

(2) 次の文の中で「様態」の意味の「そうだ」には「A」を、「伝聞」の意味の「そうだ」には「B」を、どちらにも当てはまらないものには「C」を書きなさい。

(　) 彼女はうれしそうです。

(　) 明日、ここで結婚式があるそうです。

(　) そうだ！ 犯人はあいつだ！

(　) わ～、おいしそう～！

(　) 彼女はまだ高校生だそうだが、そうは見えない。

(3)次の文の中で文法的・使い方が正しいものを全て選びなさい。

(　) 空にくもが広がっている。明日は雨が降りそうだ。

(　) 学生は学生らしい服装をしましょう。

(　) あそこにいるおばあさんは荷物が重くてつらいらしいです。手伝ってあげましょう。

(　) 外でなんか音が聞こえる。誰かいるそうだ。

(　) こんな高そうなプレゼントをもらうと、あとがこわい。

독 해 문 제 2

「勢いだけでは伝わらない微妙なニュアンスを楽しめるか」

「だろう」「と思う」「かもしれない」「そうだ(様態)」「そうだ(伝聞)」「ようだ」「らしい」、これらの区別を外国人日本語学習者に伝えることは難しい。しかし、不可能だとは思わない。

対象を韓国人日本語学習者に絞って言えば、まず、「かもしれない」は韓国語でもだいたい同じものがあるのだから、まあ大丈夫だろう。また、「そうだ(伝聞)」も区別するのが簡単だ。問題は、「だろう」「と思う」「そうだ(様態)」「ようだ」「らしい」となる。それぞれにいろいろな用法があり、整理が必要である。共通する用法もあるし、共通しない用法もある。また、それぞれの表現が持つ各用法には一定の方向性がある。その点を生かせば、これらの表現のニュアンスを伝えることは不可能ではないだろうと思う。

さて、この教科書では、いろいろな用法を羅列しており、重なる部分や、一つの表現内での各用法の一定の方向性に対する示唆も若干ある。さてはて、それらがどれだけ学習者に通じるだろうか。日本語も韓国語も話し手が事実をどのように捉えているかを聞き手に伝えるためのモダリティ表現は多い。これらの微妙なニュアンスが理解できれば、日常の会話だけにとどまらず、文学での微妙な言葉の駆け引きも楽しむことができる。

最近は、コミュニケーションを重視し、文法を軽視する傾向がある。しかし、微妙なニュアンスも理解できずにコミュニケーションが楽しめるのか。心の綾を奏でた文学が理解できるのか。また、一方で、文法を研究する者は、その微妙なニュアンスを伝えきることで学習者とのコミュニケーションができているのだろうか。

(1) 本文の内容と異なるものを選んでください。答えは１つとは限りません。

( ) 「だろう」「と思う」「そうだ(様態)」などの表現は外国人学習者には分かりにくい。

( ) 「だろう」「と思う」「そうだ(様態)」などの表現は外国人学習者には伝えることはできない。

(　) この教科書の内容で「だろう」「と思う」「そうだ(様態)」などの表現を理解させることが できると考えている。

(　) モダリティ表現とは、話し手が事実をどのように理解しているのかを聞き手に伝えるためのものである。

(　) 筆者は文法なしでは、まともなコミュニケーションはできないと考えている。

(2) 背景としての状況を設定して、例文を作ってください。
コンテクストのない例文は意味がわかりません。

① だろう (　　　　　　　　　　　　　　　　　　　　　　)

② 思う (　　　　　　　　　　　　　　　　　　　　　　)

③ かもしれない (　　　　　　　　　　　　　　　　　　　　　　)

④ そうだ(様態) (　　　　　　　　　　　　　　　　　　　　　　)

⑤ そうだ(伝聞) (　　　　　　　　　　　　　　　　　　　　　　)

⑥ ようだ (　　　　　　　　　　　　　　　　　　　　　　)

⑦ らしい (　　　　　　　　　　　　　　　　　　　　　　)

(3) さて、さきほどの(2)で作った例文。韓国語では何と言いますか。
どうしてその表現を選択しましたか。

12.2 확신을 나타내는 표현

「はずだ」 「にちがいない」

(1)「はずだ」: ~임에 틀림이 없다, (틀림없이 ~일 것이다)

말하는 사람이 강력한 근거를 갖고 판단하여 당연히 그럴 것이라고 생각하는 것을 표현할 때 쓰인다. 주로 객관적인 수치 혹은 데이터에 근거한 확신을 나타낼 때 많이 사용된다.

◈ **접속방법**

	긍 정	부 정	과 거	과거부정
동 사	行くはずだ	行かないはずだ	行ったはずだ	行かなかったはずだ
い형용사	おいしいはずだ	おいしくないはずだ	おいしかったはずだ	おいしくなかったはずだ
な형용사	元気なはずだ	元気ではないはずだ	元気だったはずだ	元気ではなかったはずだ
명 사	日本人のはずだ	日本人ではないはずだ	日本人だったはずだ	日本人ではなかったはずだ

◎ **용례**

ex) ゆきちゃんは4年前6歳だったから、今は小学生のはずだ。

(유키짱은 4년 전에 6살이었으니, 지금은 초등학생임에 틀림이 없다.)

以上のデータから考えると、この町の人口は今後も増えつづけるはずである。

(이상의 데이터로부터 생각해보면, 이 도시의 인구는 앞으로도 계속 늘어날 것임에 틀림없다.)

◎「はずだ」의 부정표현

①「~ないはずだ」: ~가 아님에 틀림없다.

②「~はずがない」: ~일 리가 없다.

양 표현 모두 말하는 사람이 강력한 근거를 토대로 어떠한 사실에 대한 가능성이 전혀 없다고 판단될 때 쓰이나, 「~はずがない」쪽이 좀 더 강한 부정의 해석을 만드는 특징이 있다.

ex) 彼はいま日本にいないはずだ。(그는 지금 일본에 없음에 틀림없어.)
彼はいま日本にいるはずがない。(그는 지금 일본에 있을 리가 없어.)

ex) 母親は知らないはずだ。(엄마는 모를 것임에 틀림없다.)
母親が知っているはずがない。(엄마가 알고 있을 리가 없다.)

(2)「~にちがいない」: ~임에 틀림이 없다 (틀림없이 ~일 것이다)

어떤 근거에 의해 말하는 이가 강하게 확신하고 있는 것을 나타낼 때 사용되는데 주로 주관적인 정보(주관적인 생각이나 개인적인 경험), 직감 등에 근거하여 추론 하는 경우에 많이 쓰인다.

◆ 접속방법

	긍 정	부 정	과 거	과거부정
동 사	来るにちがいない	来ないにちがいない	来たにちがいない	来なかったにちがいない
い형용사	高いにちがいない	高くないにちがいない	高かったにちがいない	高くなかったにちがいない
な형용사	元気にちがいない	元気ではないにちがいない	元気だったにちがいない	元気ではなかったにちがいない
명 사	お金持ちにちがいない	お金持ちではないにちがいない	お金持ちだったにちがいない	お金持ちではなかったにちがいない

◎ 용법

ex) あんなすばらしい車に乗っているのだから、彼は金持ちにちがいない。

(저런 멋진 차를 타고 있으니 그는 부자임에 틀림없다.)

何度電話してもいないから、彼女は実家に帰っているにちがいない。

(몇 번 전화해도 없는 걸 보니 그녀는 친정에 가 있음에 틀림이 없다.)

彼は何も言わなかったが、表情からみて、事実を知っていたにちがいない。

(그는 아무 말도 하지 않았지만 표정으로 보아 사실을 알고 있었음에 틀림이 없다.)

Q&A

Q) 「~はずだ」와 「~にちがいない」는 어떻게 다른가요?

A) 「はずだ」는 주로 논리적이며 객관적으로 추론한 결과 얻은 확신을 나타낼 때 쓰입니다. 즉, 확실한 논리적(객관적) 근거가 바탕이 될 때 사용되는 경우가 많습니다. 「にちがいない」는 논리적 근거에 근거한 확신이라기보다는 직감적인 확신으로 개인적인 경험을 근거로 한 추론에 잘 사용됩니다.

ex) 김씨는 내일 올것이 틀림없어.
金さんは明日来るはずだ。
金さんは明日来るにちがいない。

위의 예에서는 모두 가능하지만 다음 예는 어느 한 쪽 밖에 쓰이지 않는 경우입니다.

ex) 그는 나고야 출장중이므로 동경에 없는 것이 틀림없다.
彼は名古屋に出張中なので東京にいないはずだ。
*彼は名古屋に出張中なので東京にいないにちがいない。

ex) 그녀를 본 순간 상냥한 사람임에 틀림없다고 생각했다.
彼女を見た瞬間、やさしい人にちがいないと思った。
*彼女を見た瞬間、やさしい人のはずだと思った。

심화학습

(1)「～はずだった」

「틀림 없이～일 것이다」라는 의미인「～はずだ」가 과거형으로 쓰이는 경우, 의미가 달라져 원래의 계획이나 예정이 변경되었음을 나타내는「～할 예정이었다(그러나 그렇게 되지 못했다)」로 해석된다.

ex) スケジュール通りだと、私が出張するはずだった。
(스케줄대로라면 내가 출장을 갈 예정이었다(그러나 그렇게 되지 못했다).)
毎日ジョギングをして健康なはずだったのに急に入院するはめになってしまった。
(매일 조깅을 해서 건강하리라 생각했었는데, 갑자기 입원하는 처지가 되어버렸다.)

(2)「～はずではなかった」

「～はずだ」가 부정의 과거형으로 쓰이는 경우 예상, 예정, 계획에는 없었던 사태가 발생함을 나타내는「～할 예정이 아니었다・～할 것이 아니었다」란 표현으로 해석된다.

ex) 私が出張するはずではなかったが、急にアメリカのどこかに行くことが決まった。
(내가 출장을 갈 예정이 아니었는데, 갑자기 미국 어느 곳으로 출장가도록 결정되었다.)
彼はあまり優秀なはずではなかったのに、オリンピックで金メダルをとった。
(그는 그다지 우수하지 않았는데 올림픽에서 금메달을 땄다.)

연습문제

1.「～はずだ」「～にちがいない」를 사용하여 다음 한국어 뜻에 맞게 문장을 완성하시오.

(1) 저 그림은 정말 멋지다. 가격도 비쌀 것임에 틀림이 없어.

あの絵はとてもすばらしい。値段も ______________________________。

(2) 원래는 골든위크에 여행할 예정이었지만 일이 생겨서 취소했습니다.

本当はゴールデンウィークに ____________________が、仕事が入ったためキャンセルしました。

(3) 그는 변호사이니까 법률에 대해 잘 알고 있을 것임에 틀림없어.

彼は弁護士だから法律について ______________________________。

(4) 엄마에게 합격소식을 알리면 필시 기뻐하실 것임에 틀림없어.

母に合格の知らせを伝えたら、きっと ______________________________。

(5) 다나카씨가 그 일을 모를 리가 없어. 그 날 같이 들었으니까.

田中さんがそのことを ____________________。あの日、一緒に聞いたんだから。

(6) 처음에는 부장님이 발표할 예정이었는데 회장에 가보니 부장님이 없어서 내가 하게 되었습니다.

はじめは部長が ____________が、会場へいってみると部長はいませんでしたから、私がやることになりました。

2. 다음 문장을 한국어로 옮기시오.

(1) 大学生ならそれぐらいのことは知っているはずです。

⇒ ______________________________

(2) 頭も痛いし、熱もあるし、風邪を引いたにちがいない。

⇒ ______________________________

(3) どんなに急いだところで、9時のKTXに乗れるはずがない。

⇒ ______________________________

(4) 今日あたり、社長が来るにちがいないから実績報告の準備だけはしておいてね。

⇒ ______________________________

(5) 彼が今日来られるはずがないよ。今、実家に帰っているんだから。

⇒ ______________________________

3. 다음 문장을 일본어로 옮기시오.

(1) 약을 먹지 않으니 병이 나을 리가 없다.

⇒ ______________________________

(2) 열쇠가 없네. 어딘가에 떨어뜨린 게 틀림없어.

⇒ ______________________________

(3) 그는 이번 주에 해외여행 간다고 말했으니까 틀림없이 집에 없을 거야.

⇒ ______________________________

(4) 죄송합니다, 2시에 도착할 예정이었는데 도로가 막혀 1시간정도 늦을 것 같습니다.

⇒ ______________________________

독 해 문 제 1

人は毎日数えきれないほどの選択・決定をしながら生きています。

朝起きてから家を出るまでの間にも、朝食を食べるか食べないか、食べるとしたら何を食べるか、どんな服を着ていくか、カバンはどれにするか、どのクツをはいていくか、何時に家を出るか…など、たくさんの選択・決定を、たいていの場合は一瞬のうちにしています。

同じように、人は無意識のうちに数多くの判断をしています。

たとえば、いつも約束の時間を守る人が、その日に限って遅れてくると、「何か事情があったにちがいない」と思ったり、また逆に、普段から約束の時間に遅れてくる人がその日も遅れてくると、「今日も寝坊したにちがいない」と思ったりします。あるいは、見知らぬ人を見るとき、無意識のうちにその人の外見を見てどんな人であるかをイメージすることもあります。立派な服を着て大きな車に乗っている人を見ると、「この人はお金をたくさん持っているはずだ」と思ったり、または、釣りざおを持って歩いている人を見ると、「釣りが好きな人にちがいない」と思ったりします。

このように、人はいろいろな情報をもとにして判断しています。言いかえれば、それまでの人生で見聞きしたことや体験したことが、人が何かを判断する上で重要な材料になっているということになります。

(1) 本文の内容にあっているものには○を、あっていないものには×をつけましょう。

① (　　　) 朝食を食べるか食べないか、人は長い時間をかけて決定する。

② (　　　) 立派な服を着て大きな車に乗っている人はお金持ちだと思ったりする。

③ (　　　) 人生での見聞や体験は、判断における重要な材料だ。

(2) { ・ }から、適当なほうをえらびましょう。

① 彼を見て、親切な人{にちがいない ・ のはずだ}と思った。

② 来週の友達の結婚式では、わたしが司会をすることに{しています・なっています}。

③ いろいろ比べてみて、わたしはこの参考書を{買うことにしました・買うことになりました}。

(3) [　　　　] の中から適当なことばをえらび文を完成しましょう。

① 韓国に留学したいので、会社を(　　　　)ことにしました。

② 会社の命令で、来年の4月に東京からプサンへ(　　　　)ことになりました。

③ 健康のため、1日1時間は(　　　　)ことにしています。

食べる　やめる　転勤する　走る　脱ぐ

독 해 문 제 2

「人類滅亡説が好きな人類」

「1999年の7月、恐怖の大王がやって来て人類は滅亡する」

この予言は、フランス人のノストラダムスの予言である。この予言によって、「本当に滅亡するのか」、「きっと大丈夫だ」という論争が起こり、世界を震撼させた。しかし、人類滅亡という予言は的中せず、我々人類はこれまで通りの生活を送っている。

最近、また地球滅亡・人類の危機・自然災害をテーマにした映画が流行っている。これまでにも、宇宙人の地球侵略や、惑星衝突、核危機、大災害などを扱った映画は、多くの人々に感動と共感を与えた。今回は、釜山が大津波に襲われるのをテーマにした「海雲台」と、古代マヤ人が2012年に訪れると予言した世界の終末がテーマの「2012」である。

どうしてこのような「人類の滅亡」をテーマにした映画が人気なのだろうか。たぶんどの映画も「きっと人類は助かるんだ」、「俺が必ず助けてやるんだ」という希望を持ちながら過酷な状況でも必死に耐え抜く俳優たちに、観客が共感を覚えるからかもしれない。また、自然災害をテーマにしたものは、今日地球温暖化や環境破壊が深刻化する中、人類への警告として人々の心に深い印象を与えるからではないだろうか。

いずれにしても、私たちは日ごろから十分な備えをしておかなければならない。地震が頻発し「地震列島」と呼ばれる日本は、今後30年以内に大地震が起こる確率が50%もあるらしい。他にも身近な例を挙げると、台風や大雨は毎年梅雨から夏にかけて日本列島を襲っている。世界有数の豪雪地帯である東北・北海道地方では遭難や雪崩のニュースをよく聞く。ある日本人の物理学者は言った。「天災は忘れたころにやってくる」と。先人の言葉は肝に銘じておかなければならない。

(1) 本文の内容と合っているものすべてに○をつけなさい。

( ) 1999年に来るはずだった「恐怖の大王」は2012年に地球に来る予定である。

( ) 「海雲台」は釜山が大津波に襲われるという内容である。

( ) 十分な備えをしておいても、大災害の前では人類は無力である。

( ) ある日本人の物理学者は「過去の天災は忘れるほうがいい」と言った。

( ) 日本列島は地震がよく起こるので、別名が「地震列島」である。

( ) 映画「2012」が人気なのは、俳優がかっこいいからである。

(2)「きっと」「かもしれない」を使って例のように書いてください。

例)**100**万円拾いました。 誰かが落としたのかもしれない。

① ソウルからのKTXがなかなか到着しない。

___

② 授業の時間なのに先生が教室にいない。

___

③ 自動販売機にお金を入れたのにジュースが出てこない。

___

④ 駅のごみ箱にあやしいバックがある。

___

(3) みなさんの将来を想像してみましょう。

例)**3**年後 きっとワーキングホリデーで日本にいると思います。

現在 大学生です。

↓

3年後 ___

↓

5年後 ___

↓

10年後 ___

↓

20年後 ___

12.3 설명을 나타내는 표현

「のだ」「わけだ」「ものだ」「ことだ」

(1)「のだ」: ~인 것이다

앞에서 말한 것이나 그 때의 상황에 대한 원인이나 이유를 설명할 때 많이 쓰인다. 또한 말하는 이의 강한 주장이나 자신의 결의를 나타내는 경우에도 자주 쓰인다.「のだ」는 문어체에서 쓰이는 것이 보통이고 회화체에서는「んだ・の」의 형태로 쓰인다.

◈ 접속방법

	긍 정	부 정	과 거	과거부정
동 사	行くのだ	行かないのだ	行ったのだ	行かなかったのだ
い형용사	おいしいのだ	おいしくないのだ	おいしかったのだ	おいしくなかったのだ
な형용사	元気なのだ	元気ではないのだ	元気だったのだ	元気ではなかったのだ
명 사	日本人なのだ	日本人ではないのだ	日本人だったのだ	日本人ではなかったのだ

① 설명을 구하거나 설명을 함

ex) A：どうして遅れたんですか。(왜 늦은 거예요?)
B：ごめんなさい。人身事故で電車がしばらく来なかったんです。
(죄송합니다. 인신사고로 전차가 한동안 오지 않았어요.)

ex) 医者：今日はどうされましたか。(오늘은 어떻게 오셨나요?(어떤 증상이신가요?))
患者：昨日からのどが痛くて、咳がでるんです。
(어제부터 목이 아프고 기침이 납니다.)

② 주장, 강한 의지의 표명

ex) 体の調子が悪くても病院には行きたくないんだ。最近医療ミスも多いしね。

(몸 상태가 좋지 않아도 병원에는 가고 싶지 않아. 최근 의료사고도 많고.)

僕がやると言ったらやるんだ。(내가 한다고 하면 해.)

誰がなんと言おうと私の意見は間違っていないのだ。

(누가 뭐라고 하던 내 의견은 틀리지 않아.)

③ 납득

ex) 変な男がうろうろしていた。だから犬がほえたのだ。

(이상한 남자가 어정거리고 있다. 그래서 개가 짖은 거다.)

ex) A：夜、ここで花火大会があるそうです。(밤에 여기서 불꽃놀이가 있답니다.)

B：そうなんですか。それで人がこんなに多いんですね。

(그래요? 그래서 사람이 이렇게 많은 것이군요.)

④ 발견

ex) [料理を作っていて] 何か味が足りない。…ああ、砂糖を入れるのを忘れたんだ。

[요리를 만들면서] (뭔가 맛이 부족해… 아, 설탕 넣는 것을 잊은 거다.)

[それまでわからなかった機械の使い方がわかったとき] なんだ、このボタンを押せばいいんだ。

[지금까지 몰랐던 기계의 사용법을 알게 되었을 때] (뭐야, 이 단추를 누르면 되는 거네.)

⑤ 명령

ex) さっさと歩くんだ。(빨리 걸어!)

(2)「わけだ」: ~인 것(셈)이다, ~하게 되는 것도 당연하다

말하는 이나 글 쓴 이가 무엇인가에 대해서 설명하거나 해설할 때 사용되는 표현이다. 앞서 말한 발화나 앞에서의 문맥이 나타내는 사실, 상황 등에서 논리적으로 도출되는 결론을 말할 때 사용된다.

◈ 접속방법

	긍정	부 정	과 거	과거부정
동사	行くわけだ	行かないわけだ	行ったわけだ	行かなかったわけだ
い형용사	おいしいわけだ	おいしくないわけだ	おいしかったわけだ	おいしくなかったわけだ
な형용사	元気なわけだ	元気ではないわけだ	元気だったわけだ	元気ではなかったわけだ
명사	日本人なわけだ 日本人のわけだ 日本人というわけだ	日本人ではないわけだ	日本人だったわけだ	日本人ではなかった わけだ

◎ 용법

① 결론

ex) いつも遅刻をするから、先生にしかられるわけだ。

(항상 지각하니까 선생님께 꾸중을 듣는 것이다.)

20ページの宿題だから、一日に２ページずつやれば10日で終わるわけだ。

(숙제가 20페이지니까 하루에 2페이지씩 하면 열흘에 끝나는 것이다.)

彼女は日本で５年間働いていたので、日本の事情にかなり詳しいわけである。

(그녀는 일본에서 5년간 일했기 때문에 꽤나 일본사정에 밝은 것이다.)

② 바꾸어 말함

ex) 桜井さんは今度アメリカの総領事になった。つまり彼は出世したわけだ。

(사쿠라이씨는 이번에 미국 총영사가 되었다. 즉 그는 출세한 거다.)

彼女はフランスの有名なレストランで５年間修行をしたそうだ。
つまりプロの料理人であるわけだ。
(그녀는 프랑스의 유명한 레스토랑에서 5년간 배웠다고 한다. 즉 전문요리가인 거다.)

③ 말하는 이의 납득

ex) A：このケーキとてもおいしいね。(이 케이크 정말 맛있네.)
B：一つ600円もしたのよ。(하나에 600엔이나 했어.)
A：ああ、じゃ、おいしいわけね。(아, 그래서 맛있는 거구나.)

TIP 「わけだ」에 관련된 다양한 부정표현

① ～わけがない ：～일 리가 없다. '그럴 리가 전혀 없다' 라는 단정.
ex) けちな彼がお金を出すわけがない。(구두쇠인 그가 돈을 낼 리가 없다.)
가능성 그 자체를 부정하는 것으로 「～はずがない」와 바꾸어 쓸 수 있다.

② ～わけではない ：(반드시)～인(라는) 것은 아니다. 부분부정, 완곡(婉曲)
ex) 値段がやすいからといって品質が悪いわけではない。
(가격이 싸다고 해서 품질이 나쁜 것은 아니다.)

③ ～わけにはいかない ：(～하고 싶은 마음은 간절하지만) ～할 수 만은 없다.
ex) 車で来たので、誘われたからといって飲みに行くわけにはいかない。
(차로 왔으니 (술 마시러 가자는) 얘기를 들었다고 해도 마시러 갈 수만은 없다.)

Q&A

Q) 「のだ」와 「わけだ」는 어떻게 다른가요?

A) 「のだ」는 앞에서 말한 것에 대한 해설이나 설명을 주관적으로 말할 때, 「わけだ」는 논리적인 귀결을 객관적으로 말할 때 쓰입니다. 즉, 「わけだ」는 어떤 근거에서 도출되는 당연한 결과를 나타낼 때 사용되며, 「すると, つまり」등의 부사와 같이 쓰이는 경우가 많습니다.

ex) 10人のうち9人は合格します。つまり、落ちる方がむずかしい [わけです・のです]。

(10명 중 9명이 합격합니다. 결국 떨어지는 것이 어려운겁니다.)

ex) A：その日、彼はひどい病気で一日中家にいました。

(그날 그는 심한 병으로 하루종일 집에 있었습니다.)

B：するとその日は出かけなかった [わけだ・のだ]。(그러면 그날은 외출하지 않은 거다.)

위의 예에서는 「のだ」쪽이 조금 주관적으로 들리나 둘 다 사용가능합니다. 다음은 어느 한 쪽 밖에 쓰이지 않는 경우의 예입니다. 「のだ」를 사용하여 어떤 일의 사정을 주관적으로 추정하는 경우 「わけだ」는 쓸 수 없습니다.

ex) [急いで出て行った人を見て] きっとおなかがすいている {*わけだ・のだ}。

[급히 나가는 사람을 보고] (필시 배가 고픈거다.)

[遅れている人を待ちながら] たぶん忙しい {*わけだろう・んだろう}。

[늦는 사람을 기다리면서] (아마도 바쁜 것이겠지.)

또한 「のだ, んです」는 선행하는 언어적, 비언어적인 문맥에 대한 이유를 설명하는 것이 가능하지만 「わけだ」로는 불가능합니다. 다음의 예는 늦게 온 것에 대한 사죄를 나타내고 있는데, 「んです」를 사용하지 않으면 이유의 설명이 되지 못함을 알 수 있습니다.

ex) [遅れて来て] すみません。寝坊してしまった {*わけです／んです}。

[늦게와서] (죄송합니다. 늦잠을 자버렸습니다.)

(3)「ものだ」: ~하는 것(법)이다, ~하기 마련이다

말하는 이가 '그렇게 하는 것이 일반적이다', '상식적으로 봤을 때 그렇게 하는 것이 당연하다' 고 판단하여 말할 때 사용한다. 주로 어린이나 아랫사람에게 주의를 주거나 설교하는 뉘앙스로 자주 사용된다. 말하는 이의 주관적인 일반론이나 상식적인 사항을 말할 때 사용되는 표현이므로 신문보도나 논문 등의 객관적인 문장에는 사용되지 않는다. 당위성 이외에 어떤 일에 대해 놀라거나 칭찬의 기분을 나타낼 때, 말하는 이의 희망사항을 말할 때에도 쓰인다.

◈ 접속방법

	긍 정	부 정	과 거	과거부정
동 사	行くものだ	行かないものだ	行ったものだ	行かなかったものだ
い형용사	おいしいものだ	おいしくないものだ	おいしかったものだ	おいしくなかったものだ
な형용사	元気なものだ	元気ではないものだ	元気だったものだ	元気ではなかったものだ

◎ 용법

① 본질, 당위성, 주의(설교)

ex) 人間はいつかは死ぬものだ。(인간은 언젠가는 죽기 마련이다.)

【엄마가 아이에게】親の言うことは聞くものだよ。(부모 말은 잘 들어야하는 거야.)

無理に激しい運動をするのは体によくないものだ。

(무리하게 강한 운동을 하는 것은 몸에 좋지 않은 법이다.)

なんの準備も知識もなく知らない国を旅行するのは危険なものだ。

(아무런 준비도 지식도 없이 모르는 나라를 여행하는 것은 위험하기 마련이다.)

② 감탄, 칭찬

ex) A: タバコをやめてから、もうどのぐらい? (담배 끊은 지 벌써 얼마나 됐지?)

B: 3カ月ぐらいになるかな。(3개월 정도 될까.)

A: 立派だなあ、よく続くものだね。うらやましいよ。(훌륭해, 잘도 계속하네. 부러워.)

ex) 小学生がよくこんな難しいバイオリン曲を引くものだ。大したもんだなあ。

(초등학생이 이런 어려운 바이올린 곡을 연주하다니. 대단하구나.)

③ 원망(願望)

ex) 平和な世の中になってほしいものだ。(평화로운 세상이 되었으면 좋겠다.)

新入社員には、初めて入社したときの気持ちを忘れないでほしいものです。

(신입사원들은 처음 회사에 들어왔을 때의 기분을 잊지 않아주기를 바랍니다.)

TIP 「ものだ」와 관련된 표현

①「~ものではない」

화자가 상식적으로 생각해 봤을 때 '그런 일은 성립할 수 없다', '그런 일을 해서는 안 된다' 라고 판단하여 말할 때 사용한다.

ex) 哲学の本を一冊読んだぐらいで人生の意味がわかるものではない。

(철학책을 한 권 읽은 정도로 인생의 의미를 알 수는 없다.)

人の悪口は言うものではない。

(다른 사람의 험담은 하는 게 아니다.)

人の絵を勝手にコピーするものではありません。

(남의 그림을 마음대로 복사해서는 안 됩니다.)

②「~たものだ」

'~하곤 했었다' 라는 과거의 습관이나, 지금과는 다른 옛날에 대한 과거 회상을 나타낼 때 사용한다.「~たものだった」의 형태로도 사용이 가능하다.

ex) 子どもの頃、寝る前に母がよく昔話をしてくれたものだ。
(어렸을 때는 자기 전에 엄마가 자주 옛날이야기를 해 주곤 했었다.)
高校時代は毎日のように図書館へ勉強に行ったものだ。
(고교시절에는 매일처럼 도서관에 공부하러 가곤 했었다.)
以前は、お正月はどの店も休みだったものだ。
(예전에는 설날에는 대부분의 가게가 문을 닫았었다.)

(4) 「ことだ」 : ~하는 편이 좋다 (~해라)

말하는 이가 자신의 개인적인 의견이나 판단을 토대로 상대방을 위해 조언하거나 충고할 때 사용한다. '그렇게 하는 것이 좋다'라는 간접적인 충고, 조언, 명령의 뜻으로 쓰인다. 형용사에 접속될 때에는 다른 사람의 행위나 일에 대해 감탄하는 기분을 나타낸다. 「~たほうがいい」와 비교하면 「ことだ」쪽이 좀 더 딱딱한 느낌을 준다.

◈ 접속방법

	긍 정	부 정	과 거	과거부정
동 사	行くことだ	行かないことだ	-	-
い형용사	うれしいことだ	-	-	-
な형용사	けっこうなことだ	-	-	-

◎ 용법

① 조언, 충고, 명령

ex) 他人に頼らないで、とにかく自分でやってみることだ。
(다른 사람에게 의지하지 말고, 어쨌든 자신이 해보는 것이 좋다.)

水泳が上達したかったら、毎日練習をすることだ。

(수영을 잘 하고 싶으면, 매일 연습 을 하는 편이 좋다.)

② 감동, 감탄

ex) 久しぶりにお会いできて、本当にうれしいことです。

(오랜만에 만나뵙게 되어 정말 기쁩니다.)

ex) A: 彼は毎週、老人ホームでボランティア活動をしているそうよ。

(그는 매주 양로원에서 봉사활동을 하고 있대.)

B: へえ、それは感心なことだ。(아, 그것 참 기특한 일이네.)

◎「ことだ」의 부정표현

①「～ないことだ」: ~ 하지 않는 편이 좋다.

②「～ことはない」: ~ 할 필요가 없다.

동사 ない형에 ことだ가 접속하는「～ないことだ」는 상대방에게 '그렇게 하지 않는 것이 좋다'라는 조언이나 충고의 뜻으로 사용되지만,「ことだ」의 뒤를 부정하는 형태인「～ことはない」는 '그렇게 할 필요가 없다' 라는 뜻으로 해석하면 된다.

ex) そんなことで腹をたてないことだ。(그런 일로 화내지 않는 것이 좋다.)

あそこは危ないところだから行かないことだ。(그곳은 위험한 곳이니까 가지 마라.)

ex) 電話で済むのだから、君がわざわざ行くことはないよ。

(전화로 끝날 일이니까 자네가 일부러 갈 필요는 없어.)

Q&A

Q)「ものだ」와「ことだ」는 어떻게 다른가요?

A)「ものだ」와「ことだ」에는 둘 다 '그렇게 하는 것이 당연하다' 라는 당위성을 나타내는 용법이 있으나 그 나타내는 뉘앙스는 조금 다릅니다.「~ものだ」가 '그렇게 하는 것이 당연하다' 라는 당위성을 강하게 나타내는 데 반해서,「~ことだ」는 어떤 목적이나 문제해결을 위해 그 상황에서는 '그렇게 하는 것이 필요하다, 그렇게 하는 편이 가장 좋다' 라는 조언이나 충고의 의미를 가지는 것이 특징이라고 할 수 있습니다.

ex) 学生は一生懸命勉強するものだ。 (학생은 열심히 공부해야 하는 법이다.)
合格したいなら、もっと一生懸命勉強することだ。
(합격하고 싶다면 좀 더 열심히 공부해야한다.)

즉,「ものだ」는 도덕적, 사회적 상식으로서 '그런 법이다' 라는 뉘앙스를 가지며「ことだ」는 말하는 사람의 개인적인 의견, 판단을 토대로 한 조언이나 충고의 뉘앙스를 가지므로 다음 예문처럼 사회적 상식을 토대로 이야기 하는 경우에는「ことだ」를 사용할 수 없습니다.

ex) 人の心はなかなかわからないものだ。(사람의 마음은 좀처럼 알 수 없는 법이다.)
*人の心はなかなかわからないことだ。

또한「ものだ」와「ことだ」는 둘 다 그리움의 감정을 나타내는 감개의 뉘앙스로 쓰이는 경우가 있는데,「ものだ」는「~たものだ」의 형태로 '~하곤 했었다' 라는 그리움을 포함한 과거에 대한 회상을 나타낼 때 사용되며,「ことだ」는 현재형으로 사용되어 감개의 뉘앙스를 나타냅니다.

그러므로「~たことだ」의 형태는 없다는 것에 주의합시다.

ex) 学生時代は、よく貧乏旅行をしたものだ。(학생시절에는 자주 배낭여행을 하곤 했었다.)
*学生時代は、よく貧乏旅行をしたことだ。
ex) ここで遊んだのは、もう10年前のことだ。ああ、懐かしいことだ。
(여기서 놀았던 것이 벌써 10년 전의 일이다. 아아, 그립다.)

연 습 문 제

1. 다음 문장을「んです」로 바꾸어 쓰시오.

(1) それはまったく知りませんでした。 ⇒ ________________

(2) 昨日は忙しくて来ませんでした。 ⇒ ________________

(3) 彼はまだまだ精神的にも子供ですよ。 ⇒ ________________

2.「～わけだ」를 사용하여 다음 한국어 뜻에 맞게 문장을 완성하시오.

(1) 매일 지각하니까 선생님께 꾸중듣는 거다.

毎日遅刻をするから、先生に ________________

(2) 30%할인이라면 2만엔인 것은 만4천 엔이 되는 것이네요.

30パーセント割引というと、2万円のものは ________________

(3) 저 아이는 무서움을 타니까 귀신의 집에 들어갈 리가 없어.

あの子は怖がりだからお化け屋敷に ________________

3.「～ものだ」를 사용하여 다음 한국어 뜻에 맞게 문장을 완성하시오.

(1) 남에게 폐를 끼쳤을 때에는 바로 사과해야 하는 법이다.

人に迷惑をかけたときは、すぐに ________________

(2) 회의하기 전에 회의 자료 준비를 해두는 것이 당연하다.

会議前に会議の資料の準備を ________________

(3) 초등학생 때에는 형제간에 싸움을 해서 아빠에게 자주 꾸중을 듣곤 했었다.

小学生時代、兄弟けんかをしてよく父に ________________

4. 다음 문장을 한국어로 옮기시오.

(1) こんな時間にどこへ行くんですか。

⇒ ______________________________

(2) 暗いわけだ。蛍光灯が切れている。

⇒ ______________________________

(3) かならずしも行きたくないというわけではありません。

⇒ ______________________________

(4) 夜遅く電話をかけるものではない。迷惑なのだ。

⇒ ______________________________

(5) 気にすることはないよ。これは誰でも間違えやすいんだから。

⇒ ______________________________

5. 다음 문장을 괄호 안에 있는 표현을 사용하여 일본어로 옮기시오.

(1) 왜 지각한 거예요? (の)

⇒ ______________________________

(2) 냉방이 16도로 되어있네. 그러니까 추웠던 거다. (わけだ)

⇒ ______________________________

(3) 결과는 내가 예측한대로 되었다. 내 의견은 틀린 게 아닌 거다. (わけだ)

⇒ ______________________________

(4) 청해력을 높이고 싶다면 매일 뉴스를 듣는 것이 좋아. (ことだ)

⇒ ______________________________

(5) 수업 중에는 휴대폰 전원을 꺼두는 것이 당연하다. (ものだ)

⇒ ______________________________

독 해 문 제 1

「結婚」

みなさんは何歳ぐらいで結婚したいと思っていますか?

ある調査によると、日本人の平均結婚年齢は1987年には、男性が28.2歳で女性が25.3歳でしたが、2008年には、男性が29.6歳、女性が27.8歳となり、女性の晩婚化が進んでいるようです。これについて、ある専門家は「仕事を持つ女性が増えて、女性の経済力が向上しているんです。そして、男女ともに、結婚しないことに対する世間のこだわりが少なくなったと考える人や、独身生活の方が自由だと考える人が最近増えてきているんです。」と話していました。

また、結婚式の仕方にも変化が現れ、「ジミ婚」という新しいスタイルが生まれました。もともと日本では、結婚式は夫婦になる二人の最大のイベントで、披露宴を行うなど、盛大に行われることが多かったのですが、バブル崩壊後、結婚も合理化し、お金をかけない流れが広まったことで、披露宴をしなかったり簡略化したジミ婚を選択するカップルが増えてきたわけです。

ただし、そのような中「親や周りの人へ失礼だ」「心のケジメが生まれにくい」などの反対意見もあり、これまでと同様省略することなく結婚式を行うカップルも多く、2008年度の平均結婚費用(結納から新婚旅行までの総費用)は420万円だったそうです。ちなみに、韓国の2007年度の平均結婚費用は、約1334万円だそうです。ただ、日本と違って韓国の場合は、新居と家具や家電を必ず準備しなければならないため、これだけ高くなるわけです。

いずれにしても、日本も韓国も少子化が進んでいるわけで、少しでも多くのカップルが結婚し、そして子供を作り、幸せな家庭が増えることを願っています。

(1) 晩婚化が進んでいる理由は何ですか。正しくないものを一つ選びなさい。

① 一人でいるほうが楽だと考える人が増えているから。

② 男性より女性のほうがよく働くようになったから。

③ 仕事を持つ女性が増えてきたから。

④ 結婚しなくても、特に悪いことはいわれなくなってきたから。

(2) 「ジミ婚」とは何ですか。正しいもの一つを選びなさい。

① 披露宴などお金をかけて派手に結婚式をすること。

② たくさんの人を呼んで結婚式を行うこと。

③ 結婚式の一部を省略したりして簡単に行うこと。

④ 年齢が高いカップルが行う結婚式のこと。

(3) 本文の内容に合っているものは○、間違っているものには×をつけなさい。

(　) 女性より男性の方が晩婚化が進んでいる。

(　) もともと日本ではジミ婚がとても多かった。

(　) 日本では女性の社会進出が進んでいる。

(　) たいていの親はジミ婚に反対している。

(　) 結婚費用が日本より韓国が高いのは、新居や家具などが原因だ。

(　) ジミ婚をする理由は、遅く結婚したからだ。

독 해 문 제 2

12月6日(日)

初雪が降った。どうりで昨日の夜は寒かったわけだ！夜中にトイレへ行こうと思ったけど、寒すぎて朝まで我慢したのだ。

朝になって、なかなか布団から出ない私を母が起こしに来たが、今日は日曜日で学校にも行かなくていいので、寝たふりをしていた。こんな日には一日中暖かい布団でゴロゴロしたい！しかし、2度目に来た時の母の顔が鬼のように怖かったので、もう起きなければならない。

ブルブルと震えながら着替えてリビングへ行くと、窓から見える景色が真っ白だった！今日は午後からユカと映画を見に行く予定だったが、電話をして、来週に延期したほうがいいということになった。弟はこんな天気でも出かけるらしい。元気だなあ。

夕方になり、雪がひどくなった。あまり降らないでほしい！明日からまた学校へ行かなければならないのに、こんなに降ったら登校が大変だ。

今日の夕食はおでん。寒い日のおでんは最高においしい！食べているところに弟が帰ってきた。今日は初めてのデートだったらしい。そうか、それで雪でも元気に出かけたわけだ。ちょっと頭に来て、弟の大好きなたまごを奪って食べた。だって、私は弟よりも3才も年上なのに、まだデートしたこともないのだ。いつも怒る弟が今日は怒らないでニコニコ笑っていた。あぁ、私もクリスマスまでにはデートしたい！

(1) こんな日というのはどのような日ですか。

① デートする日

② おでんを食べる日

③ 雪が降って寒い日

④ 学校へ行かない日

⑤ 母が怒っている日

(2) どうして弟の大好きなたまごを奪って食べたのでしょうか。

________________________________から。

(3)本文の内容に合っているものは○、間違っているものには×をつけましょう。

(　) お母さんが起こしに来て、すぐに起きた。

(　) 映画は来週見る予定だ。

(　) 夕方には雪が止んだ。

(　) 弟は晩御飯の前に帰ってきた。

(　) 日記を書いた人は、毎日雪が降ればいいと思っている。

12.4 희망, 의지, 결정을 나타내는 표현

「たい」 「ほしい」 「つもりだ」 「ことになる」 「ことにする」

(1)「たい」: ~하고 싶다

조동사「たい」는 동사의「ます형」에 접속하여 말하는 이가 어떤 행위를 하는 데에 대한 희망을 나타낼 때 쓰는 표현이다. 희망의 대상은「が」로 나타내는 것이 일반적이나「を」를 취해도 되며 기본적으로 주어는 말하는 이가 된다.

◈ 접속방법

동사ます형 + たい	行きたい

◎ 용례

아래의 예와 같은 경우,「を」와「が」 둘 다 쓸 수 있으나,「飲む」「食べる」「見る」「読む」등 일상생활에 흔히 사용되는 동사인 경우「が」가 선호되기도 한다.

ex) おいしいコーヒー {を・が} 飲みたい。(맛있는 커피를 마시고 싶다.)
漫画 {を・が} 読みたい。(만화를 보고 싶다.)

「~に帰る」,「~と結婚する」와 같이 특정 조사와 동사가 페어로 사용되는 경우는「~たい」표현일지라도 조사를「を」나「が」로 바꾸어 쓸 필요는 없다.

ex) 早く家に帰りたいです。(빨리 집에 돌아가고 싶습니다.)

吉田さんと結婚したい。(요시다씨와 결혼하고 싶다.)

한편, 대상의「を」가「が」로 바뀌지 않고「を」를 그대로 써야 자연스러운 경우도 있다.

① 명사와 동사와의 결합이 강해 관용표현처럼 쓰이는 경우

ex) 電話{を・(△)が}かけたい。(전화를 걸고 싶다.)

アイロン{を・(△)が}かけたい。(다림질을 하고 싶다.)

山{を・(△)が}登りたい。(산을 오르고 싶다.)

② 대상이 사람인 경우

ex) 今度のパーティーに彼女{を・(△)が}呼びたい。(이번 파티에는 그녀를 부르고 싶다.)

③ 술어가 복합적인 표현의 경우

ex) あの有名な喫茶店のコーヒー{を・(△)が}飲んでみたい。

(저 유명한 커피점의 커피를 마셔보고 싶다.)

みんなが来る前に、このピザ{を・(△)が}食べてしまいたい。

(모두가 오기 전에 이 피자를 먹어버리고 싶다.)

④ 대상이 되는 명사와 동사 + たい의 사이가 거리적으로 떨어져 있는 경우

ex) イタリアンレストランで おいしいパスタ{を・(△)が} 職場の同僚と食べたい。

(이탈리안 레스토랑에서 맛있는 파스타를 직장 동료와 함께 먹고 싶다.)

※ 제 3자가 주어인 경우의 희망표현

: 제 3자의 희망표현은「~たい」가 아닌「~たがる(~(하)고 싶어하다)」를 사용한다.

◎ **특징**

① 대상을 나타내는 격조사는「특정조사 + 동사」가 폐어가 되는 경우를 제외하고는「~を」로 한정된다.

ex) うちの子どもはいつもカレーライスを食べたがる。

(우리 아이는 항상 카레라이스를 먹고 싶어 한다.)

②「~たい」뒤에「そうだ」「~という」「ようだ」등이 접속하여 문장이 끝나면 제 3자가 주어인 경우에도「~たい」가 사용될 수 있다.

ex) 彼は海外旅行に行きたいそうだ。(그는 해외여행을 가고 싶다고 한다.)

彼、何か食べたいようだね。(그 사람, 뭔가 먹고 싶은 모양이야.)

③ 일반적인 희망을 나타내는 경우라면「~たがる」를, 개인적인 희망을 나타내는 경우라면「~たがっている」를 사용하는 경우가 많다.

ex) 人間ならだれもが豪華な車を買いたがる。

(사람이라면 누구나가 럭셔리한 차를 사고 싶어 한다.)

田中さんは豪華な車を買いたがっている。

(다나카씨는 럭셔리한 차를 사고 싶어 하고 있다.)

TIP

(1)「~たい」와「~たがる」표현을 쓸 때의 유의점

「~たい」와「~たがる」는「~하고 싶다」라는 욕구를 나타내는 표현이므로 상대방이나 제3자가 주어로 사용되는 경우에는 그 사용에 유의를 해야 한다. 특히 어른이나 손윗사람의 희망(욕구) 을 나타내는 경우에는 이러한 직접적인 질문 표현을 쓰는 것은 실례가 되므로 쓰지 않는 것이 좋다.

ex) (?)これとてもおいしいですが、先生も食べたいですか。
(이것 정말 맛있는데 선생님도 먹고 싶습니까?)
→先生もいかがですか。(선생님도 어떠세요? (드시지 않겠어요?))

ex) (△)父は新しい車を買いたがっています。(아버지는 새 차를 사고 싶어 합니다.)
→父は新しい車を買いたいと言っています。
(아버지는 새 차를 사고 싶다고 말하고 있습니다.)

(2) 가능동사 바로 뒤에「たい」를 쓸 수 없다.

ex) 일본어를 능숙하게 말하고 싶다.
*日本語が上手に話せたい。
日本語を上手に話したい。또는日本語 {が・を}上手に話せるようになりたい。

(2)「ほしい」: ~를 원한다. ~를 갖고 싶다.

어떤 것을 손에 넣는 것에 대한 원망(願望)을 나타낼 때 쓰이는 형용사이다. 그 대상이 되는 것은「명사 + が」로 표현되며, 주어가 말하는 사람일 때만 사용할 수 있다.

◈ 접속방법

명사 + が + ほしい	車がほしい

◎ 용례

ex) 私は大きい車がほしい。(나는 큰 차를 가지고 싶다.)

* {あなた・彼} は大きい車がほしい。

◎ 특징

① 1인칭 주어의 구문에서 사용하는 것이 보통이나, 다음과 같은 의문문의 경우는 「ほしい」 사용이 가능하다.

ex) (あなたは)大きい車がほしいですか。(큰 차를 갖고 싶습니까?)

② 「~たがる」와 마찬가지로 개인적인 희망을 나타내는 경우라면 「~をほしがっている」 표현을 쓸 수도 있다.

ex) 彼は大きい車をほしがっている。(그는 큰 차를 가지고 싶어 한다.)
彼女は高いバックをほしがっている。(그녀는 비싼 가방을 가지고 싶어 한다.)

③ 그러나 「~たい」, 「~たがる」와 마찬가지로 「ほしい」, 「ほしがっている」도 상대방이 윗사람일 경우에는 실례가 되는 표현이므로 유의해야한다.

④ 「X+동사+てほしい」의 형태를 취하여 「X가~해 주었으면 한다」의 의미를 나타내며, 이 때 행위자 「X」는 보통 조사 「に」를 취한다는 점에 주의할 필요가 있다.

ex) 田中さんにピアノをひいてほしかった。(다나카씨가 피아노를 쳐 주었으면 했다.)
初めて作った料理だから、君にぜひ食べてほしかった。
(처음 만든 요리라 네가 꼭 먹어줬으면 했어.)

⑤「～てほしい」의 부정표현으로는「～ないでほしい」「～てほしくない」가 있으며 후자가 좀 더 강한 부정의 의미를 지닌다.

ex) 今は掃除しないでほしいんですが…。(지금은 청소를 안 해 주었으면 하는데요…)
君みたいな人には部屋に入ってほしくないんだけど…。
(너 같은 사람은 방에 들어오지 말았으면 하는데!)

심화학습

「～てほしい」와「～てもらいたい」의 두 표현은 다음과 같은 차이점을 지닌다.

① ～てほしい

a.「X＋동사＋てほしい」에서 행위자 X로 스스로의 의지로 행동 혹은 결정을 행할 수 있는 존재가 오면「に격」을, 그렇지 못한 경우에는「が격」을 취하여 나타난다.

ex) あの人に荷物を持ってほしかった。(저 사람이 짐을 들어주었으면 했다.)
赤ちゃんがすぐに歩けるようになってほしいです。(아기가 빨리 걷게 되었으면 좋겠습니다.)

b. 사용되는 동사에는 특별한 제약이 없어 의지동사도, 무의지동사도 사용될 수 있다.

ex) 早く雨がやんでほしいのにね。(← 무의지동사) (빨리 비가 그쳐주었으면 좋을텐데.)
ピアノを弾いてほしい。(← 의지동사) (피아노를 쳐 주었으면 좋겠다.)

② ～てもらいたい

「X＋동사＋てもらいたい」에서 행위자 X로는 의지가 있는 것이 위치할 수 있으며 반드시「に격」을 취하여 나타난다. 또한, 해당동사로 의지동사만이 사용된다.

ex) 部下にこの調査を手伝って (もらいたいんだ・ほしいんだ)。
(부하사원이 이 조사를 도와주었으면 좋겠다.)
早く夏休みが来て(*もらいたい・ほしい)。(빨리 여름 방학이 왔으면 좋겠다.)
二人の愛が永遠に続いて(*もらいたい・ほしい)。
(두 사람의 사랑이 영원히 계속되었으면 좋겠다.)

(3)「つもりだ」: ~할 작정(예정)이다 , ~라 믿고(생각하고) 있다

◎ **용법**

①「~할 작정(예정)이다」의 의미를 지니는 경우

ex) 夏休みにガソリンスタンドでアルバイトをするつもりです。

(여름 방학에 주유소에서 아르바이트를 할 작정입니다.)

② 작정, 예정의 의미를 나타내지 않는 경우

a. 1인칭 주어를 취하는 경우 : 말하는 이가 '그렇게 믿고 있다' 라는, 자신의 의사 및 신념을 나타낼 때 쓰인다.

ex) よく調べて書いたつもりですが、まだ間違いがあるかもしれません。

(잘 조사해서 썼다고 생각합니다만, 아직 틀린 것이 있을지도 모릅니다.)

b. 2, 3인칭인 경우에는 '상대방이 그렇게 생각하고 있다' 라는 뜻을 표현할 때 쓰인다. 뒷 문장에는 '(상대방은 그렇게 생각하고 있지만)사실은 그렇지 않다' 라는 근거를 나타내는 표현이 주로 온다.

ex) 君はちゃんと説明したつもりかもしれないが、相手は聞いてないといっているよ。

(자네는 확실히 설명했다고 생각하고 있을지 모르지만 상대는 듣지 않았다고 해.)

あの人は自分では有能なつもりだが、その仕事ぶりに対する周囲の評価は低い。

(저 사람은 자신이 유능하다고 생각하고 있지만, 그 일처리에 대한 주위의 평가는 낮다.)

③ 부정형은「~ないつもりだ」혹은「~つもりはない」의 형태로 쓰인다.

ex) A：新入生歓迎パーティーに出ますか。(신입생 환영파티에 갑니까?)

B：いいえ、出ないつもりです(出るつもりはないです)。(아뇨, 안 갈 생각입니다.)

> TIP 「つもりだ」의 의문문「~つもりですか」는 건방진 말투(뉘앙스)로 들릴 수 있어 상대에게 실례가 되는 표현이 되므로 손윗사람, 격식을 차려야 할 장소 등에서는 사용하지 않는 것이 좋다.
>
> ex) 선생님은 이번 여름방학에 어디에 가실 작정입니까?
> ?? 先生は今度の夏休みにどこに行かれるつもりですか。

Q&A

Q)「つもりだ」와「予定だ」는 어떻게 다른가요?

A) ①「つもりだ」

말하는 이가 스스로의 의지로 결정한 개인적인 작정을 나타내는 것이 보통이다.
또한,「予定だ」와 비교했을 때 실현가능성이 낮은 사태를 나타낸다.

ex) 私は九州へ行くつもりだ。(규슈에 갈 작정이다.)
→ 스스로 정한 개인적인 결정이며, 실현가능성은 확실치 않음.

②「予定だ」

개인적인 작정은 물론, 다른 사람과의 상담 후 결정한 일이나 공적인 결정사항을 나타낼 때도 사용된다. 또한,「つもりだ」에 비해 실현가능성이 높은 경우에 사용된다.

ex) 私は九州へ行く予定だ。(규슈에 갈 예정이다.)
→ 자신의 의지로 결정한 것일 수도 있으며 혹은 회사의 명령을 나타내는 표현이 될 수 도 있다. 또한, 규슈에 가게 되는 실현가능성이 높음을 나타낸다.

ex) 10월 15일에 학급전원이 단풍놀이를 갈 예정이다.
*10月15日にクラスの全員で紅葉狩りに行くつもりだ。
10月15日にクラスの全員で紅葉狩りに行く予定だ。
→ 여러사람이 의논하여 결정된 사항이므로,「予定だ」가 적합하다.

(4)「ことになる」: ~하게 되다

어떤 일이 말하는 이의 의지와 관계없이 외적인 요인에 의해 정해지거나 결정되었다는 결과를 나타낼 때 사용되는 표현이다. 즉, 앞으로 일어날 장래의 일이 어떤 결정이나 합의가 이루어져 그런 결과가 되었다는 것을 나타낸다.

◈ **접속방법**

동사 사전형 + ことになる	行くことになった

◎ **용례**

ex) こんど名古屋支社に行くことになりました。
(이번에 나고야지사로 가게 되었습니다.)
私がその仕事を担当することになりました。
(제가 그 일을 담당하게 되었습니다.)

「ことになっている」의 형태로 쓰이면 법률이나 규칙, 관례로 정해져 구속력이 있음을 나타내게 된다.

ex) 教室では日本語だけで話すことになっている。
(교실에서는 일본어로만 말하게 되어 있다.)

또한, 「こととなる」라는 표현도 있는데 「ことになる」와 같은 의미를 나타내는 보다 격식 차린 말투로 문어체적인 표현이다.

ex) 今年から担当部署が変わることとなりました。
(올해부터 담당부서가 바뀌게 되었습니다.)

(5)「ことにする」: ~하기로 하다, ~하도록 하다

앞으로의 행위에 대해 말하는 이가 주체적으로 정한 결정, 결의 등을 나타낸다. 또한 「ことにしよう」의 형태로 쓰이면 그렇게 취급하자는 뜻으로 쓰인다.

◎ **용례**

ex) その仕事は引き受けないことにした。(그 일은 맡지 않기로 했다.)
来週からジョギングすることにしよう。(다음 주부터 조깅을 하기로 하자.)
その話は聞かなかったことにしましょう。(그 이야기는 듣지 않은 걸로 합시다.)

이와 같이 「ことにする」는 말하는 이의 결정을 나타내므로 자신의 의지로 선택할 수 없는 일의 경우에는 부자연스럽다.

ex) *来月出張で東京に行くことにしました。
(다음 달에 동경으로 출장을 가기로 했습니다.)

위 예문의 경우에는 「ことになる」를 사용하면 된다.

ex) 来月出張で東京に行くことになりました。
(다음 달에 동경으로 출장을 가게 되었습니다.)

그러나 말하는 이 자신의 의지(결정)일지라도 다음 예문처럼 「ことにする」 대신 「ことになる」도 가능한 경우도 있다. 이러한 경우에는 「ことになる」가 조금 더 부드러운 뉘앙스를 가진다.

ex) 今年、木村さんと結婚することにしました。(금년에 기무라씨와 결혼하기로 했습니다.)

→ 今年、木村さんと結婚することになりました。

(금년에 기무라씨와 결혼하게 되었습니다.)

Q&A

Q1) 「~하게 되다」란 해석은 「~ことになる」외에 「~ようになる」도 있는 것으로 아는데, 둘은 어떻게 다른가요?

A1) 둘 다 「~하게 되다」로 해석되지만 다음과 같은 차이가 있습니다.

먼저 「~ことになる」는 「법칙, 필연적인 귀결, 상부로부터의 결정」 등을 나타내어 「~하게 되다」로 해석되는 경우에 사용되며, 「~ようになる」는 어떠한 상태 혹은 성향에서 그것과는 다른 상태나 성향으로의 변화(변경)가 일어나거나 그 전과는 다른 결정이 행해짐을 나타내는 경우에 사용됩니다. 따라서 아래와 같은 예문에는 「~ことになる」와 「~ようになる」는 서로 바꾸어 쓰기 어렵습니다.

ex) 来月の誕生日で、いよいよ定年退職することになった。(*ようになった)

(내년 생일엔(생일을 기준으로) 드디어 정년퇴직하게 되었다.)

→ 정년퇴직하기로 되어 있었던 것은 상부 혹은 외부로부터의 결정에 의해 미리 정해져있는 규칙・예정이며 그 규칙에 따른 필연적인 귀결이므로 「ことになる」가 적합.

ex) 来年から東京支店で勤務することになった。(*ようになった)

(내년부터 동경지점에서 근무하게 되었다.)

→ 상부 혹은 외부로부터의 결정에 의해 정해져있는 지시・결정대로 동경지점에서 근무하게 되었음을 나타내므로 「ことになる」가 적합.

ex) 毎日の練習で、やっとチームが団結するようになった。(*ことになった。)

(매일의 연습의 영향으로 겨우 팀이 단결하게 되었다.)

→ 정해져 있는 규칙이나 예정에 의해 그렇게 된 것이 아니라, 매일 연습을 한 영향으로 단결력이 약했던 팀에서 단결력이 강한 팀으로의 상태, 성향의 변화가 이뤄졌다는 뉘앙스이므로 「~ようになる」가 적합.

ex) 結婚してからは、飽き性の私もやっと同じ職場で1年以上勤務できるようになった。(*ことになった。)

(결혼한 후로는, 쉽게 질리는 나도 겨우 한 직장에서 1년 이상 근무하게 되었다.)

→ 결혼과 함께 본인의 상태가 성향이 변화・변경된 것을 나타내므로「～ようになる」가 적합.

Q2)「～하기로 하다・하도록 하다」는「～ことにする」외에「～ようにする」도 있다고 하는데, 둘은 어떻게 다른가요?

A2) 둘 다「～하기로 하다・하도록 하다」라는 해석을 지니지만 뉘앙스의 차이가 있습니다.「～ことにする」는 어떤 목적을 위해 스스로가 결정을 내려 그렇게 하기로 했다는 것에 주안점이 놓이고,「～ようにする」는 어떤 행위나 상황을 성립시키기 위해 노력하고 유의하거나 배려한다는 라는 뉘앙스를 나타냅니다.

ex) 健康診断の結果は本当にショックだった。それから、 健康のためにも毎日朝食を食べることにした。

(건강진단의 결과는 정말 쇼크였다. 그 이후로는, 건강을 위해서도 매일 아침을 먹도록 하고 있다.)

大きな字で書いて老人にも読みやすいようにする。

(큰 글씨로 써서 노인들도 읽기 쉽도록 한다.)

TIP 「ことになっている」vs「ようになっている」・「ことにしている」vs「ようにしている」

①「ことになっている」

: 변경이 불가능한 예정, 규칙이나 법률, 생활습관, 습관을 나타냄

→ 구속력을 가짐

②「ようになっている」

: 변경 가능한 예정 혹은 규칙 등을 지키는 것에 대한 기대를 나타냄

→ 청자에게 가능한 한 따라주기를 희망하는 의미를 지니며 큰 구속력은 가지지 않음.

ex) 熱がある学生は別の教室で試験を受けることになっている。(*ようになっている)

(열이 있는 학생은 별도의 교실에서 시험을 치르게 되어 있다.)

→ 강한 구속력이 있는 상황, 변경이 불가능한 상태, 규정 등을 나타내는 경우

ex) 今回の実技試験は第2運動場で行うようになっている。

(이번 실기시험은 제 2운동장에서 행하게 되어 있다.)

→ 강한 구속력은 없으며 그러한 규칙이 있으니 지켜주기를 요망하는 정도의 뉘앙스를 지님.

③「ことにしている」: 스스로 결정하여 실행하고 있는 습관이나 규칙

ex) 毎日1時間、近くの公園を散歩することにしている。

(매일 1시간 가까운 공원을 산책하기로 하고 있다.)

→ 이미 실행중임을 나타냄.

④「ようにしている」: 스스로 결정하여 목표로 삼고 있는 습관이나 규칙

ex) 毎日1時間、近くの公園を散歩するようにしている。

(매일 1시간 (가능한 한) 가까운 공원을 산책하기로 하고 있다.)

→ 가능한 한 산책할 것을 목표로 노력 중을 나타냄.

연 습 문 제

1. 다음 밑줄 친 곳에 들어갈 알맞은 말을 고르시오.

(1) 明日は休みだから、ゆっくり＿＿＿＿＿つもりです。

① 休む ② 休んで ③ 休んだ ④ 休まない

(2) 現則では試験時間は120分という＿＿＿＿＿＿＿。

① ことではない ② ことになっている ③ ことでもない ④ ことにあたっている

(3) 私は大学を卒業したら大学院には＿＿＿＿＿つもりです。

会社に就職して働こうと思っています。

① 行く ② 行こう ③ 行かない ④ 行かないで

(4) 明日の朝、大学の友達と釜山駅の前で＿＿＿＿＿。

① 会おうではないか ②会おうとしている ③ 会うにきまっている ④ 会うことになっている

(5) 聴解力を向上させるために去年から字幕がない映画を＿＿＿＿＿。

① みたいです ② みるつもりです ③ みるよていです ④ みることにしています

2. 「たい」「たがる」「ほしい」「ほしがる」를 사용하여 해석에 맞게 문장을 완성하시오.

(1) 기무라군은 남의 물건을 갖고 싶어하는 버릇이 있다.

木村君は人のものを ＿＿＿＿＿＿＿＿＿＿＿＿＿＿＿＿＿＿＿＿。

(2) 남동생은 커피보다 술을 마시고 싶어 합니다.

弟はコーヒーよりお酒を ＿＿＿＿＿＿＿＿＿＿＿＿＿＿＿＿＿＿＿＿。

(3) 하나코는 유럽에 가고 싶다고 말하고 있습니다.

花子はヨーロッパへ ＿＿＿＿＿＿＿＿＿＿＿＿＿＿＿＿＿＿＿＿。

(4) 여동생은 새 전자사전을 갖고 싶어 합니다.

妹は新しい電子辞書を ______________________________。

(5) 남동생은 애완동물을 키우고 싶어하지만 저는 보살피는 것이 힘들기 때문에 키우고 싶지 않습니다.

弟はペットを __________が、私は世話が大変なので ______________________。

3. 다음 문장을 한국어로 옮기시오.

(1) 私は小さい頃からパイロットになりたかったです。

⇒ ______________________________

(2) 毎年1回は海外旅行をすることにしています。

⇒ ______________________________

(3) アメリカ観光のついでにカナダも観光してみるつもりです。

⇒ ______________________________

(4) 来年、日本の大学院に入学する予定です。

⇒ ______________________________

(5) うちの学校は卒業まで140単位を履修することになっています。

⇒ ______________________________

4. 다음 문장을 일본어로 옮기시오.

(1) 내년에 호주로 어학연수를 갈 예정입니다.

⇒ ______________________________

(2) 내 동생은 영국으로 유학가고 싶어 합니다.

⇒ ______________________________

(3) 요즘 젊은 여성들은 빨리 결혼하고 싶어 하지 않는다.

⇒ ______________________________

(4) 몸 상태가 안 좋아서 당분간 술은 먹지 않기로 했다.

⇒ ____________________

(5) 이번에 동경지사로 전근가게 되었습니다.

⇒ ____________________

독 해 문 제 1

スリン ；あやかさん、もうすぐ冬休みですね。

あやか ；はい。でも、その前に期末試験があるでしょう?それがとても心配です。

スリン ；そうでしたね…。でも、楽しいことを考えなければ、試験勉強も楽しくないですよ。あやかさん、 試験はいつ終りますか?

あやか ；試験は来週の水曜日に終る予定です。

スリン ；いいですね。私は金曜日に終る予定です。ところで、冬休みは何をするつもりですか?

あやか ；私は試験が終ったらすぐに日本へ帰るつもりです。

スリン ；え?そうなんですか?早いですね…どうしよう。

あやか ；どうしたんですか?

スリン ；実は、試験が終ったら合コンをするつもりなんです。それで、あやかさんを誘おうと思っていたんですが・・・。

あやか ；え?合コンですか?

スリン ；はい。もう飛行機のチケットは取ったんですか?

あやか ；いいえ。まだですけど…。

スリン ；じゃあ、大丈夫ですね！試験が終る週末にしますから、その後に帰ってもいいでしょう?

あやか　；うーん…。でも早く日本へ帰りたいんです。

スリン　；それは分かりますけど、１日だけだから大丈夫でしょう。

あやか　；それに私、早く会いたい人がいるんです。

スリン　；え?だれですか?

あやか　；彼です。早く日本へ帰って、彼に会いたいんです。

スリン　；え???あやかさん彼がいたんですか?

あやか　；はい…。

スリン　；だから先月、「今度日本に帰るまでに絶対にやせたい！」と言っていたんですね。

あやか　；はい。ごめんなさい。

スリン　；いいですよ。分かりました。じゃあ早くチケットを取ってくださいね。

あやか　；ありがとうございます。では、日本でおみやげを買って来ますよ。スリンさんは何が欲しいですか?

スリン　；そうですね。私はたこ焼きが大好きなんです。だからたこ焼きを買ってきて欲しいです！

あやか　；え? たこ焼きですか? ①＿＿＿＿＿＿＿＿＿＿＿＿＿＿

スリン　；やっぱりそうですね…。

(1) 本文の内容に合っているものすべてに○つけましょう。

( ) スリンさんは期末試験がとても心配だ。

( ) あやかさんは水曜日に試験が終る。

( ) スリンさんは試験が終る週末に合コンをする。

( ) あやかさんは韓国に会いたい人がいる。

( ) スリンさんは今月までにやせようと思っていた。

( ) あやかさんは試験が終ったらすぐに日本へ帰る。

(2) 下線①に入ることばを選びましょう。

① いいですね。買ってきますよ。

② 私も好きです。

③ たくさん欲しいですか?

④ たこ焼きを買って来るのは難しいですね。

⑤ ラーメンはどうですか?

(3) あなたの今週末の予定は何ですか?「つもり」、「予定」を使って書きましょう。

독 해 문 제 2

「軍隊からの手紙」

ヘジュへ

手紙、ありがとう。先週着いたよ。あいかわらず、長い手紙だね。何時間かかって、書いているのかな。ヘジュのことだから、何回も失敗して、書き直して、それをくり返しているんじゃないかな。そんなヘジュの姿を一度見てみたいよ。

ぼくは、軍隊へ入って、今日でちょうど3カ月。ヘジュと離れ離れになって、もう3カ月経つね。もうすぐクリスマス。ヘジュと付き合って、初めてのクリスマスだね。一緒に過ごしたいけど、それはできないね。付き合いはじめたころ、アクセサリーの店で、「この指輪、ほしいな」と言ったのを覚えている?あの時ぼくは、「お金がないからむり」と言って、ヘジュは怒ったね。実は、あのあと１人でもう一度店へ行ったんだ。本当は、直接わたしたかった。ヘジュがびっくりして、よろこぶ顔が見たかったよ。プレゼントは、ある場所にかくしてある。クリスマスの日まで、ぼくのプレゼントがどこにあるか、考えてみて。かくし場所を考えていると、クリスマスが楽しくなるんじゃない？１人きりで寂しいクリスマスだと思わないでほしい。

１月になったら、休暇がもらえる予定だよ。そしたら、すぐに会いに行くから。一緒に行きたいところ、考えておいてね。

ヘジュは冬休みに日本へ旅行するつもりだと言っていたけど、計画は立てた?それから、アルバイトをするつもりだと言っていたね。冬休みはあっという間に終わるから、したいこと全部できるように、ちゃんと計画立てて。

それじゃ、元気で。手紙、楽しみにしているよ。

ビョンホン

(1) 男の人がクリスマスプレゼントをかくしたのは、どうしてだと思いますか。

(　　　　　　　　　　　　　　　　　　　　　　　　　　　　)

(2) 女の人の冬休みの予定は何ですか。２つ書きなさい。

(　　　　　　　　　　　　　　)(　　　　　　　　　　　　　　)

(3) クリスマスのとき、男の人がしたかったことは何ですか。

(　　　　　　　　　　　　　　　　　　　　　　　　　　　　)

(4) 3年生になったら、何がしたいですか。また、何をするつもりですか。

(　　　　　　　　　　　　　　　　　　　　　　　　　　　　)

12.5 의무, 허가, 금지, 조언을 나타내는 표현

「なければならない」 「べきだ」 「てもいい」 「てはいけない」 「たほうがいい」

(1)「なければならない」: ~하지 않으면 안 된다 (~해야 한다)

어떤 행위가 의무이며 반드시 필요하다는 뜻을 나타내는 표현이다. 자신의 행위나 듣는 이에게 직접 어떤 행위를 재촉할 때, 일반적인 상식 등을 얘기할 경우에도 사용된다. 강제적, 강한 충고의 뉘앙스를 가지므로 윗사람에게 사용하지 않는 것이 좋다.

◈ 접속방법

동사 ない형 + なければならない	行かなければならない

◎ 용례

ex) 家を借りる時、大家さんに礼金を払わなければならない。

(집을 빌릴 때, 주인에게 사례금을 지불하지 않으면 안 된다.)

この本は明日までに返さなければなりません。

(이 책은 내일까지 반납하지 않으면 안됩니다.)

強い薬は注意して使わなければならない。

(강한 약은 주의해서 사용하지 않으면 안 된다.)

◎ 용법

① 사회에서 일반적으로 기대되고 있는 것에 대한 경우

ex) 学生は一生懸命勉強しなければならない。(학생은 열심히 공부하지 않으면 안 된다.)

② 주어가 1인칭일 때 의무를 확인하는 경우

ex) 私は学校へ行かなければならない。(나는 학교에 가지 않으면 안 된다.)

③ 주어가 우리들일 때 모두에게 결단을 강요하는 표현

ex) 私たちは地球を守るために自然保護活動に参加しなければならない。

(우리들은 지구를 지키기 위해 자연보호 활동에 참가하지 않으면 안 된다.)

④ 주어가 2인칭인 경우의 명령적인 표현

ex) 君はもっと勉強しなければならない。(자네는 더 공부하지 않으면 안 돼.)

의무와 필요를 나타내는 「なければならない」와 유사한 표현으로 「なければいけない」가 있다. 기본적으로는 어느 쪽을 사용해도 같은 의미를 나타내지만 굳이 비교하자면 「なければならない」쪽이 「なければいけない」보다 딱딱한 어감을 준다.

(2) 「べきだ」 : ~하는 것이 바람직하다

상대방이나 제3자의 행위나 일에 대해, '그렇게 하는 것이 바람직하다(마땅하다), 맞는 것이다, 당연한 의무이다' 라고 조언하거나 충고하는 뜻으로 사용되며, 말하는 이의 평가를 나타내는 표현이다. 상대방에게 주의를 주거나 명령의 의미도 가지므로 윗사람이나 친하지 않은 사람에게는 사용하지 않는 것이 좋다.

◈ 접속방법

동사 사전형 + べきだ	行くべきだ

◎ **용례**

ex) 学生は一生懸命勉強するべきだ。(학생은 열심히 공부해야 한다.)

A: 海外ボランティアに行こうと思っているんだ。どう思う？

(해외 봉사활동 하러 가려고 해, 어떻게 생각해?)

B:それは、行くべきだよ。いい経験になると思う。

(그야 가는 게 좋지. 좋은 경험이 될 거야.)

「べきだ」는 동사 사전형에 접속이 되는데 단,「する」는「するべきだ」와「すべきだ」의 두 가지 형태로 사용된다.

부정형은「～べきではない」의 형태로 쓰여 상대방의 행위에 대해 '그렇게 하는 것은 바람직하지 않다, 맞지 않다, 그렇게 해서는 안 된다' 라는 충고나, 권유, 금지의 뜻으로 쓰인다.

ex) 学校の電話で私用の電話をするべきじゃないよ。

(학교전화로 사적인 전화를 하면 안돼요.)

또한 과거형「～べきだった」와 과거부정형「～べきではなかった」의 형태로 사용되면, 타당하다고 평가되는 사태가 실현되지 못했다는 의미가 되어 '그렇게 했더라면 좋았다', '그렇게 하지 않았더라면 좋았다' 라는 후회나 불만의 기분을 나타낸다.

ex) 昨日のうちに宿題をすませておくべきだった。(어제 숙제를 끝내두었어야 했다.)

彼にあんなひどをことを言うべきではなかった。

(그에게 그렇게 심한 말을 하는 것이 아니었다.)

> **TIP** 「べきだ」의 기본적인 의미는 '그 것(그렇게 하는 것)이 타당하다' 라는 말하는 이의 평가를 나타내는 것이다. 즉, 어떤 사태에 대한 타당성을 나타내기 때문에 그 사태를 실현시킬지 어떨지를 선택할 여지가 있는 경우에 한해 사용된다. 그러므로 규칙과 같이 선택의 여지가 없는 것에 대해서는 사용할 수 없다.
> 다음 예의 경우는「なければならない」를 사용하는 것이 적합하다.
>
> ex) 운전을 하려면 면허를 따지 않으면 안 된다.
> *車を運転するには免許をとるべきだ。
> 車を運転するには免許をとらなければならない。

(3)「～てもいい」: ～해도 좋다(된다)

허가의 표현으로서 그 행위가 용인된다는 것을 나타내는 표현이다. 듣는 이에게 허가를 구할 때에는 의문문의 형태로 일상에서 자주 쓰인다. 듣는 사람이 어떤 행위를 하는 경우에는 듣는 이에게 허가를 부여하는 표현이 된다.

◈ 접속방법

동사	동사 て형 ＋ てもいい	話してもいい
い형용사	い형용사의 て형 ＋ てもいい	高くてもいい
な형용사	な형용사의 어간 ＋ でもいい	不まじめでもいい

◎ 용례

ex) 暑いので窓を開けてもいいでしょうか。(더워서 그런데 창을 열어도 될까요?)
君、今日はもう帰ってもいいよ。(자네, 오늘은 이제 귀가해도 돼.)
このパーティーではお酒をいくら飲んでもいいそうですよ。
(이 파티에서는 술을 얼마든지 마셔도 괜찮다고 해요.)

「~てもいい」보다 소극적이며 부드러운 표현법으로서는 「~てもかまわない(~해도 상관없다)」가 사용된다. 불필요를 나타내는 표현으로서는 「~なくてもいい(~하지 않아도 된다.)」라는 표현을 쓴다.

ex) 今日はお金を払わなくてもかまわないらしいよ。(오늘은 돈을 지불하지 않아도 된다는데요.)
忙しい人は会議に参加しなくてもいいです。(바쁜 사람은 회의에 참석하지 않아도 됩니다.)

Q&A

Q) 「~てもいいですか」란 질문에 「~てもいいです」로 대답하면 실례가 될 수 있다는 얘기를 들었습니다. 왜 그런가요?

A) 「~てもいいですか」란 질문에 「~てもいいです」로 대답하는 것은 경우에 따라 실례가 될수도 있으므로 주의할 필요가 있습니다. 이는 「~てもいい」가 '허가'를 나타내는 표현이기 때문입니다. 예를 들어 B의 집에 초대받아 간 A가 B의 집 정원에 있는 꽃을 보고 사진을 찍기를 원하여 「この花、撮ってもいいですか」라고 물었다고 합시다. B는 A가 「~てもいいですか」의 형태로 물었으니 별 생각 없이 「はい、撮ってもいいです」로 대답할 수도 있겠지만, A는 B의 대답이 다소 고압적이라고 느낄 수 있습니다. 자기 정원에 핀 꽃을 사진으로 찍는다는 것은 허가나 허용을 해 줄 만큼의 행위에 해당되지 않는다고 판단할 수 있기 때문입니다. 즉, 이 경우라면 「はい、どうぞ 撮ってください」정도의 대답이 무난할 것입니다. 그러므로 「~てもいいですか」란 물음을 받았을 경우에는 일단 어떠한 상황에서 이러한 물음이 나왔는지에 대한 상황을 잘 파악하고, 대답할 때에 실례가 되지 않도록 주의할 필요가 있습니다.

(4)「~てはいけない」: ~해서는 안 된다

어떠한 행위가 「용납될 수 없다」라는 것을 말함으로서, 금지의 의미를 나타내는 표현이다. 일반적인 지켜야 할 사항에 대해 이야기 하는 경우가 많은데, 특정 개인의 행

위의 금지를 위해 사용되는 경우도 있다. 구어체에서는「~ちゃいけない」라는 표현으로 자주 쓰인다.

◈ 접속방법

동사 て형 + てはいけない	話してはいけない
い형용사의 て형 + てはいけない	高くてはいけない
な형용사의 어간 + ではいけない	不まじめではいけない

◎ 용례

ex) この機械にさわってはいけない。(이 기계를 만져서는 안 된다.)

未成年者はタバコを吸ってはいけません。(미성년자는 담배를 피워서는 안됩니다.)

ex) A：ここで写真をとってもいいですか。(여기서 사진을 찍어도 됩니까?)

B：いいえ、写真をとってはいけません。(아뇨, 사진을 찍어서는 안됩니다.)

Q&A

Q)「~てはいけない」와「~てはだめだ」는 어떠한 차이가 있나요? 또, 금지의 표현으로 이외에「~てはならない」도 들은 적이 있는데 세 표현의 차이는 무엇인가요?

A)「~てはいけない」와「~てはならない」는 문어체에서 서로 호환성이 있으며,「~てはいけない」와「~てはだめだ」는 회화체에서 서로 호환성이 있는 표현입니다. 각 표현의 특징을 정리하면 다음과 같습니다.

①「~てはならない」

문어체적 표현으로 법률 및 규칙상의 위반에 해당하여 금지의 의미를 담고 싶은 경우에 사용하는 경우가 많은데, 특히 특정 개인을 대상으로 한 금지보다는 일반적인 금지사항, 사회조직 등을 대상으로 한 금지의 의미를 나타내는 경향이 강합니다.

ex) 消防車の出入り口につき、いかなる車も駐車してはならない。
(소방차 출입구의 경우, 어떠한 차도 주차해서는 안 된다.)

②「～てはいけない」

「～てはならない」가 사용되는 상황을 회화체로 표현하고 싶을 때, 혹은 문어체적 표현 속에서라도 그 대상이 개인이면「～てはいけない」가 사용되기 쉽습니다.

ex) 회화체표현의 경우
この薬は三日以上、続けて飲んではいけないんだって。
(이 약은 3일 이상 계속 복용하면 안 된대.)
ex) 문어체적 표현이나 개인에게 사용하는 경우
未成年者に、酒類を販売したりしてはいけない。
(미성년자에게 주류를 판매하거나 해서는 안 된다.)

③「～てはだめだ」

법률 및 규칙상에 위반되는 금지 사항을 회화체로 표현하고 싶을 때 사용합니다. 단,「～てはいけない」표현과의 차이라고 한다면,「～てはいけない」는 지켜야 할 규칙을 위반하면 벌칙이 따른다는 뉘앙스를 풍기지만,「～てはだめだ」는 그러한 벌칙까지는 상정하지 않는 경우에 주로 사용되는 경향이 있습니다.

ex) 食事しながらテレビを見てはいけませんよ。(식사 중에 텔레비전을 보면 안돼요!)
→ 지시에 따르지 않으면 꾸중을 듣게 된다는 암묵적인 벌칙이 존재함.
食事しながらテレビを見てはだめですよ。(식사 중에 텔레비전을 보면 안돼요!)
→ 암묵적인 벌칙까지는 상정하지 않는 표현 (허용할 수 없다는 뉘앙스)
こんなに大雨が降ってきてはだめだ(*いけない)。ともかく試合は中止にしよう。
(이렇게 많은 비가 와선 안 된다. 어쨌든 시합은 중지하도록 하자.)
→ 청자에게 벌칙을 상정할 수 없는 경우이므로「～てはだめだ」가 자연스럽다.

(5)「～たほうがいい」: ～하는 편이 낫다

「～하는 편이 좋아」라는 조언이나 충고를 나타내는 표현이다.

◈ **접속방법**

동사 て형 ＋ たほうがいい	行ったほうがいい

◎ **용례**

ex) 休める時は思いきり休んだほうがいいですよ。(쉴 수 있을 때 마음껏 쉬는 편이 좋아요.)
雨が降りそうだから傘を持っていったほうがいいですよ。
(비가 올 것 같으니까 우산을 가져가는 편이 좋아요.)

상대가 모르는 정보를 알려주거나 주장이나 설명의 의미로 쓰이며, 문말(文末)에는 종조사「よ」가 붙는 경우가 많다. 또한 과거형이 쓰이는 이유는 그렇게 된 상태를 상정해서 충고한다는 점에서 과거형 쪽이 더 자연스럽게 생각되기 때문이라고 할 수 있다. 이와 유사한 표현인「동사 사전형 ＋ ほうがいい」는 주로 복수의 선택 중 하나를 골라「그 편이 좋다」라는 비교의 의미를 나타낼 때 사용하는 경우가 많다.

ex) A：コーヒーを飲みますか、お酒を飲みますか。(커피를 마시겠습니까? 술을 마시겠습니까?)
B：そうですね。コーヒーを飲むほうがいいですね。(글쎄요. 커피 쪽이 좋겠네요.)
ex) A：今行くのと、後で行くのってどっちがいい?
(지금 가는 거랑 나중에 가는 것 중 어느 쪽이 좋아?)
B：今行くほうがいいよ。(지금 가는 게 좋아.)

부정의 표현, 즉「～하지 말 것」을 충고하는 경우에는「～しないほうがいい」를 사용한다.

ex) 旅行に行くときはあまりたくさん現金を持って行かないほうがいいですよ。
(여행 갈 때에는 현금을 너무 많이 가져가지 않는 편이 좋아요.)

연습문제

1. 다음 밑줄 친 곳에 들어갈 말을 보기에서 골라 문법적으로 바른 형태로 써 넣으시오.

(1) 熱が下がったから、お風呂に ____________ もいいです。

① 出る　② 入れる　③ 入る　④ 沸かす

(2) 退院したばかりなんだから、あまり無理を ______________ ほうがいいよ。

① する　② やる　③ もらう　④ うける

2. 「～る(사전형)ほうがいい」「～た(과거형)ほうがいい」를 사용하여 해석에 맞게 문장을 완성하시오.

(1) 결국 이렇게 될거라면 다른 사람에게 부탁하지 않고 자신이 하는 편이 나았다.

結局こうなるならほかの人に頼まないで自分で ______________________________。

(2) 저 사람은 수다쟁이니까 말하지 않는 편이 좋아.

あの人はおしゃべりだから ____。

3. 「～てもいい」「～てはいけない」를 사용하여 해석에 맞게 문장을 완성하시오.

(1) 20살이 되면 담배를 피워도 됩니다.

20才になったら、たばこを ____。

(2) 오래된 감자싹에는 솔라닌이라는 중독물질이 있으므로 절대 먹어서는 안 됩니다.

古くなったじゃがいもの芽にはソラニンという中毒物質があるので絶対に

____。

4.「～なければならない」를 사용하여 해석에 맞게 문장을 완성하시오.

(1) 이 책은 다음 주 화요일까지 도서관에 반환하지 않으면 안됩니다.

この本は来週の火曜日までに図書館に____。

(2) 세금신고는 1월 말까지 하지 않으면 안된다.

税金の申告は１月末までに____。

5. 다음 문장을 한국어로 옮기시오.

(1) もう11時だからそろそろ帰らなきゃ。

⇒ ____

(2) まだ時間があるからゆっくりしててもいいですよ。

⇒ ____

(3) 旅行中パスポートをなくしたので、大使館へ行かなければならない。

⇒ ____

(4) 初めて会った人に年を聞くなどの失礼なことをしてはいけませんよ。

⇒ ____

(5) 地球温暖化のことを考えると、車じゃなくて自転車で学校に通うべきだよ。

⇒ ____

6. 다음 문장을 일본어로 옮기시오.

(1) 우리 회사는 일요일에도 출근해야 한다.

⇒ ____________________

(2) 괜찮아, 아무 걱정하지 않아도 돼.

⇒ ____________________

(3) 여기 차를 주차해도 될까요?

⇒ ____________________

(4) 오늘 중으로 리포트를 끝내야만 한다.

⇒ ____________________

(5) 건강을 위해서는 채소를 많이 먹는 편이 좋다.

⇒ ____________________

(6) 학생시절에 좀 더 공부를 열심히 해 두었어야 했다.

⇒ ____________________

독 해 문 제 1

「校則」

中学時代といえば、思い浮かぶことは校則のことです。私の学校は細かい規則がたくさんあって、毎週先生たちの厳しい検査がありました。制服は、男子のズボンは足首のライン、女子のスカートは膝下15cmと長さが決まっていました。制服の中に着るシャツ、靴下、靴は色の指定があり、白か黒、紺色でなければなりませんでした。それに髪型は、男子は1cm以下の坊主頭、女子は前髪が眉より上で、オカッパにしなければなりませんでした。もちろん、パーマをかけたり、髪の色を変えたりしてはいけません。検査の日は、生徒が一列に並び、先生が定規を持ってすべて測ります。規定を守っていなかった場合は、反省文を書かなければなりませんでした。

また私の学校は共学だったので、男女の関係についても学生手帳に細かい規則が書いてありました。男子と女子が話すときは60センチ以上離れて話さなければならない、一緒に帰ってもいいが、手をつないではいけない、などです。これらのことについては、先生もあまり厳しく言わなかったのですが、だったらこんな規則、なくしたほうがいいと思います。

私たちは、厳しい校則の中でいかにおしゃれをするか、いつも工夫をしなければいけませんでした。学校の外ではスカートのベルトの部分を何度も折って短くしたり、前髪は本当は長いのに、検査の日だけピンで留めたりしていました。ピアスも禁止でしたが、学校に来るときは絆創膏で隠している人が多かったです。

「校則は破るためにある」なんていう言葉もありますが、制限があるからこそ、友だちと一緒に工夫することが楽しかった気がします。今思えば、なつかしい、いい思い出です。

(1) 本文の内容と合うように、{ }から適当なほうを選びましょう。

① 女子の前髪は、眉より上に{ a. してはいけません b. しなければなりません}。

② パーマを { a. かけてはいけません b. かけたほうがいいです}。

③ 男子と女子は、一緒に { a. 帰ってもいいです b. 帰ってはいけません}。

④ 私たちはおしゃれをするために工夫を { a.しなければいけませんでした b. したほうがよかったです}。

(2) あなたの学校にはどんな校則がありましたか。

(3) 校則は何のためにあると思いますか。考えましょう。

독 해 문 제 2

「私のご主人様」

私は、今年１０歳になるオス犬だ。人間だと５０代半ばごろ。今年、７５歳になるおじいさんが私のご主人様で、一緒に住んでいる。ご主人様は捨てられていた子犬の私を拾ってくれた。ご主人様には本当に感謝している。他の人間たちは、ご主人様の性格がわかるまでは、いろいろと失敗をしてご主人様を怒らせる。ご主人様は、ちょっと気難しいところもあるが私と一緒にいるのがいちばん落ち着くようだ。まず、ご主人様は毎朝公園に散歩に行くのが好きだ。公園に着くとまずベンチに座って一人で空を見上げながら考え事をする。この時にご主人様に話しかけてはいけない。そして私は横でじっと待っていなければいけない。この時にちょっとでも「ワン！」とほえたり、「あっちに行こうよ」とご主人様をひっぱると大変なことになる。ご主人様は何かを考えている時に誰かがじゃまをするのが本当にいやなのだ。ご主人様は考え事が終わると、立ち上がり私と一緒にいつもの散歩コースを歩く。散歩コースはいくつかあるが、どのコースを歩くかはご主人様がいつも決める。私はちょっとは行きたい道にご主人様をひっぱってもいいが、あまり度がすぎてはいけない。ご主人様の機嫌が悪くならないうちにご主人様が選んだ散歩コースを歩き始めたほうがいい。このようにとても厳しいご主人様だが、私を本当にかわいがってくれる。私もご主人様も高齢なので、いつか別れなければならない時が来るまで、私はご主人様に忠実にしなければいけないと思う。

(1) 本文の内容から「ご主人様」に対して、してはいけないことを全部選びなさい。

(　)ご主人様が決めた散歩コースに反対すること。

(　)ご主人様が公園で考え事をしている時に、「ワン！」とほえること。

(　)ご主人様が選んだ散歩コースをさっさと歩き始めること。

(　)ご主人様に対して忠実になること。

(　)ご主人様が拾った子犬を捨てること。

(2) この「ご主人様」と「私」はどんな関係ですか、「ご主人様」と「飼い犬」ではなく、本文の内容からあなたの考えを書きなさい。

(3) あなたに飼い犬がいると仮定します。その犬があなたにしてもいいこと、してはいけないことを**3**つずつ書きましょう。

13 조건・가정

조건표현을 포함하는 문이 무언가의 요인・계기가 되어, 뒤를 따르는 문을 제약하는 것으로 일본어의 대표적인 조건, 가정표현을 나타내는 형식으로는「と, ば, たら, なら」가 있다.

◈ 가정표현의 접속방법

		と	ば	たら	なら
동사	1그룹	行くと	行けば	行ったら	行くなら
		行かないと	行かなければ	行かなかったら	行かないなら
	2그룹	見ると	見れば	見たら	見るなら
	3그룹(か행변격)	来ると	来れば	来たら	来るなら
	3그룹(さ행변격)	すると	すれば	したら	するなら
い형용사		安いと	安ければ	安かったら	安いなら
		安くないと	安くなければ	安くなかったら	安くないなら
な형용사		きれいだと	きれいなら(ば)	きれいだったら	きれいなら
명사		日本人だと	日本人なら(ば)	日本人だったら	日本人なら

TIP 「と」「ば」「たら」「なら」는 조건의 의미를 나타낸다는 점에서는 서로 동일하지만, 각 단어의 품사는 서로 다르다.「と」와「ば」는 접속조사로 조사의 일종으로, 언제나 다른 말에 부속되어 사용되어 문장을 접속하는 역할을 한다. 그러나,「たら」「なら」는 고어에서 과거나 완료를 나타내는「たり」, 단정을 나타내는「なり」라는 조동사의 활용형의 한 형태가 가정의 뜻으로 굳어져서 현재에 까지 이어지고 있다고 할 수 있다, 그렇기 때문에,「と」「ば」「たら」「なら」는 같은 가정의 뜻을 나타낸다고는 하지만, 그 성격이 같다고 할 수 없다.

13.1 「と」

AとB	종 류		접속방법	예 문	
				긍 정	부 정
と	동사	1그룹	사전형+と	冬になると	冬にならないと
		2그룹	사전형+と	見ると	見ないと
		3그룹	사전형+と	すると くると	しないと こないと
	い형용사		사전형+と	天気がいいと	よくないと
	な형용사		사전형+と	きれいだと	きれいでないと
	명 사		だ+と	先生だと	先生ではないと

(1) 용법

「と」는 가정성이 옅고, 언제나 일어나는 일반조건을 나타내며, 일어날지 어떨지 모르는 가정조건에는 사용되기 어렵다. 전문과 후문의 연결이 강하여 자연현상이나 법칙적 관계, 길안내, 기계조작, 습관, 발견 등, 언제나 같은 결과가 되는 것, 꼭 그렇게 되는 것, 등에 사용되는 경우가 대부분이다. 이 때에는 가정의 성격은 옅어 전형적인 조건가정을 나타내기 보다는 두 문장이 연달아 일어남을 표현한다. 필연적 결과로 그렇게 된다고 하는 것을 강조하고 싶은 경우에 사용하는 것이 효과적이며, 반복적, 항상적인 의존관계를 나타내는 것이 보통이다. 과거의 문장에 사용되면, 발견이나 동일인물의 연속동작, 과거의 습관을 나타내게 된다.

① 자연현상, 법칙적 관계를 나타내는 경우

ex) 歳をとると、身体が衰える。(나이가 들면 몸이 쇠약해진다.) – 필연

春が来ると、花が咲く。(봄이 되면 꽃이 핀다.)– 자연현상

10から5を引くと、5になる。(10에서 5을 빼면 5가 된다.) – 법칙적 관계

② 지리적 설명을 나타내는 경우

ex) まっすぐ行くと、左側に銀行があります。(곧장 가면 왼쪽에 은행이 있습니다.)

③ 기계조작 등의 일반적 상식을 나타내는 경우

ex) このボタンを押すと電源が入ります。(이 버튼을 누르면 전원이 들어옵니다.)

④ 습관이나 반복적으로 성립하는 일을 나타내는 경우

ex) 毎日、学校が終わると塾に行って勉強します。
(매일 학교가 끝나면 학원에 가서 공부합니다.)
彼は夏休みになると、必ず国へ帰ります。(그는 여름방학이 되면, 꼭 고향에 돌아갑니다.)
あの店に行くと、いつも食べすぎることになる。(그 가게에 가면 언제나 폭식을 하게 된다.)

⑤ 아직 성립 되진 않았지만, 현 시점에서 어느 정도 정해져 있어 예측할 수 있는 사태를 나타내는 경우

ex) 真面目に勉強しないと卒業できないだろう。(성실하게 공부하지 않으면 졸업할 수 없겠지.)
遊んでばかりいると、バカになると思うよ。(너무 놀고만 있으면 바보가 된다고 생각해.)

⑥ 전후의 문장이 모두 이미 일어난 사실을 나타내거나, 한정된 때에 어느 동작과 거의 동시에 다른 동작이 일어남을 나타내는 경우. 이런 경우는 「たら」로도 치환이 가능하다.

ex) 家に帰ると、荷物が届いていた。(집으로 돌아가자, 짐이 도착해 있었다.)
教室に入ると、もう先生が来ていました。(교실에 들어가니, 벌써 선생님이 와 있었습니다.)
→ ①~⑤ : 「ば」「たら」로 치환가능.
⑥ : 「たら」로 치환 가능.

⑦ 순차동작을 나타내는 경우로, 동일주체의 연속된 동작을 나타내는 용법이며, 조건성은 희박하다. 전형적인 조건이라기 보다 두 일이 연달아 일어나는 관계를 표현한다.

ex) 彼はウェーターを呼ぶとコーヒーを注文した。(그는 웨이터를 부르자 커피를 주문했다.)
智子は家に帰るとパソコンの電源を入れた。
(도모코는 집으로 돌아오자 컴퓨터의 전원을 켰다.)

(2)「と」사용상의 제약

①「と」는 반복적이며 항상 일어나는 습관적 사실(필연)을 나타내므로, 문말표현에는 권고(~ほうがいい 등), 권유(~ませんか・~ましょうか 등), 희망(~たい 등), 의뢰(~てください 등)나 명령, 의지, 의무 등 인간의 의지와 감정에 관계하는 표현이 오는 경우,「と」의 사용은 부자연스러워진다.

ex) * 夏休みになると、国へ帰りたいです。(여름이 되면 고국으로 돌아가고 싶습니다.)
* 春になると、花見に行きなさい。(봄이 되면 꽃구경을 가거라.)

단, 아래의 내용처럼 후건으로 '상태'나 '가능성'을 나타내는 문이 오는 경우,「と」의 사용은 자연스러워진다.

cf) (○) 夏休みになると、国へ帰りたくなります。(상태)
(○) 春になると、花見に行けます。(가능)

②「と」를 포함한 부분에 의문사(いつ, どこ, なに, どう, なぜ 등)가 사용되는 경우,「と」가 사용되기 어렵다.

ex) * どうするとうまくいきますか。(어떻게 하면 잘 될까요?)

→ 조건표현을 포함한 부분에 의문사「どう」가 사용되었으므로 조건표현「と」가 어색해진다. ((○) どうすればうまくいきますか。)

단, 의문사가 사용된다 해도 아래의 예문처럼 후건에 사용되는 경우에는「と」가 사용되어도 무방하다.

ex) こうするとどうなりますか。(이렇게 하면 어떻게 됩니까?)

독 해 문 제 1

「実は難しい道案内」

A : すみません。天王寺公園に行きたいんですけど。

B : あ、天王寺公園なら、駅を出て、まっすぐ行くと･･･。

A : あの、すみません、西口ですか。東口ですか。

B : え、あっちの出口。

A : ああ、あっちの出口ですね。

B : で、あの出口を出て、まっすぐ行くと･･･。

A : あの、あのバス停とタクシー乗り場のところですか。

B : ん?うんうん、左の方に出て、道なりにまっすぐ行くと、信号があるでしょ。

A : あ、はい。

B : その信号を渡って、右に10メートルくらい行くと、ここから見て、
まっすぐ伸びている道があるでしょ。

A : え、ああ、はい、あの道ですか。

B : ええ、あの道をまっすぐ行くと、5分くらいで、右側に見えますよ。

A : は、はいと･･･。ありがとうございました･･･。

B : うん、まあ、とにかく、あっちのほうだから。

A : ああ、あっちのほうですね。

B : で、途中で、わからなくなったら、またたれかに聞いてみてください。

A : はい。ありがとうございました。

(1) 次の質問に答えてください。

① 天王寺公園に行くには、どの出口から出ますか。

② 駅を出ると何がありますか。

③ どの道をまっすぐ行くと5分くらいで天王寺公園が見えますか。

④ 途中でわからなくなったら、どうすればいいですか。

(2) 次の図を言葉で説明してください。

①

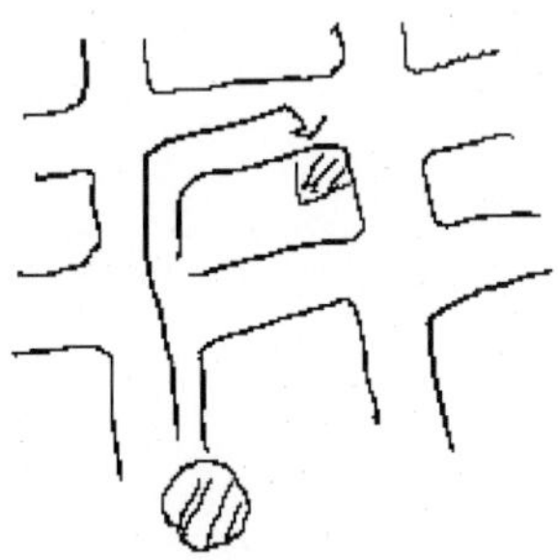

②

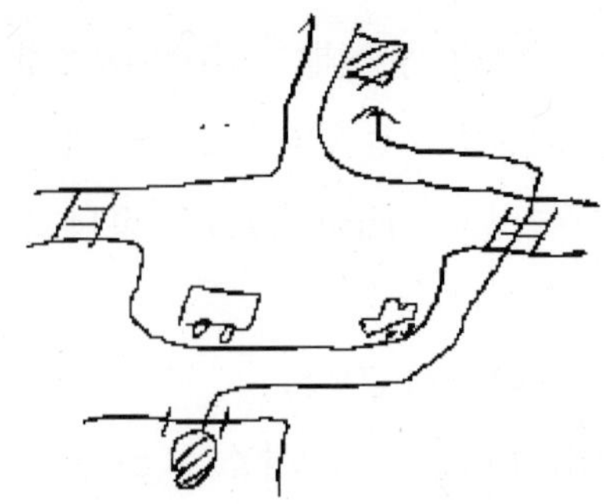

③

④

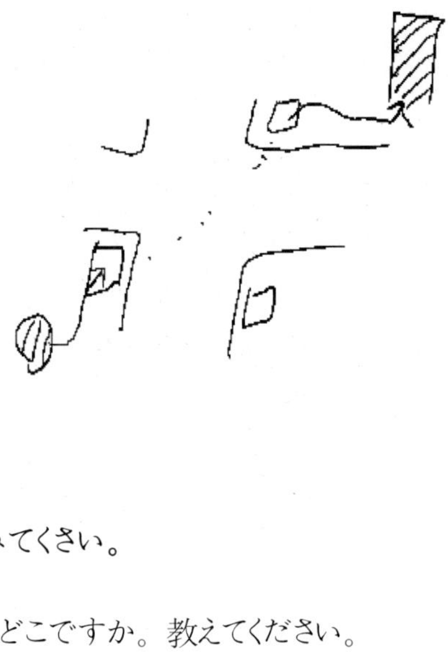

(3) さて、キャンパス内の道案内をしてみてください。

① (　)今、教室にいます。図書館はどこですか。教えてください。

② (　)今、(　　　)にいます。大学の本部はどこですか。

③ (　)今、(　　　)にいます。お昼ごはんが食べられるところはどこですか。

④ (　)今、(　　　)にいます。ちょっと座って話ができるところがありますか。

독 해 문 제 2

子供の頃、親からこんなことを言われたことがないだろうか。

「暗いところで本を読むと目が悪くなる」

「寝る前に甘い物を食べると虫歯になる」

「エアコンをつけたまま寝るとカゼをひく」

「食後すぐ横になると太る」….

何かをすると、その結果として何らかの悪影響があるという忠告はよく耳にする。

では逆に、何かをすることでいい結果があらわれるという表現はどうだろうか。

「朝食をしっかり食べると、それが一日の活力になる」

「本を読むといろいろな知識が得られる」

「足腰を鍛えると体が丈夫になる」

「室内に植物を置くと、部屋の乾燥防止になる」と・・・。

何かをすると何らかの結果があらわれるというのは、言いかえれば、どんな現象にも必ず原因があるということだ。多くの人は、この 「原因と結果」の関係を普段あらためて意識せずに過ごしている。何気ない言動が思わぬ結果を招いたときなど、そのときは気がつかなくても、後になってよくよく考えてみると、原因について思い当たるということがよくある。

(1) 本文の内容にあっているものには○を、あっていないものには×をつけましょう。

① (　　) どんな現象にも必ず原因と結果がある。

② (　　) 多くの人は、原因と結果の関係を意識しながら行動している。

③ (　　) 自分が引き起こしたトラブルの原因についてはすぐに思い当たるものだ。

(2) {　　・　　}から、適当なほうをえらびましょう。

① 毎朝6時に{起きると ・ 起きれば}コーヒーを飲みます。

② もしあした雨が{降れば ・ 降ると}運動会は中止です。

③ 注射を{打ってもらうと ・ 打ってもらえば}、カゼはすぐ直りました。

(3) [　　　　] の中から適当なことばをえらび、形をかえて文を完成しましょう。

① そんな暗いところで(　　　　)目が悪くなりますよ。

② キムさんはお酒を(　　　　)顔が赤くなります。

③ ヨンドゥ山に(　　　　)プサン市内がよく見えます。

食べる　着る　勉強する　乗る　登る　飲む

13.2 「ば」

<table>
<tr><th rowspan="2">AばB</th><th rowspan="2" colspan="2">종 류</th><th rowspan="2">접 속 방 법</th><th colspan="2">예 문</th></tr>
<tr><th>긍 정</th><th>부 정</th></tr>
<tr><td rowspan="6">ば</td><td rowspan="3">동사</td><td>1그룹</td><td>う단 → え단 + ば</td><td>行けば</td><td>行かなければ</td></tr>
<tr><td>2그룹</td><td>う단 → え단 + ば</td><td>食べれば</td><td>食べなければ</td></tr>
<tr><td>3그룹</td><td>う단 → え단 + ば</td><td>すれば
来れば</td><td>しなければ
こなければ</td></tr>
<tr><td colspan="2">い형용사</td><td>어간 + けれ + ば</td><td>安ければ</td><td>安くなければ</td></tr>
<tr><td colspan="2">な형용사</td><td>어간 + なら + ば</td><td>きれいならば</td><td>きれいでなければ</td></tr>
<tr><td colspan="2">명 사</td><td>なら + ば</td><td>学生ならば</td><td>学生でなければ
学生ではないならば</td></tr>
</table>

(1) 용법

「ば」는 후건의 성립이 기대되어지는 진다는 문맥에서, 그 기대의 성립을 위해서 어떠한 전건이 필요한지를 서술하는 문에 가장 알맞은 표현이다. 논리적 사실, 자연현상 및 진리나 법칙, 항상적인 사실, 습관적, 반복적 사실일 경우 등을 나타낼 수도 있어, 「と」의 사용 환경과 겹치는 부분이 많은 편이다.

① 조건 「ば」가 주로 사용이 되는 것은 전건으로, 일어날지 어떨지 모르는 미성립의 사실(=가정조건)이 위치하여 후건에 그 결과를 말할 때 사용된다.

ex) 手術をすれば治るでしょう。(수술을 한다면 낫겠지요.)
お金持ちになれば車くらいは簡単に買える。
(부자가 된다면 차 정도는 간단히 살 수 있다.)
薬を飲めば病気が治る。(약을 먹으면 병이 낫는다.)
安ければ買います。(싸다면 사겠습니다.)

「ば」를 포함한 부분을 조건으로 하여 가정을 한 경우에 일어난다고 예상되는 후건을 나타낼 때 쓰인다. '만약 ~라면' 이라는 뜻으로 해석되며 「たら」와도 바꾸어 쓸 수 있다. 「と」와는 달리 사실적 조건(앞뒤 사건이 이미 일어난 조건)에는 사용하지 못 한다.

ex) *注射を打ってもらえばすぐ直りました。
　注射を打ってもらうとすぐ直りました。

② 논리적 사실, 자연현상 및 진리나 법칙을 나타내는 경우

ex) 春になれば、桜が咲きます。(봄이 되면 벚꽃이 핍니다.)
10を5で割れば2になる。(10을 5로 나누면 2가 된다.)

③ 지리적 설명을 나타내는 경우

ex) まっすぐ行けば、左側に銀行があります。(곧장 가면 왼쪽에 은행이 있습니다.)
この道をまっすぐ行けば、信号があります。(이 길을 곧장 가면, 신호가 있습니다.)

④ 기계조작 등의 일반적 상식을 나타내는 경우

ex) このボタンを押せばドアが開きます。(이 버튼을 누르면 문이 열립니다.)
このスイッチを押しつづければ電源が切れます。
(이 스위치를 계속 누르면, 전원이 꺼집니다.)

⑤ 반복적으로 성립하는 일을 나타내는 경우

ex) 彼は夏休みになれば、必ず国へ帰ります。(그는 여름방학이 되면, 꼭 고향에 돌아갑니다.)
あの店に行けばいつも暴食することになる。(그 가게에 가면 언제나 폭식을 하게 된다.)

→②~⑤의 용법은 모두 「と」, 「たら」와의 치환이 가능하다.

⑥ 현실에 반대되는 가정을 나타내는 경우(반사실)

ex) その本を読んでおけばよかった。(그 책을 읽어두었으면 좋았다.)
まじめに勉強していれば4年で卒業できたのに。
(열심히 공부했더라면 4년에 졸업했을 텐데.)
もう少し注意していれば、このような大惨事は免れたはずだ。
(조금 더 주의를 했다면, 이러한 대참사는 면할 수 있었음에 틀림없다.)

→「たら」와도 바꾸어 쓸 수 있다.

⑦ 조건・가정의 의미가 아닌, 어드바이스의 의미로 사용

ex) A ： どうしたらいいかな。(어떻게 하면 좋을까.)
B ： とりあえず先生に電話してみれば。(일단 선생님에게 전화걸어 봐.)

→「たら」와도 바꾸어 쓸 수 있다.

⑧「～も～ば」의 형태를 취하여 열거 혹은 병렬의 의미를 나타내거나,「～さえ～ば」의 형태로 후건이 성립하기 위한 최저조건을 나타내는 경우

ex) パンもあればご飯もあります。(빵도 있지만, 밥도 있습니다.)
＝パンもあるし、ご飯もある。
この店はコーヒーも飲めればお酒も飲める。(이 가게는 커피도 마실 수 있거니와, 술도 마실 수 있다.)
＝この店はコーヒーも飲めるし、お酒も飲める。

ex) 寝る時間さえあれば、大満足です。(잘 수 있는 시간만 있으면 대만족입니다.)
申請書を書きさえすれば、支援金をもらえるそうだ。
(신청서를 쓰기만 한다면, 지원금을 받을 수 있다고 한다.)

TIP 속담에서 사용되는「ば」

「ば」는 다른 조건을 나타내는 형식과는 달리, 속담에서도 자주 사용되는데, 아래에 몇 개의 속담을 소개한다.

ex) ちりも積もればば山となる。(티끌모아 태산)
住めば都。(살면 고향)
のどもと過ぎれば熱さを忘れる。(목구멍만 넘어가면 뜨거움을 잊는다. --- 괴로움도 그 때가 지나 버리면 잊어버린다. 또는 괴로울 때 받았던 은혜도 편해지면 잊어버린다는 비유)

(2)「ば」사용상의 제약

① 전건에 동작성의 의지동사가 사용되고, 후건으로 희망, 명령, 의지, 권유 표현이 사용되는 형태의 가정문에는「ば」의 사용이 부자연스러워진다.

ex) ? 学校へ行けば、友だちに会おう。(학교에 가면, 친구를 만나자.)
? ご飯を食べれば、この薬を飲んでください。(밥을 먹으면 이 약을 드세요.)

단, 아래의 예문처럼「ば」를 포함한 전건에 상태성술어인「ある・いる・できる・가능형」이나 형용사가 사용되는 경우라면 후건으로 희망, 의뢰, 명령, 의지, 권유 표현이 사용할 수 있다.

ex) 暑ければ、クーラーをつけてください。(덥다면, 에어컨을 켜 주십시오.)
質がよければ、買いましょう。(질이 좋다면 삽시다.)
英語ができれば、世界はもっと広がるだろう。
(영어가 가능하다면, 세계는 더욱 넓어질 것이다.)
試験に役立つような参考書があればぜひ教えてください。
(시험에 도움이 될 만한 참고서가 있으면 꼭 가르쳐 주십시오.)
誰かわかる人がいれば教えてくれ。(누군가 아는 사람이 있으면 가르쳐 줘.)

또한, 아래의 예문처럼 전건과 후건의 주어가 다른 경우에도, 후건으로 의지표현이 사용되는 형태의「~ば」형 가정문도 자연스러워진다.

ex) 彼女が来れば、すぐ出かけよう。(그녀가 오면, 바로 외출하자.)

→ 전건「彼女が来る」의 주어는「彼女」이며, 후건「出かける」의 주어는 화자와「彼女」를 포함한「我々」인 셈이므로 전・후건의 주어가 다른 경우이다.

② 후건으로 부정적인 사태가 사용되는 경우,「~ば」의 사용이 부자연스러워진다.

ex) ? この薬を飲めば気分が悪くなります。(이 약을 먹으면 기분이 나빠집니다.)

→ 후건「気分が悪くなる」가 부정적인 사태이므로「~ば」의 사용이 어색하다.

단, 부정적인 사태가 후건으로 등장해도, 전건이 부정문이면 아래 예문과 같이「~ば」의 사용이 자연스러워진다.

ex) この薬を飲まなければもっと気分が悪くなります。
(이 약을 먹지 않으면 더욱 더 기분이 나빠질 겁니다.)

독 해 문 제 1

「韓流四天王になりたい！」

いまや老若男女を問わず整形手術を受ける韓国人。なんと首都圏では整形手術を受けた経験がある女性は5人に1人の割合だという新聞記事(中央日報2009/6/1)もありました。その理由は「二重まぶたにすれば、男性にかわいく見られる」や「鼻を高くすれば、美しく見える」などなど。最近は女性に限らず男性も整形手術を受けるそうです。「手術をすれば、僕も韓流四天王のようになれるかも」。こんな希望を胸に抱き手術に臨むのでしょう。

ただ、本と韓国では美しくなることに対する考え方が依然違うように感じます。顔にメスを入れることに対していまだ抵抗があり、その代わりに化粧できれいに見せようとする日本人。整形をして顔を変えてでも、美を手に入れたいという韓国女性。また、手術したかどうかを公表するかどうかも日本と韓国では違うみたいです。私は日本人で整形手術をしたという人に今まで会ったことがありません。公表すること自体が「整形＝顔にコンプレックスを持っている」というように負のイメージで考えられたからではないでしょうか(フジテレビ「ビューティーコロシアム」など)。それと、日本で整形外科と言えば、骨折の治療を思い浮かべる人が多いと思います。

最近韓国では「医療観光」という言葉もあるように、日本人や中国人をはじめアジアからの外国人旅行客が韓国で整形手術を受けるケースもあるようです。日本でも「プチ整形」という言葉があるように、外見で最も重要な顔を手術することに、拒否感を感じなくなったということなのでしょうか。

(1) 本文の内容と合っているものすべてに○をつけなさい。

(　) 韓国人女性の5人に1人は整形手術をしている。

(　) 韓国人男性が整形手術を受けるのは就職活動のためである。

( ) 韓国人女性は化粧をまったくしない代わりに、整形手術を受けたがる。

( ) 日本で整形手術とは、コンプレックスを捨て新たな人生を進むものである。

( ) 日本で整形外科と言えば、骨折の治療を想像する。

( )「医療観光」とは、観光に来たついでに整形手術を受けることである。

(2) 適切なものを選びなさい。

① デパートに(行けば ・ 行くと)、セールをやっていた。

② 入会金さえ(払えば ・ 払うと)、私もVIP会員です。

③ あと10分早く(出れば ・ 出ると)、バスに間に合ったのに

④ 窓を(開ければ ・ 開けると)、冷たい風が入ってきた。

⑤ もし明日雨が(降れば ・ 降ると)、遠足は中止になる。

(3)「～すればいいですか」を使って例のように質問の答えを作りなさい。

例)日本語の本を探しています。どこで買えばいいですか。

(解答例①)インターネットで買えばいいですよ。

① 釜山外大からソミョンに行きたいです。どうやって行けばいいですか。

② ビビンバの食べ方がわかりません。どうやって食べればいいですか。

③ 韓国のバスの乗り方がわかりません。いつお金を払えばいいですか。

④ 日本人の友達がほしいです。どうやって日本人の友達を作ればいいですか。

독 해 문 제 2

「占い」

大学を卒業してからもずっと彼女がいなかった僕は、友達の紹介で合コンをした。しかし、いつも「顔はまあまあなんだけど、もう少し背が高ければね。」「仕事をしていても車がなければだめね。」「まじめすぎでつまらない。」などと言われ、失敗。そこで、「女の人ならば誰でもいい。」と、もう一度合コンをすることになった。そして3度目の正直で、ついに僕にも彼女ができた。

それから3年。30歳も過ぎて3年も付き合っていれば結婚するのが普通かもしれない。そろそろ結婚について本気で考えなければならない時期かもしれない。でも、正直不安だった。プロポーズすれば彼女はOKしてくれるだろうか。そして、彼女と結婚すれば幸せになれるだろうか。

そこで、日曜日天気が良ければ、彼女と占いをしに行くことにした。だが、運命なんて信じない僕は、占いをしに行くことはもちろん初めてで、どこにそんな店があるのかもわからなかった。とりあえず、市内へ行き、道で人に聞いてみた。すると、目の前の交差点を渡ればすぐにあると教えてもらった。ただ、まだ店は閉まっていて、午後5時にならなければ開かない。それまで近くの喫茶店で彼女と時間をつぶした。午後5時。彼女と占いの店に向かった。占いは30分ほどで終わった。そして、結果は。

「来年になれば、結婚のチャンスがくる。」「今の彼女と別れれば、一生結婚することはできないだろう。」「幸せになりたければ、外見よりも中身を磨きなさい。」「彼女を心から愛すれば幸せな家庭ができる。」「あと3年仕事をがんばれば、大きなチャンスがきっと来る。」「タバコをやめなければ、10年後に必ず病気にかかる。」こんな内容だった。

それから、1年後の秋、僕らは結婚した。そして、幸せな人生は今も続いている。ずっと彼女がいなかった僕でも結婚して幸せになれた。そう！「やればできる」

(1)「僕」に合っているもの全て選びなさい。

① 背が高い。

② まじめじゃない。

③ 車を持っている。

④ 顔は悪くない。

⑤ 昔、彼女がいた。

(2) 本文の内容に合っているものはどれですか。

① 彼女と付き合って２年後に占いに行った。

② 占いの店は、交差点の手前にあった。

③ 占いの店は5時前からやっていた。

④ 占いをするまでは、結婚したら幸せになれると信じていた。

⑤ 占いをしに行った日は、いい天気だった。

(3) 占いの内容に合っていないものはどれですか。

① 今の彼女が最後のチャンスだ。

② 今年中には結婚はできない。

③ 外見が良くなれば幸せになれる。

④ 仕事をがんばらなければチャンスは来ない。

⑤ 彼女が本当に好きならば幸せになれる。

13.3「たら」

<table>
<tr><th rowspan="2">AたらB</th><th rowspan="2" colspan="2">종 류</th><th rowspan="2">접속방법</th><th colspan="2">예 문</th></tr>
<tr><th>긍 정</th><th>부 정</th></tr>
<tr><td rowspan="7">たら</td><td rowspan="4">동
사</td><td>1그룹</td><td rowspan="4">て형</td><td>雨が降ったら</td><td>買わなかったら</td></tr>
<tr><td>2그룹</td><td>起きたら</td><td>考えなかったら</td></tr>
<tr><td rowspan="2">3그룹</td><td>したら</td><td>しなかったら</td></tr>
<tr><td>きたら</td><td>こなかったら</td></tr>
<tr><td colspan="2">い형용사</td><td>た형</td><td>寒かったら</td><td>白くなかったら</td></tr>
<tr><td colspan="2">な형용사</td><td>た형</td><td>楽だったら</td><td>にぎやかでは(じゃ)なかったら</td></tr>
<tr><td colspan="2">명 사</td><td>た형</td><td>美人だったら</td><td>試合では(じゃ)なかったら</td></tr>
</table>

(1) 용법

「たら」는 주로 회화체에서 사용되며「と」,「ば」,「たら」,「なら」중에서「たら」가 가장 용법이 단순한 편이므로「たら」의 사용범위가 가장 넓고 그 사용이 가장 편리하다.

「と」「ば」가 일반적, 항상적 사실을 서술하는 것에 비해「たら」는 뒤에 이어지는 결과를 내기 위한 상황설정을 하여 반복적으로 일어나는 일이 아니라 특징적 일회적 사태에 대해서 진술하는 문에서 사용되기 쉽다. 과거로 사용될 때는 우연과 발견 등을 나타내는 경우가 많다.

「ば」와「たら」를 비교했을 때「ば」는, 후건의 내용이 실현되기 위해 필요한 조건으로 어떠한 것이 있는 가를 전건에 서술하는 형식에 가장 잘 어울리는 것으로 후건에는 정보의 양이 적은 문장이 온다. 예를 들면「明日天気がよければ布団でも干したいですね / お金があれば借金が返せるんだけど」처럼 이불을 말리기 위해서는 좋은 날씨가, 돈을 돌려주기 위해서는 돈이 있는 것이 필요한 조건이라는 것을「ば」의 형식으로 전건에서 표현하고 있다. 그에 비해「たら」는 전건의 내용이 성립했다는 가정 하에, 어떻게 할 것인가를 후건에 서술하는 형식으로 후건에 정보의 양이 많은 내용이 온다고 할 수 있다. 예를 들면「明日天気がよかったらドライブにでも行きませんか / お金があったら、世界

一周したい」처럼, 「たら」의 형식으로 아직 일어나지는 않았지만 날씨가 좋거나 돈이 있다는 내용이 이미 성립했다고 가정하여 후건에 어떻게 하는가를 서술하고 있다.

① 개인적이거나 일회적인 사실을 나타내며, 우연, 발견, 결과 등의 용법으로 사용된다.

ex) 図書館に行ったら、先生に会った。(도서관에 갔더니, 선생님을 만났다.) – 우연, 발견
クイズに応募したら、一等に当たった。(퀴즈에 응모했더니 1등에 당첨되었다.) – 일회적
薬を飲んだら治った。(약을 먹었더니, 나았다.) – 결과

② 「ば」처럼 「もし, 仮に」라고 하는 실제로 일어날 지 어떨지 모르는 가정조건을 나타낸다.

ex) お金持ちになったら、世界一周がしたいです。(부자가 되면, 세계일주를 하고 싶습니다.)
もし暇だったら、一緒に映画に行きましょう。(만약 시간이 있으면 같이 영화 보러 가자.)

③ 시간이 지나면 자연스럽게 성립되는 사실이나 거의 정해져 있는 사실 등 전건의 성립여부를 알 수 있는 조건(=확정조건)을 가정할 때 사용될 수 있다.

ex) 部屋の中が暖かくなったら、クーラを消してください。
(방 안이 따뜻해지면 에어컨을 꺼 주세요.)
3月になったら、新学期が始まる。(3월이 되면 신학기가 시작된다.)
午後になったら、散歩に行きましょう。(오후가 되면 산책하러 갑시다.)

④ 현실과 반대되는 사실을 가정할 수 있으며, 「ば」로 바꾸어 쓸 수 있다.

ex) もっとお金があったら(=あれば)、ほしいパソコンが買えただろう。
(좀 더 돈이 있었다면 갖고 싶은 컴퓨터를 샀을 것이다.)
言ってくれたら(=くれれば)、手伝ったのに。(이야기 해 주었더라면 도왔을 텐데.)

⑤ 미래, 현재, 과거 등 어떤 시제를 나타내는 문장에서도 사용될 수 있어 사용범위가 넓으나, 단 후건은 전건이 일어난 후 성립되는 사태만 사용될 수 있다.

ex) 大人になったら、医者になりたいです。(미래) (어른이 되면 의사가 되고 싶습니다.)

寝る準備をしていたら、いきなりケイタイが鳴りはじめた。(현재)

(잘 준비를 하고 있었더니 갑자기 휴대폰이 울리기 시작했다.)

昨日、デパートに行ったら田中さんに会った。(과거)

(어제 백화점에 갔더니 다나카씨를 만났다.)

→ 상기예문 모두 전건이 일어난 후 후건이 성립함을 나타낸다.

cf1) 원래「たら」는「AたらB」에서 전건에 해당하는 A보다 후건에 해당하는 B가 먼저 일어난 사태에서는 사용되기 어려운 특징이 있다. 그러나「と」의 ⑥에서 설명한 것처럼, 후건에 「ていた」등이 사용되어 단순한 과거사태가 아닌 '결과'의 의미로 해석되어 전건이 일어난 시점에까지 영향을 미치고 있다는 의미가 있다면「たら」도 사용될 수 있다. (p.316참조)

cf2) 「なら」의 경우는,「と, ば, たら」와는 달리 전건보다 후건이 시간상 먼저 일어난 사태를 표시할 수 있으므로 주의해야 한다.

ex) 出かけるなら電話してね。(외출할 거면 (미리) 전화 해.)

→ 후건「電話する」가 전건,「出かける」보다 먼저 발생하는 경우임.

ex) 出かけたら電話してね。(외출하면 (그 후에) 전화 해.)

→ 후건「電話する」가 전건,「出かける」이후에 발생함.

⑥ 다른 조건표현들에 비해 문 말의 제약이 없어, 후건으로 희망, 명령, 의지, 판단, 충고 등을 나타내는 표현이 와도 상관없다. 그렇기 때문에「たら」는 회화체에서 사용되는 경우가 많다.

ex) 冬になったら、スキーに行きたいね。(겨울이 되면, 스키를 타러 가고 싶어.)
酒を飲んだら、運転するな！(술을 마시면, 운전하지 마!)
わからなかったら、質問してください。(모르겠으면, 질문을 하세요.)

⑦ 상대방의 말을 받아서 표현할 수 있다. 이 경우「なら」와 바꾸어 쓸 수 있다.

ex) A : 私、今年の夏休みに日本へ行きます。(저는 이번 여름방학에 일본에 갑니다.)
B : あ、そうですか。そうしたら、日本のお菓子を買ってきてもらえますか。
(아, 그렇습니까? 그러면 일본 과자를 사다주시지 않겠습니까?)

⑧ 그 외에도 자연현상이나 지리적 설명 등을 할 때에도 사용할 수 있으나, 주로「と」「ば」를 사용한다.

ex) 春になったら、桜が咲きます。
(봄이 되면 벚꽃이 핍니다.)＝「と・ば」－ 현상・이론
この道をまっすぐ行ったら、郵便局が見えます。
(이 길을 곧장 가면, 우체국이 보입니다.)＝「と・ば」－ 지리적 설명

⑨「ば」처럼, 조건・가정이 아닌 어드바이스를 나타내는 의미로도 사용될 수 있다.

ex) A ： どうしたらいいのかな。(어쩌면 좋지?)
B ： とにかく聞いてみたら。(아무튼 한번 물어 봐.)

독해문제 1

みか：ジナさん、ちょっと相談があるんですが。

ジナ：あ、はい。どうしたんですか。

みか：私、韓国に来たばかりで、まだよくわからないことが多くて…。

ジナ：日本と韓国は近いと言っても、外国ですからね。
住んでいたら、大変なこともあるでしょう?

みか：実は、昨日ドンゴンさんとデートしたんです。
私も好きだったので、嬉しかったんですが…。

ジナ：本当！?ドンゴンさんは大学でもとても人気があるんですよ！それで、どうでしたか?

みか：待ち合わせの場所へ行ったら、バラの花束を持っていたんです。

ジナ：すてき！ドンゴンさん、みかさんに本気なんですよ。

みか：そうですか?ちょっとオーバーだし、みんなが見ているから、恥ずかしかったんですが。
そして、歩きはじめたら、私のカバンを持ってくれたんです。

ジナ：当り前ですよ。男性なんですから！

みか：でも、とても小さくて女性用のカバンなんですよ。それから、ちょっと疲れて、アイスクリームを食べに行ったんですが、トリプルを頼んだら全部ビビンバのように混ぜたんです。

ジナ：何でも、混ぜて食べるのがおいしいんですよ。おいしかったでしょ?

みか：…。それから、夜になったら何度もお母さんから電話が来るんです。

ジナ：お母さんはドンゴンさんが心配なんですよ。まだ大学生ですからね。

みか：でも、男の人がお母さんと電話はちょっと…。それから昨日の夜にわかれて、今日までに、10通もメールが来たんです。返事をしなかったら、心配になるみたいで、電話をかけてくるんです。

ジナ：それは、ドンゴンさんの愛ですよ。幸せですね、愛されて。もっと喜んだら?

みか：幸せ…ですか?慣れたら、幸せだと思うんでしょうか…?

デートする前に韓国人にいろいろ聞いておいたらよかったですね…。

(1) 男の人がお母さんと電話はちょっと…の後に続く言葉として一番いいものはどれでしょうか。

① かっこいい

② うらやましい

③ 早い

④ 嫌だ

⑤ 長い

(2) みかさんの悩みは何でしょうか。

① 韓国の食事が口に合わない

② 韓国人の恋愛のしかたがよくわからない

③ 韓国人の恋人ができない

④ 韓国人の家族がうらやましい

⑤ 韓国語でメールや電話ができない

(3) 本文の内容に合っているものは○、間違っているものには×をつけましょう。

( ) みかさんは韓国の生活が長い。

( ) ジナさんはドンゴンさんを知っている。

( ) みかさんはドンゴンさんとアイスクリームを食べなかった。

( ) ジナさんはみかさんにいいアドバイスをした。

( ) 今、みかさんはドンゴンさんのことが大好きだ。

독 해 문 제 2

「おばあちゃんの知恵」

寒い季節がやってきた。１２月になると、冷たい風が吹きはじめる。私はいつも風邪をひかないように気をつけている。それでも風邪をひいたときは、いつもおばあちゃんが優しく看病してくれたのだ。①もし風邪をひいたら、あなたはどうするだろうか。私はあたたかいうどんを食べたり、おばあちゃんが作ってくれる「生姜茶」を飲んだりした。初めて「生姜茶」を飲んだ時は、まずくて飲めなかった。それよりも、いつも飲んでいるスポーツドリンクのほうがずっと美味しかったからだ。でも「生姜茶」は本当にすごい。それを飲んだら、体がとてもあたたかくなってくる。ぽかぽかと体の全体があたたかくなる。冷たかった体が一気にあたたかくなるのだ。それを飲み続けると、熱も下がり元気になる。とても不思議だ。

「これは昔からあるもので、人の体はすぐ元気になるよ。」とおばあちゃんはいつも私に言った。その言葉を思い出して、熱が出たら必ず「生姜茶」を飲む。私にとって今では、生姜の苦い味と、はちみつの甘い味がちょうどいい味なのである。

(1) 本文の内容と合っているものすべてに○をつけなさい。

( ) あたたかいうどんを食べる。

( ) 早く寝る。

( ) スポーツドリンクを飲む。

( )「生姜茶」を飲むと熱が上がる。

( ) 今でも「生姜茶」はまずい。

( ) 熱が出ると「生姜茶」は必ず飲む。

(2) 私は「生姜茶」を飲むと、どうなると言っていますか。

( )

(3) 下線①の質問に「～たら」を使って答えなさい。

( )

13.4「なら」

AならB	종 류	접속방법	예 문		
			긍 정		부 정
なら	동 사	사전형+なら	현	買うなら	売らないなら
			과	書いたなら	しらなかったなら
	い형용사	사전형+なら	현	痛いなら	熱くないなら
			과	おもしろかったなら	高かくなかったなら
	な형용사	어간+なら	현	嫌いなら	上手でないなら
			과	元気だったなら	好ではないなら
	명 사	+なら	현	その話なら	時計でないなら
			과	カバンだったなら	宿題でなかったなら

(1) 용법

「なら」는 다른 조건표현 「と」, 「ば」, 「たら」와는 크게 다르다. 「なら」는 조건을 나타내는 용법 이외에도 주제를 나타내는 용법이 있고, 후건의 사태가 반드시 전건보다 나중에 일어난 일이어야 한다는 시간적 제약 또한 요구하지 않는다. 그 외에도 「たら」처럼 후건에 특정 문말 제약이 없다는 특징도 있다.

① 전건으로 제시되는 사태를 판단자료로 후건에서 의뢰, 의사, 조언과 요구, 판단, 단정, 추정 등의 말하는 사람의 판단이나 태도를 제시하는 형태로 많이 사용된다. 새롭게 안 사실을 전건에 사용하며, 그 사실에 기반한 발언을 받아, 후건에 서술된다.

ex) A : あのお店は少し遠いですが、本当においしいんですよ。

(그 가게는 좀 멀지만, 정말 맛있어요.)

B : そんなにおいしいなら遠くても行ってみたいですね。

(그렇게 맛있다면 멀어도 한번 가 보고 싶네요.)

ex) コーヒーなら熱い方がいいね。(커피라면 뜨거운 편이 좋아.)

1時間程度なら働けるんじゃない? (1시간 정도라면 일할 수 있지 않아?)

これ全部で1500円なら、買いたい。(이것 전부해서 1500엔이면, 사고 싶다.)

② 화제나 주제(토픽)를 제시한다.

ex) お酒なら、やはり焼酎。(술이라면 역시 소주.)

お肉なら、この店が一番安い。(고기라면, 이 가게가 가장 싸다.)

③ 가정조건을 나타낸다.

「なら」의 조건은 단정적인 판단을 문제로 하는 것이기 때문에, 후건에 말하는 사람의 판단과 추량, 의지 등을 서술하는 표현으로 한정된다. 또한, 다른 조건표현은 전건을 가정조건으로 그 결과를 후건에 나타내는 것에 비해 「なら」의 조건은, 후건이 전건의 결과 뿐 아니라, 시간적으로 전건보다 먼저인 행위를 나타낼 수가 있다.

ex) 木村さんが来るなら、会はもっと楽しくなるだろう。

(기무라씨가 오면, 모임은 더욱 즐거워 지겠지.)

外国に行くなら、その前にその国の言葉を学びなさい。

(유학을 간다면, 그 전에 그 나라의 말을 공부해라.)

④「~たなら」의 형태로 사용되어, 현실에 반대되는 가정을 나타낼 수 있다.

ex) もっと注意をしていたのなら、事故は起らなかっただろう。

(좀 더 주의를 했더라면 사고는 일어나지 않았을 것이다.)

⑤「~たら」처럼 후건에 의지, 희망, 명령 등의 표현이 가능하다.

ex) せっかく日本に行くのなら、温泉に入りたい。

(모처럼 일본에 간다면 온천에 들어가고 싶다.)

熱があるのなら、今日は学校を休みなさい。(열이 있으면 오늘 학교는 쉬어라.)

TIP 1 전건은 상대의 이야기로부터 들은 것이나 상대의 모양을 보거나 상대로부터 관찰하여 얻은 정보를 조건으로 하는 용법이다. 또한「なら」의 회화체적인 표현은「のだったら」로 용법은 같다.

ex) A ： この教室の中、暑くない? (이 교실안 덥지 않니?)
B ：暑いのだったら、窓を開けるよ。(덥다면 문을 열게요.)

ex) A ： ちょっと手紙を出しに行ってきます。(잠시 편지를 부치러 갔다 오겠습니다.)
B ： 手紙を出しに行くなら、ついでに葉書を買ってきてくれませんか。
(편지를 부치러 간다면, 가는 김에 엽서를 사와 주지 않겠습니까?)

TIP 2 시간적 전후관계가 성립하지 않아도 사용될 수 있다. 즉,「と, ば, たら」와는 달리, 전건이 후건보다 시간적으로 선행하는 사태가 되지 않아도 무방하다.

ex) 日本へ行くなら、お寿司を食べましょう。(일본에 간다면 (거기 가서)초밥을 먹자.)
→ 전건「日本へ行く」가 후건「お寿司を食べる」보다 시간상으로 선행하는 경우 즉, 시간적 전후관계가 성립하는 경우임.
日本へ行くなら電話してね。(일본에 간다면 (미리) 전화해 주렴.)
→ 전건「日本へ行く」보다 후건「電話する」가 시간상으로 선행하는 경우임.

(2)「なら」사용상의 제약

① 자연히, 혹은 당연히 일어나는 일, 혹은 반복적인 사태 등을 나타내는 경우 사용이 어렵다.

ex) *夜11時になるなら、暗くなる。
*春になるなら、花が咲く。
*夏休みになるなら、いつも海へ行く。

②「と, たら, ば」의 경우에는 정중을 나타내는 말 접속이 가능하지만,「なら」는 정중을 나타내는 말「ます」「です」체에는 거의 사용되지 않는다.

ex) まっすぐ行きますと、左側に銀行があります。(곧장 가시면 왼쪽에 은행이 있습니다.)
家族関係のわかる書類がありましたらお持ち下さい。
(가족관계를 알 수 있는 서류가 있으면 가져 오십시오.)
*吸いますなら　*遅いですなら

③ 후건으로 과거사실이 올 수 없다.

ex) *辞書を引くならわかりました。
*家に帰るなら電気がついていた。

Q&A

Q) 다음의 표현의 차이에 대해서 생각해 봅시다!

① 薬を飲むと病気が直る。
② 薬を飲めば病気が直る。
③ 薬を飲んだら病気が直った。

A) 먼저 ①의 경우는 약을 먹으면 병이 낫는다 라고 하는 필연적이고 자연스런 이치를 강조하는 표현이 된다. 그에 비해 ②의「ば」가 사용되는 경우는 후건보다 전건에 비중이 놓이는 특징이 있으므로 ,병이 나으려면 어떤 조건이 필요한가에 대한 대답으로 적절한 표현이 된다. 즉, 약을 먹게 되면 병이 낫는다, 병이 나으려면 약을 먹어야 한다, 라는 느낌을 강조하는 표현을 만든다.
마지막으로 ③의 경우, 반복적으로일어나는 일이 아니라 특징적 일회적 사태에 대해서 진술하는 문에서 사용되기 쉬운「たら」의 용법대로, 약을 먹었더니 병이 나았다, 라는 1회적인 사태를 나타내는 표현을 만든다.「ば」의 경우 전건에 비중이 놓이는데 비해 たら는 후건에 비중이 놓이는 표현으로, 해당예문인「薬を飲んだら病気が直った」는 약을 먹었더니 어떻게 되었는가, 에 대한 대답으로 적절한 예문이라고 할 수 있다.

연 습 문 제

1. 다음의(　)에 들어갈 가정표현을 고르시오.

(1) 昨日はとても楽しかったですよ。 あなたも(　)よかったのに。

① くるなら　② くれば　③ きると　④ きたと

(2) 山へ(　)、セーターを持って行ったほうがいいですよ。

① 行くなら　② 行ったら　③ 行けば　④ 行くと

(3) 車を(　)、ライトを消さないとダメですよ。

① 止めると　② 止めれば　③ 止めるなら　④ 止めたら

(4) 写真が(　)、私にも1枚下さい。

① できたら　② できるなら　③ できれば　④ できると

2. 다음의 가정표현 중 맞는 것을 고르시오.

(1) 時間が (あると・あったら) 手伝ってください。

(2) デパートに (行けば ・行ったら) 休みだった。

(3) ビールを (飲むなら・飲めば) あの店がいいです。

(4) 新聞を (見るなら・見れば) 分かります。

(5) 春に (なったら・なるなら) お花見に行きましょう。

(6) (できれば ・できると) 早く帰りたい。

(7) 妻は朝 (起きるなら・起きると) すぐ水を飲む。

(8) パスポートが (必要だと・必要なら) 持ってきます。

3. 다음 질문에 답하시오.

(1) 「テレビをつけたら、木村拓也が出ていた。」의「たら」와 용법이 같은 것은?

① 明日の朝起きたら、電話してください。

② ボールを投げたら、車に当たった。

③ 雨が降ったら行きません。

④ 昨夜見に行ったら、桜はもう咲いていました。

(2) 「ビールがあれば、ビールが飲みたいな。」의「ば」의 용법과 다른 것은?

① お電話くだされば、お迎えに上がります。

② 木村さんが行かなければ、私も行かない。

③ この辺は秋になれば、紅葉が綺麗になります。

④ 雨が降れば、ピクニックは中止しよう。

(3) 다음 ① ~ ⑥중에서 바르게 사용된 문장은 어느 것인지, 모두 찾으시오.

① 春になると山登りをするつもりです。　② お金がないと働きなさい。

③ 安ければ、購入するつもりです。　④ お金がないと何も買えません。

⑤ 山田さんに会えば、よろしくお伝えください。

⑥ 宝くじが当たれば、両親に海外旅行をプレゼントしたいです。

(4) 문이 바르게 성립하는 술어를 모두 찾으시오.

① この電車は東京駅に着くと {(　　) 3 分間停車する。(　　) 3 分間停車した。}

② この電車は東京駅に着けば {(　　) 3 分間停車する。(　　) 3 分間停車した。}

③ この電車は東京駅に着いたら {(　　) 3 分間停車する。(　　) 3 分間停車した。}

④ この電車は東京駅に着くなら {(　　) 3 分間停車する。(　　) 3 分間停車した。}

4. 다음 문장을 한국어로 옮기시오.

(1) 会社をやめたら、本を書きたいです。

⇒ ______________________________

(2) この仕事が終わったら、コーヒーでも飲みませんか。

⇒ ______________________________

(3) もっと安ければ，よく売れます。

⇒ ______________________________

(4) くじらが哺乳類の仲間だとすると、お母さんのお乳を飲ませて育てるはずだ。

⇒ ______________________________

(5) もし北極の氷がとけたら、シロクマはどうなるのだろう。

⇒ ______________________________

5. 다음 문장을 일본어로 옮기시오.

(1) 내일 소풍을 간다면, 빨리 자거라.

⇒ ______________________________

(2) 크면 뭘 할 거니?

⇒ ______________________________

(3) 약을 먹었더니 건강해 졌습니다.

⇒ ______________________________

(4) 속달이라면 내일 도착합니다.

⇒ ______________________________

(5) 일이 끝나면 불을 꺼 주세요.

⇒ ______________________________

독 해 문 제 1

「犬の飼い方、教えます」

こんにちは。私はペットショップの店長です。今日は、初めて犬を飼う皆さんのために、正しい犬の飼い方をご紹介します。

さあ、いよいよあなたの家に犬がやってきます。ドキドキ、ワクワク。楽しみな気持ちでいっぱいでしょう。でも、ちょっと待ってください。犬を飼うことにしたら、忘れてはいけないことがあります。

＜家族を迎える前に＞

① どんな犬が飼いたいか、家族で話し合いましょう。

「犬」と一言で言っても、いろいろな種類の犬がいます。ここで、少し紹介します。誰とでも仲良く遊べて、明るいせいかくの犬がよければ、ゴールデンレトリバーがおすすめです。家族にとても忠実な犬なら、柴犬がおすすめです。一度信頼関係ができると、ぜったいにうらぎりません。小さい犬が飼いたいなら、シーズーがいいでしょう。ほかにも、たくさんの種類の犬がいます。家族で話し合ってきめましょう。

② 家族が家に来ました！

いよいよ家族がやってきました。でも、犬は知らないところへ来て、不安な気持ちでいっぱいです。安心できるように、あたたかいふとんを準備しましょう。しばらくは、さみしそうに鳴くかもしれません。数日経つと、おちつきますから、安心してください。

③ 散歩をしましょう。

犬は、散歩が大好きです。毎日散歩に連れていきましょう。散歩のときは、必ずひもでむすんでください。むすばないと、まわりの人にめいわくをかけます。また、車がたくさん通っている道へ行ったら、危険です。

④ ご飯をあげましょう。

犬の年齢、体重にあわせて、正しいご飯をあげましょう。犬は「もっと食べたい」とアピールするかもしれません。でもご飯をあげすぎると、あとでお腹が痛くなりますから、注意してください。

⑤ 愛情をたっぷりあたえてください。

犬は、あなたに選ばれて家族の一員になりました。責任をもって、育てましょう。愛情を与えれば、犬はあなたの気持ちにかならず答えてくれます。

(1) 犬を飼う前にしなければならないことは何ですか。

(　　　　　　　　　　　　　　　　　　　　　　　　　　　　　　)

(2) 散歩のとき、ひもでむすばないと、危険なことは何ですか。

(　　　　　　　　　　　　　　　　　　　　　　　　　　　　　　)

(3) ゴールデンレトリバーは、どんな犬が飼いたい人に合っていますか。

(　　　　　　　　　　　　　　　　　　　　　　　　　　　　)

(4) ペットを飼うとき、注意することは何だと思いますか。

「と・ば・たら・なら」をつかって、２つ書きなさい。

例)毎日散歩に行く。散歩に行かないと、運動不足で病気になる

(　　　　　　　　　　　　　　　　　　　　　　　　　　　　)

(　　　　　　　　　　　　　　　　　　　　　　　　　　　　)

독 해 문 제 2

「おいしい焼きうどんの作りかた」

材料(2人分)

ゆでうどん…２玉　　豚肉…１００g　　サラダ油…適宜

塩こしょう…適宜　　玉ねぎか長ネギ…1/4個　　キャベツ…1/6玉

にんじん、ピーマン、きのこなどお好みで適宜 ちくわ…１～２本

日本酒(水)…大さじ１～２　　ダシ醤油…小さじ２～3　　ごま油…小さじ２

かつおぶし…適宜

作りかた

1. 豚肉、野菜、ちくわは食べやすい大きさに切っておく。

　(豚肉は、酒・塩こしょうで軽く下味をつけておくと、もっとおいしくなる。)

2. フライパンに油を入れ、豚肉、野菜、ちくわを炒める。

3. 塩コショウをして、野菜がしんなりしてきたら、うどんを入れる。
水分が少なければ酒を少々ふる。
4. ダシ醤油をまわし入れ、味見をして足りなければ、塩こしょうかダシ醤油で調整し、最後にごま油をまわし入れる。
5. 器に盛り、かつおぶしをかけたら、できあがり。

ポイント

・お好みの野菜をたっぷり入れて下さい。
・ダシ醤油は濃縮めんつゆなどでもいいです。
・ちょっとこってりした味が好きなら、最後にマヨネーズをかけてもおいしいです。

(1) うどんは、いつ入れたらいいですか。

(2) 味がうすかったら、何を入れればいいですか。

(3) 正しいほうに○をしなさい。

① 冬になると、いつも(a. スキーに行きます b. スキーに行きませんか)。
② 急げば、9時の新幹線に(a. 乗れます b. 乗ります。)
③ 駅に(a. 着くと b. 着いたら)連絡してください。
④ あなたが日本に(a. 来たら b. 来ると)、必ず会いましょう。
⑤ 魚は、(a. 新鮮なら b. 新鮮ければ)新鮮なほど、いいです。
⑥ A：焼酎、お好きですか。
B：焼酎はちょっと…。でも(a. ビールなら b. ビールたら)よく飲みます。

14 경어

경어란 말하는 사람이 상대자에게 존경하는 뜻을 나타내는 말로 윗사람을 높여 쓰는 말과 자신을 낮추어 상대적으로 상대자를 높여 존경의 뜻을 표현하는 말이 있다. 일본어의 경어표현은 말하는 사람과 듣는 사람, 그리고 제 3자와의 관계에서 그 서열이 위냐 아래이냐, 혹은 자신이 속해 있는 집단의 사람들 사이에서의 표현이냐 외부사람에 대해 자신이 속해 있는 집단의 사람을 화제로 삼아 표현한 것이냐에 따라 표현방식이 달라진다는 것이 특징이다. 일상에서 자신이 속해 있는 집단의 사람들 사이의 대화에서는 서열에 따라 「課長がおっしゃっています」와 같이 존경어로 표현해야 하지만, 손님이 오셨을 때, 즉 소속집단에 외부사람이 포함되어져 자신의 소속집단의 사람의 행동을 표현해야 할 때는 내부의 서열과는 관계없이 언제나 존경어가 아닌 「課長が申しています」와 같이 겸양어를 사용해야 한다.

◈ 경어의 분류

<table>
<tr><th colspan="2">경어의 종류</th><th>경의의 대상</th><th>경어형</th><th>설 명</th></tr>
<tr><td>1. 尊敬語</td><td>尊敬語</td><td rowspan="2">동작에 관련된 타인</td><td>「いらっしゃる・おっしゃる」형</td><td>행위를 하는 사람을 직접 높여 존경을 취하는 경어표현</td></tr>
<tr><td rowspan="2">2. 謙譲語</td><td>謙譲語I</td><td>「伺う・申し上げる」형</td><td>행위를 하는 사람이 본인을 낮추고 상대를 직접 높이는 경어표현</td></tr>
<tr><td>謙譲語II
(丁重語)</td><td rowspan="2">이야기를 듣고 있는사람</td><td>「参る・申す」형</td><td>상대를 직접 높이는 의미는 없고, 행위를 하는 사람 본인만을 낮추어 듣는 사람에 대한 경의를 나타내는 경어표현</td></tr>
<tr><td rowspan="2">3. 丁寧語</td><td>丁寧語</td><td>「です・ます」형</td><td>정중한 말을 사용하여, 듣는 사람(읽는 사람)을 정중하게 대우하는 경어표현</td></tr>
<tr><td colspan="2">美化語</td><td>「お酒・お料理」형</td><td>말투를 품위 있고 정중하게 하기 위해 사용하는 경어표현</td></tr>
</table>

이와 같이 같은 사람에 대하여, 상대와의 관계에 따라 경어의 사용방법이 달라지는 용법을 상대경어라고 한다. 2007년 2월에 발표된「敬語の指針」에 의하면 일본의 경어는「尊敬語」「謙譲語I」「謙譲語II(丁重語)」「丁寧語」「美化語」의 5종류로 나누어져 있다. 이중「尊敬語」「謙譲語I」는 화제중의 동작(내용)의 주체가 말하는 사람보다는 상위인 것으로 나타내는 것으로 화제중에 등장하는 인물을 높이는 경어이다.또한,「謙譲語II(丁重語)」「丁寧語」는 듣는 사람이 말하는 사람보다 상위인 것을 나타내는 것으로 말하는 사람과 대면하여 듣고 있는 사람으로 높이는 경어이다.

14.1 경어의 종류

14.1.1 존경어(尊敬語)

동작을 하는 사람을 높이며 상대자의 행위, 상대와 관련된 물건, 상태 등을 말하는 사람이 경의를 더해 표현하는 것이다.

◎ 종류

(1) 특정형의 존경동사의 사용 (p. 366 존경어와 겸양어표 참조)

ex) なさる ←「する」의 존경동사
召し上がる ←「食べる・飲む」의 존경동사
いらっしゃる ←「いる・行く・来る」의 존경동사
見える ←「来る」의 존경동사 등

ex) お客さま、おっしゃる意味が分かりかねますが…。
(손님, 말씀하시는 의미를 이해하기 어렵습니다만…)
予約をキャンセルなさる場合は、なるべく前日までにお願いいたします。
(예약을 취소하실 경우는, 가능한 전날까지는 부탁드립니다.)
先生、いつ学校にいらっしゃるんですか。(선생님, 언제 학교에 오세요?)

(2)「れる、られる」의 사용

: 가벼운 존경이기 때문에 친하거나 가까운 사람에게 사용한다.

① 1그룹동사의 경우

: 해당동사의 어미 →「あ」단으로 변경 +「れる」를 접속

ex) 書く → 書か ＋ れる

買う → 買わ ＋ れる

押す → 押さ ＋ れる

待つ → 待た ＋ れる

② 2그룹동사의 경우

: 해당동사의 어미「る」제거 +「られる」를 접속

ex) 覚える → 覚え ＋ られる

避ける → 避け ＋ られる

止める → 止め ＋ られる

③ 3그룹동사의 경우

ex) する → される

来る → 来られる

ex) 今読まれている本は何と言う本ですか。

(지금 읽으시는 책은 뭐라고 하는 책입니까?)

木村さんの作られた曲はとてもあたたかい曲が多いです。

(기무라씨가 만드신 곡은 아주 따뜻한 곡들이 많습니다.)

先生は何時に到着されますか。(선생님, 몇 시에 도착하세요?)

(3)「お(ご) + 동사의 ます형(동작성명사) + 보조동사「になる」」의 사용

ex) 聞く → お + 聞き + になる → お聞きになる(들으시다)
読む → お + 読み + になる → お読みになる(읽으시다)
帰る → お + 帰り + になる → お帰りになる(돌아가시다)
話す → お + 話し + になる → お話しになる(말씀하시다)

ex) 先生からお話しになるのはいかがですか。(선생님께서 말씀하시는 것은 어떻습니까?)
お教えになっている科目は文法だけですか。(가르치고 계시는 과목은 문법뿐입니까?)

「お(ご) + 동사의 ます형 + になる」의 형태는 ます형이 1음절인 동사 (ex : くる, いる, 寝る, 見る) 및 3그룹동사 「来る」등은 「お(ご) + 동사의 ます형 + になる」의 형태를 취하기 어려우므로, 특별한 존경어를 사용하거나 「れる・られる」의 형태로 존경표현을 만들어 사용한다. ます형이 1음절인 동사 중, 「出る」만이 예외적으로 「お(ご) + 동사의 ます형 + になる」의 형태로 존경표현을 만들어 쓸 수 있다.

ex) *お見になる → ご覧になる
*お寝になる → お休みになる
*おいになる → いらっしゃる
*お来になる → いらっしゃる, おいでになる

ex)「お出になる」: 외출하시다

한편, 「동작성명사 + する」형태의 3그룹동사의 경우, 「ご参加になる」「ご購入になる」의 형태를 취해 존경표현이 가능한 경우도 있으나 모든 동작성명사가 「お(ご) + 동작성명사 + になる」의 형태로 존경표현을 만들 수 있는 것은 아니므로, 극히 제한적으로 사용된다. 「お(ご) + 동사의 ます형(동작성명사) + 보조동사 「になる」」를 만들어 쓸 수없는 예로 습관상으로 이런 형태의 조합이 익숙하지 않아 사용하지 않는 동사도 있

으므로 주의가 필요하다.

ex) *お死にになる → お亡くなりになる, 亡くなられる (돌아가시다)
*ご失敗になる → 失敗なさる, 失敗される (실패하시다)
*ご運転になる → 運転なさる, 運転される (운전하시다)

또한,「はげる」「ぼける」「(会社が)つぶれる」와 같이 부정적인 뉘앙스를 담고 있는 동사의 경우도「お(ご)+ 동사의ます형 +になる」의 형태로 존경표현을 만들어 쓰지 않는다.

ex) *おはげになる ・ *おぼけになる

이는, 이들 동사가 높여야 할 상대, 즉 윗사람의 결점 및 부정적인 요소를 화제로 올려야 하는 상황을 만들기 때문으로, 예의상 이러한 형태의 존경표현을 사용하지 않는 것이다.

(4)「お(ご) ＋ 동사의ます형(동작성명사) ＋ 보조동사「くださる・ください」」의 사용

ex) 書く → お＋書き＋くださる・ください → お書きくださる・お書きください (쓰시다 / 쓰세요)
考える → お＋考え＋くださる・ください → お考えくださる・お考えください (생각하시다 / 생각하세요)
呼ぶ → お＋呼び＋くださる・ください → お呼びくださる・お呼びください (부르시다 / 불러주세요)
許す → お＋許し＋くださる・ください → お許しくださる・お許しください (허락해 주시다 / 허락해 주세요)

ex) 環境問題についての自分の考えをお書きください。
(환경문제에 대한 자신의 생각을 적으십시오.)
食券は券売機でお求めください。(식권은 자판기에서 구입해 주십시오.)

「お(ご) + 동사의 ます형(동작성명사) + くださる・ください」는 정중한 의뢰나 권유를 나타내며, 「~てください(ex. 数えてください)」보다 정중한 표현이다. 또한, 「お(ご) + 동사의 ます형 + になる」와 「てください」를 붙여 「お(ご) + 동사의 ます형 + になってください」의 형태로 쓰이기도 하지만, 「になって」가 생략된 「お + 동사의 ます형(동작성명사) + ください」의 형태로 많이 사용된다.

ex) 受付でお聞きになってください。(접수처에서 문의해주십시오.)
→ 受付でお聞きください。
では、ゆっくりお休みになってください。 (그러면, 편히 쉬십시오.)
→ では、ゆっくりお休みください。

3그룹동사가 「お(ご) + 동사의 ます형(동작성명사) + くださる・ください」의 형태를 취할 때 대부분 「ご + 동작성명사 + くださる・ください」가 된다.

ex) ご支援くださった方々に感謝の気持ちを伝えたいです。
(지원해주신 분들께 감사의 마음을 전하고 싶습니다.)
お帰りになるときはご連絡下さい。(돌아가실 때 연락주세요.)

(5) 「お(ご) + 동사의 ます형(동작성명사) + です」의 사용

ex) 過ごす → お + 過ごし + です → お過ごしです (지내십니다)
使う → お + 使い + です → お使いです (사용하십니다)
勤める → お + 勤め + です → お勤めです (근무하십니다)

ex) 店内で召し上がりますか、それともお持ち帰りですか。
(점포 내에서 드시겠습니까, 아니면 가지고 가시겠습니까.)
どちらへお出かけですか。(어디에 외출하십니까?)
お客様がお待ちです。(손님이 기다리고 계십니다.)
3連休、皆さんいかがお過ごしですか。(3일 연휴, 여러분은 어떻게 보내고 계십니까?)

「お(ご) + 동사의 ます형(동작성명사) + です」의 형태의 경우, 「お(ご) + 동사의 ます형(동작성명사) + 보조동사 「になる」」의 형태에 비해 제한적으로 사용되는 특징이 있다. 따라서 몇 몇 동사에 한해 관용적으로 쓰이며, 주로 현재의 상태 및 상황, 혹은 미래의 상태 및 앞으로의 예정 등을 나타내야 할 때 사용된다.

또한, 「お(ご) + 동사의 ます형 + になる」의 형태와 같이 ます형이 1음절인 동사 (예 : くる, いる, 寝る, 見る) 「お(ご) + 동사의 ます형(동작성명사) + です」의 형태를 취하기 어렵다. 3그룹동사도 「お(ご) + 동작성명사 + です」 의 형태를 취해 존경표현으로 만들어 사용하는 경우는 흔치 않다.

(6) 「お(ご) + 동사의 ます형(동작성명사) + なさる」의 사용

ex) 読む → お + 読み + なさる → お読みなさる (읽으시다)
休む → お + 休み + なさる → お休みなさる (쉬시다)
帰る → お + 帰り + なさる → お帰りなさる (돌아가시다)
話す → お + 話し + なさる → お話しなさる (말씀하시다)

「お(ご) + 동사의 ます형(동작성명사) + なさる」의 형태는 옛스러운 느낌이 들지만, 「お帰りなさい」「お休みなさい」등의 형태로 자주 사용된다. 3그룹 さ행불규칙동사의 경우는 「ご + 동작성명사 + なさる」를 사용하는 것이 일반적이다.

ex) いつも堅い文章をお書きなさるので、お目にかかるのはちょっと怖かった。
(언제나 딱딱한 문장을 쓰시기 때문에, 뵈면 조금 무서웠다.)
先生は今年、ご結婚なさるそうだ。(선생님은 올해 결혼하신다고 한다.)
今、ご執筆なさっている本はありますか。(지금 쓰고 계신 책은 있으십니까?)

TIP 3그룹동사는 「お(ご) + 동사의ます형(동작성명사) + 보조동사」형식에서, 대부분 접두어 「ご」가 붙어 사용된다. 또한, 동작성명사만을 형식에 넣어 존경이나 겸양표현을 나타내어 「ご + 동작성명사 + 보조동사」의 형태가 많다.

「ご利用になる」「ご訪問なさる」「ご報告する」「ご連絡いたす」등

(7) い형용사와 な형용사 등의 존경어

い형용사와 な형용사의 경우는, 단어에 따라서 「お忙しい」「ご立派」와 같이 「お, ご」를 붙여서 존경어를 만들 수 있다. 또한, 「〜くていらっしゃる」「〜でいらっしゃる」의 형태로 존경으로 사용할 수 있다. 「お, ご」가 붙을 수 있는 단어는 「〜くていらっしゃる」「〜でいらっしゃる」와 병용해서 사용할 수 있다.

ex) 先生はお忙しくていらっしゃるの。(선생님은 바쁘셔.)

(8) 해당 명사나 표현의 앞, 뒤에 「お」나 「ご」, 「おん」또는 「さま(様)」「さん」「殿(どの)」「方」나 직함 등을 붙여 사용

ex) お元気(건강), お名前(성함), お便り(편지), お気持ち(기분), お仕事(직업), お話(말씀),

ご利用(이용), ご意見(의견), 御礼(おんれい)(사례), 中田様(다나카님), 鈴木さん(스즈키씨),

石川殿(이시가와님), 親御(おやご)さん(부모님), 広田先生(히로다선생님), お医者さん(의사선생님),

お子様(자제분)

ex) ご自宅で好きな時にいつでもできるお仕事です。

(댁에서 좋으실 때 언제라도 가능한 일입니다.)

今後ともご指導ご鞭撻の程、どうぞよろしくお願いいたします。

(앞으로도 지도 편달, 잘 부탁드립니다.)

(9) 단어자체에 존경의 의미를 포함한 명사의 사용

ex) 貴社(きしゃ)・御社(おんしゃ)(귀사), 貴殿(きでん)(귀하), 高見(こうけん)(귀한의견), 令息(れいそく)(아드님)

ex) 貴社のお役に立てることを願っています。(귀사에 도움이 될 것을 기원합니다.)

この件につき市長の御高見を求めます。(이 건에 대해 시장님의 고견을 구합니다.)

14.1.2 겸양어 I (謙譲語 I)

본인이 상대측 혹은 제 3자를 대상으로 행한 행위, 사태에 있어 행위의 대상이 되는 상대 및 제 3자를 높이고, 본인은 낮추는 형식의 경어표현이다.

「先生、かばんお持ちします。」의 경우 행위의 대상이 되는 인물은 선생님이며, 「先生のところに伺いたいんですが・・・」의 경우 역시 행위의 대상이 되는 인물은 선생님이다. 따라서, 주어인 본인은 낮추면서 행위의 대상이 되는 선생님을 높이기 위해 각각 겸양어 I 에 해당하는, 「お持ちする」와, 「伺う」가 사용되고 있다.

또한 다음의 예처럼 제 3자(田中くん, 鈴木くん)가 주어가 되는 경우라면 아래의 두 가지 조건을 만족한다면 겸양어 I 을 사용할 수 있다.

① 제 3자인 주어가 하는 행위가 높여야 할 인물을 대상으로 하는 행위일 것.
② 해당주어와 행위의 대상이 되는 인물을 비교했을 때, 해당주어를 특별히 높이지 않아도 실례가 되지 않는 경우일 것.

ex) 田中くんが先生のところに伺ったそうですね。

(다나카군은 선생님을 찾아뵈었다고 하네요.)

鈴木くんは先生のところに伺ったことがありますか。

(스즈키군은 선생님을 찾아뵌 적이 있습니까?)

→ 주어 : 田中くん、鈴木くん < 행위의 대상 : 先生

주의) 아래의 예처럼 행위의 대상이 되는 인물이 身内에 해당하는 경우, 겸양어 I 을 사용할 수 없다. 겸양어 I 은 주어를 낮추고 행위의 대상이 되는 인물을 높여야 하는 상황에서 사용되는 특징이 있으나, 身内는 높여야 할 대상이 아니므로 겸양어 I 을 사용해서는 안 되는 것이다.

ex) ＊私は昨日父のところに伺いました。(나는 어제 우리 아버지를 찾아뵈었습니다.)

＊鈴木くんは父のところに伺ったそうです。(스즈키군은 우리 아버지를 찾아뵈었다고 합니다.)

→ 주어 : 私、鈴木くん < 행위의 대상 : 私の父

또한, 겸양어 I 은 주어를 낮추고 행위의 대상이 되는 인물을 높여야 하는 상황에서 사용되는 특징이 있는 만큼, 행위의 대상보다 주어를 높여야 하는 상황에서는 겸양어 I 을 사용할 수 없다.

ex) ＊昨日先生が鈴木君のところに伺いました。

(어제 선생님께서 스즈키군을 찾아뵈었습니다.)

＊昨日先生が私の父のところに伺いました。

(어제 선생님께서 우리 아버지를 찾아뵈었습니다.)

→ 주어 : 先生 > 행위의 대상 : 鈴木君, 私の父

◎ **종류**

(1) 특정형의 겸양동사의 사용 (p. 366 존경어와 겸양어표 참조)

ex) 申し上げる ←「言う」의 겸양동사

存じ上げる ←「知る」의 겸양동사

伺う ←「訪ねる, 尋ねる, 聞く」의 겸양동사

お目にかかる ←「会う」의 겸양동사

お目にかける・ご覧に入れる ←「見せる」의 겸양동사

拝見する ←「見る」의 겸양동사 등

ex) 最近はヨン様のブログを拝見するのが楽しみになっています。

(최근에 욘사마의 블로그 보는 것이 즐거움이 되었습니다.)

改めて深く感謝申し上げる次第でございます。(다시 한 번 깊이 감사를 드립니다.)

(2)「お(ご) + 동사의 ます형(동작성명사) + 보조동사「する・申し上げる」」의 사용

ex) 持つ → お + 持ち + する → お持ちする (들다)

借りる → お + 借り + する → お借りする (빌리다)

運ぶ → お + 運び + する → お運びする (옮기다)

ex) 私から彼にお届けします。(제가 그에게 전달하겠습니다.)

よろしくお願いします。(잘 부탁드립니다.)

よくお受けする質問。(잘 받는 질문.)

일반적으로, 동사가 순수한 일본어동사(和語)인 경우는「お誘いする」처럼「お + 동사의 ます형(동작성명사) + する」의 형태를 사용하고, 3그룹동사는 접두어「ご」와 동작성 명사만을 형식에 넣어「ご説明する」처럼「ご～する」의 형태로 사용된다. 또한, ます형이 1음절인 동사 (예： 来る, いる, 寝る, 見る) 의 경우는「お(ご) + 동사의 ます형(동작성명사) + する」의 형태를 취하기 어렵다.

ex) その件についてもう少しご説明します。(그 건에 관해서 조금 더 설명하겠습니다.)

では、この調査の結果をご報告します。(그러면, 이 검사의 결과를 보고하겠습니다.)

ex) *お見する → 拝見する

*お寝する → お休みする

TIP 「御利用される」「御説明される」의 형태가 많이 사용되고 있으나, 이것은 규범적으로는 바른 경어로는 보지 않는다. 「御利用される」는「御利用＋される」로 인식되어져 잘못 사용되어 진 것으로, 「御利用される」의 「御……さ」부분이 「ご……する」라고 하는 겸양어Ⅰ의 형태로 여기에 「れる」라는 존경어로 붙어<겸양어Ⅰ＋존경어>의 조합으로 즉 「御利用する＋れる」의 형태이다. 「御利用される」의 바른 표현은 「利用される · 利用なさる · 御利用になる · 御利用なさる」등이 적절한 형태라고 말할 수 있다.

(3)「お(ご) ＋ 동사의ます형(동작성명사) ＋ 보조동사「いただく」」의 형태

겸양어Ⅰ의 기본적인 역할에 더해 화자가 상대방의 행위로 인해 이익을 받게 되어 고맙다는 의미도 겸해서 나타낸다.

ex) 教える　→(お)＋教え＋いただく (가르쳐 주시다)
試す　→ (お)＋試し＋いただく (시험삼아 써보다)
利用する →(ご)＋利用＋いただく (이용해 주시다)

ex) 安心してお使いいただくための注意事項。(안심하고 쓰시기 위한 주의사항)
お集まりいただきまして、まことにありがとうございます。(모여 주셔서 정말 감사드립니다.)

일반적으로, 동사가 순수한 일본어동사(和語)인 경우는「お読みいただく」처럼「お ＋ 동사의ます형(동작성명사) ＋ いただく」의 형태를 사용하고, 3그룹동사는 접두어「ご」와 동작성 명사만을 형식에 넣어「ご指導いただく」처럼「ご～いただく」의 형태로 사용된다.

(4) 해당 명사나 표현의 앞, 뒤에「お」나「ご」등을 붙여 사용

ex) お手紙, ご意見, ご質問, ご相談, ご連絡, ご説明

존경어처럼 겸양어Ⅰ에도「お」나「ご」등을 붙여 사용하지만, 사용하는 방법에 따라 존경어인지 겸양어Ⅰ인지 구별이 된다. 내가 주체가 되어 「(先生への)お手紙」「(先生への)ご説明」와 같은 경우는 겸양어로 사용된 것이다. (14.2「お」와「ご」의 사용참조)

ex) 私がご説明します。(제가 설명하겠습니다.)
ご連絡は自宅と会社ととちらがよろしいですか。
(연락은 자택과 회사 중 어느 쪽이 괜찮으십니까?.)

14.1.3 겸양어Ⅱ(丁重語)

자신이 하는 행위나 자신이 주체가 되는 사항 등을, 대화 및 문장의 상대에 대해 낮춰 표현함으로서 정중함을 나타내는 형식의 경어표현이다.

「내일 해외로 갑니다」라는 표현의 술어로 「行く」대신 겸양어Ⅱ인 「参る」를 쓰게 되면 말을 듣는 상대에 대해 본인의 행위를 낮추게 되어 정중한 표현을 만들 수 있게 된다. 즉, 겸양어Ⅱ는 주어의 행위를 낮춰 정중한 효과를 나타내는 특징이 있으므로, 주어로는 높여야 할 인물이 사용되어서는 부적절하다.

ex) *(あなたは)とちらから参りましたか。(당신은 어디에서 왔습니까?)
*先生は来週海外へ参ります。(선생님은 다음 주 해외로 갑니다.)

그러나, 겸양어Ⅱ는 높이지 않아도 실례가 되지 않는 제3자와 사물이 주어로 위치하는 경우라면 사용할 수 있다.

ex) 向うから子供たちが大勢参りました。(건너편에서 많은 아이들이 왔습니다.)
あ、バスが参りました。(아, 버스가 왔습니다.)
夜も更けて参りました。 (밤이 깊었습니다.)

또한, 주어의 행위를 낮추고 행위의 대상을 높이는 효과가 있는 겸양어 I 과는 달리, 겸양어II는 주어의 행위만을 낮추는 효과가 있으므로, 아래와 같이 행위의 대상이 身内인 경우라도 사용될 수 있다.

ex) 昨日、父を案内いたしました。(어제 저희 아버지를 안내했습니다.)

(1) 특정형의 겸양동사의 사용 (p. 366 존경어와 겸양어표 참조)

ex) 参る ←「行く，来る」의 겸양동사
申す ←「言う」의 겸양동사
いたす ←「する」의 겸양동사
おる ←「いる」의 겸양동사 등

ex) 私は山田太郎と申します。 (나는 야마다 타로라고 합니다.)
今は、雨が降っております。 (지금 비가 내리고 있습니다.)
昨日、先生のお宅に参りました。(어제, 선생님댁에 갔습니다.)

(2)「3그룹동사의 동작성명사부분 + 보조동사「いたす」」의 사용

3그룹동사에서「～する」를 뺀 동작성명사부분에,「～する」의 겸양의 특별동사형인「いたす」를 접목시켜 사용하는 형태이다.

ex) 確認する → 確認 + いたす → 確認いたす (확인하다)
利用する → 利用 + いたす → 利用いたす (이용하다)

ex) 私が道を案内いたします。(제가 길을 안내하겠습니다.)
私が運転いたします。(제가 운전하겠습니다.)

TIP 「敬語の指針」에서는 겸양어를 두 종류로 나누고 있는데, 겸양어Ⅰ은 향하는 곳(向かう先)에 대한 경어이고, 겸양어Ⅱ는 상대에 대한 경어로 성질이 다르다. 겸양어Ⅰ의 향하는 곳(向かう先)이란 높이는 것에 걸맞는 대상으로 그 대상이 있는 경우에만 사용한다.

「先生のところに伺います。」「＊弟のところに伺います。」
「昨日先生の研究室に伺った。」「＊昨日図書館に伺った。」

겸양어Ⅱ는 상대에 대한 경어이기 때문에 경어가 향하는 곳에 높임에 걸맞는 상대의 유무에 관계없이 사용할 수 있다.

「先生のところに参ります。」
「弟のところに参ります。」

어느 쪽도 사용할 수 있는 경우, 경어로서의 쓰임에 차이에 대해 생각하면 아래의 두 문장을 비교했을 때 ①은 높여야할 인물에 대한 경어인 것에 대해, ②는 청자에 대한 경어인 것에 주의하자. 즉, 선생님 이외의 사람에 대해 이들 문장을 이야기할 경우, ②쪽이 선생님이 아닌 상대에 대해 경어로서 역할을 하게 된다. 선생님에 대해 이들 문장을 사용했을 때는 선생님 = 상대의 관계가 성립되어 결과적으로는 어느 쪽의 문도 같이 역할을 하게 된다. 이런 경우는 사실상 겸양어Ⅰ과 겸양어Ⅱ가 닮은 것처럼 보이는 것은 이런 이유 때문이다.

「① 先生のところに伺います。」
「② 先生のところに参ります。」
「先日は仕事で東京に ＊参りました / 伺いました。」

또한 동작을 받는 사람이 존재하지 않는 경우는 겸양어전용의 「伺う · 申し上げる」 사용 불가능하게 되며 겸양어Ⅰ은 「ます」를 동반하지 않고 사용하여 선생님이외의 사람에게 이야기할 경우가 있다. 그러나, 겸양어Ⅱ는 일반적으로 「ます」를 동반하여 사용한다.

「私は山本太郎と 申します / ＊申し上げます。」
「皆様にお礼を 申します / 申し上げます。」
「明日先生のところに伺う(よ)。」
「＊明日先生のところに参る(よ)。」

(3) 단어자체에 겸양의 의미를 포함한 명사의 사용

ex) 管見(かんけん)(좁은 식견), 弊社(へいしゃ)(저희 회사), 拙著(せっちょ)(졸저)

ex) 日本経済新聞に弊社関連記事が掲載されました。

(일본경제신문에 저희회사 관련기사가 게재되었습니다.)

この種の分析は管見のかぎり類例がないと思う。

(이런 종류의 분석은 좁은 식견으로 판단한다면 유례가 없다고 생각된다.)

TIP 그 외의 겸양표현

◎「동사의 ない형(동작성명사) + (さ)せていただく」

상대방에게 허락을 구하는 표현인「(さ)せる」에 「~해 받다」의 의미의 「~ていただく」가 접속된 형태로, 어떤 행동을 상대의 허락을 얻어 행하겠다란 의미를 지니게 되므로, 자신의 행동을 낮춰 나타내는 겸양표현으로 사용되게 되었다.

ex) 帰る → 帰ら + せていただく → 帰らせていただく(돌아가다)

歌う → 歌わ + せていただく → 歌わせていただく(노래부르다)

用意する → 用意 + させていただく → 用意させていただく(준비하다)

ex) 本日司会をつとめさせていただく山田一郎と申します。

(오늘, 사회를 맡은 야마다이치로라고합니다.)

成績のことで、相談させていただきました田中です。

(성적 건으로 상담을 했던 다나카입니다.)

◈ 존경어와 겸양어의 특별동사

존경어	보통어	겸양어
なさる	する	いたす
	ある	ござる
いらっしゃる・おいでになる	いる	おる
おっしゃる	言う	申し上げる・申す
いらっしゃる・おいでになる	行く	参(まい)る, 伺(うかが)う
いらっしゃる・おいでになる 見える・お見えになる お越しになる	来る	参る・伺う
ご覧(らん)になる	見る	拝見(はいけん)する
召しあがる お上がりになる	食べる・飲む	いただく
お越しになる	訪(たず)ねる	伺(うかが)う, お邪魔する
ご存じだ	知る	存じる
召す・お召しになる	着る・はく	
お休みになる	寝る	
	見せる	お目にかける ご覧(らん)に入れる
	聞く	拝聴(はいちょう)する, 伺(うかが)う, 承(うけたまわ)る
	聞かせる	お耳に入れる
	読む	拝読(はいどく)する
	会う	お目にかかる
	思う	存じる
	借りる	拝借(はいしゃく)する
	わかる	承知(しょうち)する かしこまる

(밑줄이 있는 겸양어는 주로 겸양어Ⅱ로 사용된다.)

14.1.4 정중어(丁寧語)

말과 문장의 상대에 대해서 자신의 정중한 뜻을 표현하는 말로,「です，ます，ございます」등을 붙여 정중어를 만든다.

ex) 個人的に不要になったものを譲ります。(개인적으로 불필요하게 된 것을 양도합니다.)
たいへんおいしゅうございます。(아주 맛있습니다.)

겸양어Ⅱ와 정중어(丁寧語)와의 차이는, 겸양어Ⅱ는 기본적으로 자신 측의 것을 서술할 때 사용하고, 특히 상대의 행위와 높여야 할 인물의 행위에 대해서는 사용하지 못하는 데 비해(*先生は来週海外へ参ります), 정중어(丁寧語)의 경우, 자신 측에 대한 서술에 국한되지 않고, 널리 여러 가지 내용을 서술할 때에 사용될 수 있다. 또한 겸양어Ⅱ는 정중어(丁寧語)보다도 더 정중한 표현을 만들 수 있다.

ex) ① 先生がおっしゃっていたから、私は黙ってお聞きしたよ。
(선생님께서 말씀하셔서, 나는 조용히 들었어.)
② 先生がおっしゃっていたから、私は黙ってお聞きしましたよ。
(선생님께서 말씀하셔서, 나는 조용히 들었습니다.)

①은 화제의 인물에 대한 경의만을 나타내는 것에 대해, ②는 문말에 정중어「ます」를 사용함으로서 동시에 듣는 사람에 대한 경의도 표현되어져 있다.

한편, 정중어(丁寧語)중「~(で)ございます」는, 겸양어Ⅱ와 같은 정도의 정중한 표현이다.

ex) ワイン売り場は地下1階です。(와인을 파는 곳은 지하 1층입니다.)
→ワイン売り場は地下1階でございます。(와인을 파는 곳은 지하 1층입니다.)

단, 정중어로는 상대를 직접 높이는 역할은 하지 않는다. 그렇기 때문에「○○さんで

ございますか？」라고 표현할 경우는,「○○さんでいらっしゃいますか？」라고 하는 존경어를 사용하는 편이 경의를 전달하기 쉬워진다.

14.1.5 미화어

누군가에게 경의를 나타내는 것이 아니라 물건이나 상황의 말투를 품위 있게 미화해서 나타내고자 하는 표현으로 경의의 뜻은 소멸된 것이다.

ex) お茶, お酒, お料理, お弁当, お米, お菓子, お土産, お天気ご飯, ごちそう 등

14.2「お」와「ご」의 사용

접두어「御」는「お, ご, おん, み」로 읽히며「존경, 겸양, 미화, 신성, 절대」등을 나타낸다.「お」는 주로 화어(和語)에,「ご」는 주로 한어에 붙어서 사용하는 것을 원칙으로 하는데 한어라고 하더라도 일상적으로 잘 사용이 되는 것에는「お」를 붙이거나 화어(和語)라고 하더라도 정중한 문맥에서는「ご」를 붙이는 경우도 있다.

또한 앞서 설명한 것처럼 사용된 상황에 따라서 존경어로도 겸양어로도 사용된다.「先生がお電話をくださった / 先生からのご連絡」등은 전화나 연락을 준 상대를 높여 존경어의 의미로서의「お」「ご」가 되며「先生にお電話を差し上げた / ご連絡をする」등은 행위가 향하는 곳의 상대를 높여, 겸양어의「お」「ご」가 된다.

(1) お

형태는 한자어를 취하고 있지만 일본에서 만들어진 한자로 일본에서만 통용되는 단어인 화어(和語)에 주로 붙어서 쓰인다.

ex) お名前, お忙しい, お元気(존경어)

お手紙 (높여야 할 인물로부터의 편지인 경우는 존경어, 높여야 할 인물에의 편지인 경우는 겸양어)

お酒(미화어)

お金, お言葉, お見事, お楽しみ, お味噌汁 등

cf) 한어이면서「お」를 붙이는 단어

ex) お時間, お世話, お料理, お菓子, お弁当, お約束, お立場, お洋服 등

(2) ご

중국에서 만들어진 말로 중국, 한국, 일본 등에서 같은 뜻으로 공통적으로 사용되는 한어에 주로 붙어 사용된다.

ex) ご住所, ご立派(존경어)

ご説明(높여야 할 인물로부터의 편지인 경우는 존경어, 높여야 할 인물에의 편지인 경우는 겸양어)

ご祝儀(미화어)

ご滞在, ご記入, ご意見, ご連絡, ご予約, ご家庭, ご理解, ご両親, ご希望 등

cf) 화어(和語)이면서「ご」를 붙이는 단어

ex) ごゆっくり, ご存知, ご機嫌, ご馳走, ご挨拶, ご遠慮, ご心配, ご苦労, ご不要 등

또한,「お返事 , ご返事」「お通知, ご通知」등과 같이 양쪽 모두가 사용되는 말도 있다.

(3) おん, み

절대적이고 신성한 존재인 국왕이나 신, 부처 등에게 붙인다

ex) 御中(おんちゅう), 御曹司(おんぞうし), 御子(みこ), 御神(みかみ), 御酒(みき) 등

cf) 접두어「お, ご」의 경우「お」와 「ご」로 시작하는 단어, 외래어, 신체어, 자연 현상, 공공건물, 부정적인 뜻의 단어나 긴 말에는 붙지 않는 것이 원칙적이다.

(*) おごちそう, お奥様 , おコーヒー, おビール, おティッシュ,お毛, お地震, お学校, お応接室, お市役所, ご離婚, ご万引き, お火事, おほうれんそう,

14.3 경어사용상의 일반적인 주의사항

① 한 단어에 대해서 같은 종류의 경어를 이중으로 붙여서 사용하는 것(「読む」→「お読みになる」→「お読みになられる」(お～になる + られる))을 이중경어라고 하는데, 이중경어는 일반적으로 적절하지 않다고 판단한다. 그렇지만, 아래의 예처럼 단어에 따라서는 습관적으로 쓰여 정착된 것도 있다.

ex) 존경어 : お召し上がりになる(「食べる」→「召し上がる」+「お～になる」)
お召し上がりください。
お見えになる(「来る」→「見える」+「お～になる」)
겸양어 I : お伺いする(「聞く」→「伺う」+「お～する」)
お伺いいたす, お伺い申し上げる

cf) 그 외의 이중경어의 예

(×)「社長がお見えになられました。」→ (○)「社長がお見えになりました。」
→ (○)「社長がいらっしゃいました。」
(×)「何時頃お戻りになられますか。」→ (○)「何時頃お戻りになりますか。」
→ (○)「何時頃戻られますか。」

TIP 이중경어를 방지하기 위해서는 「お」를 붙이면 「れる(られる)」는 사용하지 않는다. 또한 「れる(られる)」는 존경이외에 가능과 수동의 의미도 있기 때문에, 오해의 소지가 생길 가능성이 있는 경우, 존경의 의미로는 가능한 사용을 피하고 다른 표현으로 사용하는 것이 무난하다.

ex) 見られる → ご覧になる
受け取られる → お受け取りになる 등

② 두 개 이상의 단어를 각각 경어로 해서 접속조사 「て」로 연결시킨 경우
(「読む」→「お読みになる」(존경) + 「いる」→「いらっしゃる」(존경)
:「読んでいる」→「お読みになっていらっしゃる」(존경)
이는 이중경어에 해당하지 않고 경어연결로 부른다.

ex) お読みになってくださる
(「読んでくれる」의 「読む」「くれる」을 각각 존경어로 한 것.)
お読みになっていただく
(「読んでもらう」의 「読む」을 존경어로, 「もらう」을 겸양어 I 로 한 것. 존경어와 겸양어 I 의 연결이지만, 높이는 대상이 일치하기 때문에 허용된다.)
御案内してさしあげる
(「案内してあげる」의 「案内する」「あげる」을 각각 따로 겸양어 I 로 한 것)
cf) 부적절한 경어연결의 예
ex) * 先生は私の家に伺ってくださった。
* 先生は私を御案内してくださった。
→ 「伺う」「御案内する」는 선생님이 나를 높이는 표현이 되고, 「くださる」는 선생님을 높이는 표현이 되기 때문에 문장이 맞지 않다.

단, 아래의 예 「伺ってくださる」와 「伺っていただく」는 모두 맞게 사용되고 있는 경우이다.

ex1) 田中さんが先生のところに伺ってくださいました。

(다나카씨가 선생님 계신 곳을 찾아가 뵈어 주셨습니다.)

ex2) 田中さんに先生のところに伺っていただきました。

(다나카씨가 선생님 계신 곳을 찾아가 뵈어 주셨습니다.)

ex1)의 주어는 다나카씨로, 「伺う」라는 행위의 대상이 되는 것은 선생님이다. 행위의 대상이 되는 선생님이 높여야 할 인물이고, 또한 주어가 선생님과 비교했을 때 높이지 않아도 실례가 되지 않는 인물이라 판단되는 경우, 「伺ってくださる」의 형태 및 「伺っていただく」의 형태가 사용될 수 있다. 한편, 이 경우 「~てくださる」 「~ていただく」의 형태가 사용되어 화자인 내가 다나카씨를 높이고 있는 표현이 되므로, 내가 다나카씨의 일을 서술하고 있는 상황에서 다나카씨에게도 경의를 표하고 있는 문장이라 할 수 있다.

ex3) 鈴木さん、すみませんが、先生のところに伺ってくださいませんか。

(스즈키씨, 죄송하지만, 선생님 계신 곳을 찾아가 뵈어 주시지 않으시겠습니까?)

ex4) 鈴木さん、すみませんが、先生を御案内してくださいませんか。

(스즈키씨, 죄송하지만, 선생님을 안내해 주시지 않으시겠습니까?)

위의 예문 ex3) , ex4) 의 경우 역시, 행위의 대상이 되는 인물이 높여야 할 선생님이며, 주어인 스즈키씨는 선생님과 비교했을 때 높이지 않아도 실례가 되지 않는 인물이다. 때문에 겸양어 「伺う」와 「ご案内する」가 사용될 수 있으며, 단, 화자인 나는 스즈키씨에 대해서는 경의를 표해야 하는 상황이므로 「伺う」와 「ご案内する」에 각각 「~てくださる」가 접속되어 겸양어와 존경어의 조합인 「伺ってくださる」와 「ご案内してくださる」가 사용된 것이라 할 수 있다.

③ 특정형의 존경동사가 존재하는 경우라면 대개 「お + 동사의ます형 + になる」보다는 존경동사의 형태로 사용되기 쉽지만 ,「お飲みになる」처럼 「お+동사의ます형+ になる」 의 형태가 선호되는 경우도 있다.

ex) 何を召し上がりますか。 < 何をお飲みになりますか。

((음료의 경우) 무엇을 드시겠습니까?)

④ 특정형의 겸양동사는「お＋동사의 ます형 ＋ になる」의 형태로 만들어도 존경표현으로 사용할 수 없다.

ex) *お伺いになる *お頂きになる

⑤ 단어자체에 공손의 뜻이 없거나 비속어(한자도)는 경어로 사용하지 않는다.

ex) *おいしいからお食いください。→ おいしいですから、召し上がってください。

⑥ 가족, 회사동료, 상사 등 자기 자신이 속해 있는 쪽의 인물을 타인에게 말할 때는 경어를 붙이지 않는다.

ex) *私のお兄さんは先生です。→ 私の兄は教師です。

⑦ 역사적인 인물이나 유명인에게도 경어를 쓰지 않는다.

ex) * 井上ひさしさんによる、樋口一葉さんについての研究本です。

→ 井上ひさしによる、樋口一葉についての研究本です。

Q&A

Q) 다음의 경어 표현이 바른지 어떤지 생각해 봅시다!

① (자료를 받으러 찾아온 거래처 직원에게) 恐縮ですが、資料は担当の者からいただいてください。

② (내용 확인을 했느냐는 상사의 질문을 받은 후 대답) 先ほど拝見させていただきました。

③ (우리 회사 직원을 찾아온 외부 손님에게) どなたをお呼びしましょうか?

A) 경어 표현이 바른지 어떤지를 생각할 때는 경어의 주체가 누구인지를 생각하면 됩니다.

①의 경우, 자료를 받는 사람은 거래처직원이며, 자료를 주는 사람은 우리 회사의 담당직원입니다. 즉, 주어는 거래처직원이 되며, 우리 회사의 담당직원과 비교하여 거래처직원은 높여야 할 인물임을 알 수 있습니다. 그런데 위 문장에서는 '받다'라는 표현으로 주어를 낮추는 겸양어「いただく」가 쓰이고 있어 잘못된 표현이 됩니다. 즉, 여기서는 '받다'의 존경표현인「お受け取りになってください。」를 써야 맞는 표현이 되는 것이지요.

②의 경우, 주어는 '나'입니다. 내가 하는 행동을 낮추어「見る」의 겸양표현인「拝見する」를 사용한 것에는 문제가 없으나, 여기에 다시 행위의 수익표현인「もらう」의 겸양어「いただく」가 사용되면 이중경어표현이 되어버립니다. 바른 표현으로 고치면「先ほど、拝見しました」가 되겠지요.

③은 외부손님에 대하여, 자신에 가까운 사람, 자신과의 관계에 속해 있는 사람을 어떻게 표현하는가 하는 부분이 관건이 됩니다. 일본어의 경우 외부사람(外の人物)에 대해, 내부사람(内の人物)을 높여서는 안 되는 상대경어의 체계를 취하므로, 우리회사 사람을 높인 표현인「どなた」를 사용해서는 안 됨을 알 수 있습니다. 이때에는「誰をお呼びしましょうか?」가 바른 표현입니다.

연 습 문 제

1. 다음 중 경어 표현이 바른 것을 모두 찾으시오.

(1) ① 部長 、そろそろ行きませんか?

② 部長、そろそろいらっしゃいませんか?

③ 部長 、そろそろ参りませんか?

(2) ① 担当者に伺ってください。

② 担当者にお尋ねください。

(3) ① どうぞ、いただいてください。

② どうぞ、召し上がってください。

③ どうぞ、お召し上がりになってください。

(4) ① 先生、お授業に行かれるのですか?

② 先生、授業に行かれるのですか?

(5) ① 木村さんでいらっしゃいますか?

② 木村さんでございますか?

(6) ① お立ちになられる。

② お召し上がり下さい。

(7) ① ゴルフをなされるそうですね。

② ゴルフをなさるそうですね。

③ ゴルフをされるそうですね。

(8) ① 会見をご希望になられています。

② 会見を希望されています。

(9) ① 持参してください。

② お持ちください。

2. 다음 해석에 맞게 괄호 안에 들어갈 적당한 말을 쓰시오.

(1) 선생님을 만나뵙는 것을 즐거운 마음으로 기다리고 있겠습니다.

⇒ 先生に (　　　　　　　　　　)のを楽しみにしております。

(2) 부모님은 저번주부터 일본에 가셨습니다.

⇒ 両親は先週から日本へ行って(　　　　　　　　　　)。

3. 다음 경어 표현 중 보다 적당한 것은 어느 것입니까?

(1) 상사에게 어떤 음료를 마시고 싶은지 질문할 경우

① 部長は、何をお飲みになりたいですか。

② 部長は、何をお召し上がりになりますか。

(2) 상사가 일을 마치고 귀가하려고 할 때 당신은 어떻게 인사합니까?

① お疲れ様でした。

② ご苦労様でした。

(3) 경어의 사용방법이 적절한 문은 어느 것입니까? ＜가게 점원이 손님에게＞

① バーゲン期間中なので大変お求めしやすい価格になっております。

② バーゲン期間中なので大変お求めやすい価格になっております。

③ バーゲン期間中なので大変お求めになりやすい価格になっております。

4. 전화를 건 사람은 담인 선생님인 木村선생님이고 전화를 받은 사람은 중학교 3학년인 真一이다. 다음 대화의 밑줄 친 부분을 적당한 표현을 고치시오.

木村先生　：「もしもし，山田さんのお宅ですか。」

真一君　　：「はい，そうです。」

木村先生　：「ああ，真一君だね。お母さんはおりますか。」

真一君　　：「お母さんは，いま出かけています。」

木村先生　：「そうですか。」

真一君　　：「遅くても夕方の7時ころには、帰るとおっしゃっていました。」

木村先生　：「では，8時ごろ，もう一度電話します。」

真一君　　：「わかりました。では，失礼します。」

(1) おりますか　⇒ (　　　　　　　　　　　　　　　　)

(2) お母さん　⇒ (　　　　　　　　　　　　　　　　)

(3) おっしゃっていました　⇒ (　　　　　　　　　　　　　　　　)

5. 다음 문장을 한국어로 옮기시오.

(1) その件なら存じております。

⇒ ____

(2) お客様を騙すなんて、とんでもないことでございます。

⇒ ____________________

(3) 私の一存では決めかねますので、上司と相談いたします。

⇒ ____________________

(4) 恐縮ですが、資料は担当のものからお受け取りください。

⇒ ____________________

(5) 部長、社長から内線がありまして、今すぐ社長室へ来るようおっしゃっていました。

⇒ ____________________

6. 다음 문장을 일본어로 옮기시오.

(1) 선생님, 내일 몇 시에 학교에 오십니까?

⇒ ____________________

(2) 저쪽 안내에서 물어 봐 주십시오.

⇒ ____________________

(3) 죄송합니다만, 야마다는 지금 외출중입니다.

⇒ ____________________

(4) 아침 뉴스 보셨습니까?

⇒ ____________________

(5) 이 자료입니다만, 부장님은 아시겠습니까?

⇒ ____________________

독 해 문 제 1

「初めてのアルバイト」

最近、アルバイトを始めました。仕事はレストランのウエイトレスです。アルバイトは初めてなので、慣れるまで大変でしたが６ヶ月がすぎてやっと慣れてきました。まず、お客様がいらっしゃったら私は、テーブルまでご案内します。そして水とおしぼりをお出ししてからメニューをお見せします。すぐに注文が決まる場合は、その場で注文をお聞きし、すぐに決まらない場合は、少しお待ちしてから注文をうかがいに行きます。初めは、料理の名前を全部覚えられなかったし、お客様に料理について聞かれても全然答えられませんでした。このレストランはにぎやかな繁華街にあるので、週末はとてもいそがしいです。数日前も忙しかったので、いそいでお客さんに水とおしぼりをお出ししようと思ったら、おしぼりを床におとしてしまいました。その上、水がお客さんにかかってしまい、お客さんが怒ってしまいました。そのお客さんは何も召し上がらず、店を出てしまいました。私は、泣きそうになってもうアルバイトを辞めようと思いました。お客様がお帰りになる時は、「ありがとうございました。またお越しください。」と言うのですが、それも言えないほどでした。しかし、それを見ていた他のお客さんが、「大丈夫。だれにでもミスはあるからね」とおっしゃってくださったので、もうちょっとがんばってみようと思いました。この他にも時々ミスはしますが、いい経験になるし友達もできるのでできるだけ長く続けようと思います。

(1) 次の文の中で、尊敬語・謙譲語が間違っているものを全部選びなさい。

( ) 今からＦＡＸをお送りします。

( ) 先生のかばんを持って差し上げます。

( ) お客様がメニューを拝見しています。

( ) いつ、お電話をいたしましょうか。

( ) ＜店員がお客様に＞ お待たせいたしました。すしのセットでございます。どうぞ、いただいてください。

( ) お疲れでしたら、あちらのお部屋でお休みください。

(2) 日本語と韓国語の敬語の使い方の違いは何ですか。

(3) 本文の内容と一致するものを全部選びなさい。

( ) 私がアルバイトを始めて3ヶ月たちました。

( ) お客様の注文がすぐに決まらない場合は、少しお待ちしてからお聞きします。

( ) お客様はみんなやさしい人たちばかりとはかぎりません。

( ) お客様がお帰りになる時のあいさつは「ありがとうございました。また参ります。」です。

( ) 私はアルバイトを始めてからまだ一度もミスをしたことがありません。

독 해 문 제 2

「『敬語の指針』平成19年度文化審議会答申」

平成19年度２月に国語審議会の後身にあたる文化審議会によって『敬語の指針』が作成され、答申された。あまり大きなニュースにはならなかったが、日本語の今後の敬語教育には絶大な影響力を及ぼすものなので、以下、その一部を引用する。

本答申の第２章以降では、敬語を「尊敬語・謙譲語Ⅰ・謙譲語Ⅱ・丁寧語・美化語」の５種類に分けて解説する。(中略)この５種類に分ける考え方は、従来の学校教育等で行われる3種類に分ける考え方と対立するものではない。謙譲語として一括されている語群を「謙譲語Ⅰ」と「謙譲語Ⅱ」の２群に、また丁寧語としてまとめられている語群を「丁寧語」と「美化語」の２群に、それぞれ区分けしたもので、従来の考え方に基づいたものである。このうち「美化語」は、学校教育において既に取り上げられている区分でもある。

ここで目新しいことといえば、謙譲語が「謙譲語Ⅰ」と「謙譲語Ⅱ」に分けられたことである。「謙譲語Ⅰ」とは、「自分側から相手側又は第三者に向かう行為・ものごとなどについて、その向かう先の人物を立てて述べるもの」であり、「伺う」「申し上げる」「お手紙」などの言葉が該当する。一方、「謙譲語Ⅱ」とは、「自分側の行為・ものごとなどを、話や文章の相手に対して丁重にのべるもの」であり、「参る」「申す」「小社」などが該当する。日本語の敬語に関してではないが、韓国語でもいつの間にかPusanがBusanという表記になっていたのには、韓国政府の国語に対する政策方針の変更が係わっている。

(1) 本文の内容と異なるものを２つ選びなさい。

①(　) 平成19年度に文化審議会によって『敬語の指針』が答申された。

②(　) 答申により、敬語を解説するにあたって「尊敬語」「謙譲語Ⅰ」「謙譲語Ⅱ」「丁寧語」「美化語」という項目が立てられた。

③(　)『敬語の指針』は、従来のように敬語を3種類に分ける考え方と大きく対立するものである。

④(　)「謙譲語Ⅰ」と「謙譲語Ⅱ」との違いは、敬意の向かう先が違うことである。

⑤(　)「美化語」とは、今回の答申によって立てられた新しい概念である。

(2) 以下の単語は「謙譲語Ⅰ」と「謙譲語Ⅱ」のどちらに該当するか選びなさい。

① (謙譲語Ⅰ・謙譲語Ⅱ) お目に掛かる

② (謙譲語Ⅰ・謙譲語Ⅱ) いたす

③ (謙譲語Ⅰ・謙譲語Ⅱ) お届けする

④ (謙譲語Ⅰ・謙譲語Ⅱ) 拙著

⑤ (謙譲語Ⅰ・謙譲語Ⅱ) ご説明

(3) 以下の話題で自由に話しなさい。正しい答えはありません。

① 政府が国語に政策的に介入することは妥当なことだと思いますか。

② 日本語の可能形に「ら抜き言葉」というものがあります。どう考えたらいいですか。

③ PusanがBusanに変わったり、KangnamがGangnamに変わったりしたことをどう思いましたか。

15 부사

부사는 주로 그 문장에서 술어가 되는 동사나 형용사를 수식하는 연용수식어로 어떤 동작이나 성질의 정도 등을 자세히 설명해주거나 화자의 기분을 나타내기도 하는 품사이다. 부사는 일반적으로 정태(情態)부사, 정도(程度)부사, 진술(陳述)부사로 분류된다.

15.1 정태부사

그 동작이 「어떻게」 일어나고 있는지의 모양을 자세히 서술하는 부사이다. 즉, 해당 동사가 나타내고 있는 동작의 상태를 의미적으로 한정하는 부사로서 부사들 중 가장 수가 많다. 「~と」의 형태가 많은데 「と」는 생략이 가능한 것도 많다.

ex) のんびり休む。(편히 쉬다.)
ゆっくり歩く。(천천히 걷다.)
ざあざあ降る。(좍좍 비가 온다)
とっくに来た。(벌써 왔다.)

① 사건이 발생하는 양태를 나타내는 경우

ex) いきなり雨が降り出した。(갑자기 비가 내리기 시작했다.)
次第に空が晴れてきた。(점차 하늘이 개기 시작했다.)

誰かがドアをとんとん(と)叩いた。(누군가가 문을 똑똑 두드렸다.)

空に星がきらきら(と)光っている。(하늘에 별이 반짝반짝 빛나고 있다.)

② 동작주의 심적상태 및 태도를 나타내는 경우

ex) ふと昔のことを思い出した。(문득 옛날 일을 생각해 냈다.)

危機もあったけど、なんとか乗り越えた。(위기도 있었지만 어떻게든 극복했다.)

せっかく手伝いに来たのに、歓迎されなかった。

(모처럼 도와주러 왔는데 환영받지 못했다.)

③ 시간, 양을 나타내는 경우

ex) ここでしばらくお待ちください。(여기서 잠시 기다려 주십시오.)

彼女とはときどき映画を見に行ったりする。(그녀와는 때때로 영화를 보러가기도 한다.)

持っていたお金を全て盗まれてしまった。(가지고 있던 돈을 모두 도둑맞았다.)

一生懸命覚えたのに、10分過ぎたらすっかり忘れてしまった。

(열심히 외웠는데도 10분이 지나니 죄다 잊어버리고 말았다.)

15.2 정도부사

주로 형용사를 수식하며, 동작이나 상태의 정도를 나타낸다.

ex) 友だちとの買い物はとても楽しい。(친구와의 쇼핑은 정말 즐겁다.)

田中君も最近、成績がかなりよくなってきた。(다나카군도 최근 성적이 꽤 좋아지기 시작했다.)

これはたいへんすばらしい成績だ。(이것은 대단히 뛰어난 성적이다.)

もっと安いものはありませんか。(좀 더 싼 것은 없나요?)

상태동사나 시간, 공간, 방향, 수량을 나타내는 명사를 수식하기도 한다.

ex) とても疲れた。(매우 피곤하다.)
あの絵、もっと右の方へ移してください。(저 포스터, 좀 더 오른쪽으로 옮겨 주세요.)
もっと多くの人に見てもらいたかった。 (좀 더 많은 사람이 봐주었으면 했다.)

15.3 진술부사

문 말에 사용될 술어와 호응을 이뤄 사용되는 부사의 형태로 이후에 전개될 내용을 미리 예고하여 유도하는 기능을 한다.

◎ **용례**

① 부정과 호응하는 부사 : けっして、必ずしも、とても、とうてい 등

ex) けっして～ない ：彼はけっして後で後悔するような行動はしない。
(그는 결코 나중에 후회할 법한 행동은 하지 않는다.)

② 의뢰, 명령, 원망(願望)과 호응하는 부사 : ぜひ, どうか, どうぞ, なんとか

ex) ぜひ～ください。: 近くにいらっしゃる際にはぜひ遊びに来てください。
(근처에 오실 때에는 꼭 놀러와 주세요.)

③ 추측, 확언과 호응하는 부사 : たぶん、おそらく、どうも、必ず、確か 등

ex) たぶん～だろう ：今は行かないと言っても、田中さんもたぶん行くだろう。
(지금은 가지 않는다고 해도, 타나카씨도 아마 갈 것이다.)

④ 비유와 호응하는 부사 : まるで、あたかも 등

ex) まるで～みたいだ : このパンは固すぎて、まるで石みたいだ。

(이 빵은 너무 딱딱해서 마치 돌덩어리 같다.)

⑤ 조건, 양보와 호응하는 부사 : もし、かりに、たとえ、いかに 등

ex) もし～なら : もし生まれ変わるのなら、絶対彼女とは結婚しない。

(만약 다시 태어난다면, 절대 그녀와는 결혼하지 않을 것이다.)

Q&A

Q1) 부사가 명사도 수식할 수 있나요?

A1) 부사는 주로 동사나 형용사를 수식하는 연용수식의 역할을 하지만, 부사 중에는 「부사 ＋ の」의 형태로 명사처럼 사용되어 명사를 수식하는 부사도 있습니다. 이러한 부사에 「たくさん、すこし、ほとんど、たっぷり、いつも、たいてい、はじめて、かなり、まあまあ、そうとう」등이 있습니다.

ex) 空港はたくさんの人でにぎやかでした。(공항에는 많은 사람들로 붐볐습니다.)
かなりの長期間の出張でとても疲れている。(꽤나 장기간의 출장으로 매우 피곤하다.)

Q2) 부사도 술어가 될 수 있나요?

A2) 다음과 같이 「～だ」의 형태로 술어 자리에 쓰이는 경우도 있습니다.

ex) A : テストはどうでしたか。(테스트는 어땠습니까?)
B : まあまあでした。(그럭저럭 봤습니다.)

ex) しばらくですね。(오랜만이네요.)
あともう少しだ。頑張れ。(이제 얼마 안 남았어. 힘내.)

심화학습

(1)「せっかく」vs「わざわざ」

① せっかく : 이론적으로는「せっかくA、だからB」「せっかくA、しかしB」와 같은 복문구조속에서 사용되기 쉽다. 이 때의「A」로는 귀중한 기회, 가치 있는 일, 이용해야 하는것, 기대가 담긴 행위 등을 나타내는 표현이 사용되며,「B」에는 그에 관한 결론이나 결과를 서술하는 표현이 사용될 때「せっかく」가 잘 사용된다.

② わざわざ : 의지적인 행위를 나타낼 때 사용되며「せっかく」와는 달리 복문구조는 물론 단문구조에서 사용될 수도 있다.

ex) 外国に住んでる友だちが送ってくれたプレゼントが {せっかく・*わざわざ} あるのに、それを使おうとしない。

→ 위 예문은 복문구조이며,「プレゼントがある」의 경우 의지적인 행위가 아니므로「せっかく」가 자연스럽다.

ex) 外国に住んでる友だちが{*わざわざ・*せっかく}プレゼントを送ってきてくれた。

→ 위 예문은 단문구조이므로「わざわざ」가 자연스럽다.

(2)「とりあえず」vs「いちおう」

① とりあえず : 전체의 사정을 모두 고려할 여유가 충분히 없는 경우, 정해진 시간내의 선택으로서 우선 처음에 해야 할 일이라 판단했을 때 사용된다.

② いちおう : 동작이 행해지는 방법이 형식적・표면적으로 갖춰져 있는 모양을 나타낸다.

ex) 今は晴れているが、{いちおう・*とりあえず}傘を持っていった方がいいと思うよ。

→ 지금은 개어있으므로 우산을 가져가는 것이 필요 없을 수도 있다는 점을 감안했을 때, 우산을 갖고 외출하는 것은 형식적인 상황임을 알 수 있다. 또한 시간의 여유가 없어 정해진 시간 내에 선택을 해야 하는 상황 또한 아니므로「いちおう」가 자연스럽다.

ex) 友だちが倒れたという知らせを聞いて、{とりあえず・*いちおう}病院に急行した。

→ 친구가 쓰러져 병원으로 향한다는 것은, 시간상의 여유가 없어 정해진 시간내에 급히 결정을 내리는 상황이며, 형식적・표면적으로 어떠한 형태를 갖추는 장면을 나타낸다고 볼 수 없으므로「とりあえず」가 자연스럽다.

(3)「かならず」vs「きっと」

①「かならず」만 가능한 경우

누가 보아도 확실한 논리에 따라 어떠한 결과가 얻어질 경우 사용된다.

ex) 朝になれば{かならず・?きっと}日が昇る。
3から2をたせば、{かならず・?きっと} 5になる。

②「きっと」만 가능한 경우

a. 어떤 근거를 바탕으로 내린 판단의 내용이, 동작이 아니라 상태인 경우는「かならず」가 사용되기 어렵다.

ex) 顔色が悪いから彼は{?かならず・きっと}病気だ。
いつも時計ばかり見ているから彼女は{?かならず・きっと}忙しいのだろう。

b. 문장 내에 부정표현이 사용되고 있는 경우는「かならず」가 사용되기 어렵다.

ex) 彼は{?かならず・きっと}来ない。
毎日寝てばかりいると{?かならず・きっと}合格できないよ。

③「かならず」와「きっと」 둘 다 가능한 경우

a. 어떤 조건에 대해, 어떠한 결과가 확실히 얻어질 것이라 화자가 생각한 경우 사용된다.

ex) この薬を飲めば{かならず・きっと}治る。(이 약을 먹으면 반드시 낫는다.)
机の前に座ると{かならず・きっと}眠くなる。(책상 앞에 앉으면 꼭 잠이 온다.)

→ 단, 이 때 「きっと」 보다 「かならず」를 사용하는 편이 결과에서 얻어지는 확률이 좀 더 높다는 뉘앙스를 풍긴다.

b. 어떤 근거를 바탕으로 내린 판단이나 추정에 대한 화자의 확신을 나타내는 경우 사용한다.

ex) 曇っているから{かならず・きっと}雨になる。(흐려있으니 필시 비가 내릴 거다.)
もう7時だから、彼は{かならず・きっと}帰ってくる。(벌써 7시니까 그는 반드시 돌아올 것이다.)

→「きっと」보다「かならず」를 사용하는 편이 판단에 대한 확신도가 높은 표현을 만든다.

연습문제

1. 다음 해석에 알맞은 표현을 보기에서 골라 넣으시오.

(1) 아마 그는 내일 약속장소에 가지 않을 것이다.
(　　　　　　　　　)彼は待ち合わせの場所に行かないだろう。

(2) 1학기에 비해 그의 성적은 꽤 좋아졌다.
1学期に比べ、彼の成績は(　　　　　　　　　)良くなった。

(3) 모처럼 쇼핑하러 나왔더니 휴업 중이었다.
(　　　　　　　　　)買い物に出かけたのに、休業中だった。

(4) 한국에 오실 때에는 꼭 연락 주십시오.
韓国にいらっしゃる際は、(　　　　　　　　　)ご連絡ください。

(5) 요즘 아이들은 아무리 주의를 주어도 좀처럼 말을 듣지 않아 힘들다.
今時の子供はいくら注意しても(　　　　　　　　　)言うことを聞かないので困る。

(보기)	かなり	たぶん	かならず	ぜひ	とても	けっして
	いきなり	ずっと	なかなか	もちろん	もし	せっかく

2. 다음 문장에서 사용된 「よく」가 부사가 아닌 것을 고르시오.

① よくこの問題が解けたね。　② 週末にはよく映画をみます。
③ 彼は家柄もよく立派な青年です。　④ 足元によく気をつけてください。

3. 다음 문장에서 사용된 「あまり」의 품사가 나머지 셋과 다른 것을 고르시오.

① 数学はあまり得意ではない。　② あまり心配しなくてもいいですよ。
③ 感激のあまり泣き出した。　④ あまり勉強しすぎると病気になるわよ。

4. 다음을 해석하시오.

(1) 次第に雨もやんできた。

⇒ ______

(2) とりあえずビールを二本ください。

⇒ ______

(3) 決して、ああいうことをいってはいけない。

⇒ ______

(4) 彼はいつも黙々と働いている。

⇒ ______

(5) もうだめだとわかっていても、どうしてもあきらめられない。

⇒ ______

5. 다음 문장을 한국어로 옮기시오.

(1) 그는 해외여행을 자주 간다.

⇒ ______

(2) 침착하게 천천히 말씀해주세요.

⇒ ______

(3) 일부러 배웅해 주셔서 감사합니다.

⇒ ______________________________

(4) 좀 더 빨리 왔었더라면 어떻게든 시간에 맞출 수 있었을 텐데….

⇒ ______________________________

(5) 그 책은 꼭 읽고 싶은 책이어서 비쌌지만 샀습니다.

⇒ ______________________________

(6) 만약 다시 한 번 일본에 갈 수 있다면 반드시 후지산에 올라가보고 싶다.

⇒ ______________________________

독 해 문 제 1

きょうは、チョンムリョン先生を大学にお招きして学生たちへ特別講義をしてもらいました。先生の歩んでこられた人生、そして82歳になられた今もはつらつと人生を楽しんでいらっしゃる姿を学生たちに見てもらいたいと思ったのです。

先生は、とても82歳とは思えないよく通る大きな声で、「人間は一生勉強です。」「やれば何でもできます。ただやらないからできないだけです。」などと、人生に対する姿勢や信念までも熱く語ってくださいました。どれもご自身の体験にもとづいた話なので、とても説得力があり、学生たちも先生の話にすっかり引きこまれたようでした。

ながく教職に就かれていたというだけあって、教壇でのお姿もさすがに堂堂としたものでした。授業の始めから終わりまでずっと立ったままでお話をされ、授業の終了時間ぴったりにお話を終えられました。学生たちの4倍ほどの人生を、それも韓国と日本にまたがって、いろいろな体験をしながら歩んでこられた先生の講義は、学生たちにきっと大きなものを与えたことでしょう。

(1) 本文の内容にあっているものには○を、あっていないものには×をつけましょう。

① (　) チョンムリョン先生は会社員をしていた。

② (　) チョンムリョン先生は「がんばってもできないことがある。」と考えている。

③ (　) チョンムリョン先生は授業の終了時間の少し前に授業を終わった。

(2) {　・　}から、適当なほうをえらびましょう。

① このパンはかたくて{まるで ・ たぶん}石をかんでいるようだ。

② 鈴木さんの{すこし ・ とても}右に座っているのは山田さんです。

③ 道が凍っていたので、{そろそろと ・ すっかり}歩いた。

(3) [　　　　] の中から適当なことばをえらび、文を完成しましょう。

① あしたは(　　)大学の合格発表の日だ。

② (　　)無理をしないほうがいいですよ。

③ キムさんは(　　)学校へ来ています。

すでに　いよいよ　なかなか　あまり　ぜひ　もし

독 해 문 제 2

「畳の効果」

韓国の家と言えば 「オンドル(床暖房)」を思い浮かべる人が多いように、日本の家と言えば 「畳」である。オンドルは冬暖かく快適で、気温が氷点下を下回る日でもTシャツと短パンだけで過ごすことができる。一方、畳は吸湿性と弾力性があり、25度を下回らない熱帯夜であっても、意外と快適に過ごすことができる。また、畳の材料である 「い草」の香りは、リラクゼーション効果があると言われており、多くの日本人は畳の香りに癒しを感じるようである。

しかし、長所ばかりが注目されるが、もちろん短所もある。畳の場合、決してそれ自体が暖かくなるわけではないため冬はかなり寒い。ある韓国人は 「まるで冷蔵庫の中で寝ているようだ」と表現するほど寒く、他に暖房器具が無ければ室温は外気温と同じである。一方、初めてオンドルで寝る日本人は床の熱さに寝苦しさを感じる。朝になれば、背中はびっしょり汗をかいている。また、床が固く敷布団が薄いため、朝起きると体が痛くなることもしばしばある。

このような住居の違いは、寒冷な韓国と温暖湿潤の日本の気候によるところが大きいと言える。最近はオンドルと畳が混ざってきている。韓国ではオンドルの上にい草や竹でできたマットをひいたり、日本では畳の下に床暖房を設置したりしている。このような相乗効果によって、快適さを追求しているのである。

(1) 本文の内容と合っているものすべてに○をつけなさい。

( ) 各国の気候に合わせて、住環境が変わってきた。

( )日本は、屋外で寝ているぐらい部屋が寒い。

( ) 畳のい草のにおいは体に良くないので、パブリーズでにおいを消す必要がある。

( ) 韓国の冬は、日本よりも暖かくTシャツと短パンでも大丈夫だ。

( ) 畳とオンドルを一緒に使うと、夏は涼しいが冬は暑くて眠れなくなる。

( ) 畳は直接暖めることができないので、オンドルの設置は不可能だ。

(2)下線を引いた単語に呼応するように動詞を適当な形に変えなさい。

例)私はまったくお酒が(飲む: 飲めない)。

① 彼は時間にうるさいので、決して遅刻を(する:　　　　)。

② たとえレポートが(完成する:　　　　)、必ず持ってきてください。

③ 神様、どうか私を(助ける:　　　　)。

④ 今日は雲が多いな。たぶん午後から雨が(降る:　　　　)。

⑤ 美術の知識が無い人が見るとピカソの絵はまるで子供が(書く:　　　　)。

⑥ 試験はうまくいったと思ったのに、どうして不合格に(なる:　　　　)。

(3) (　　) に適当な副詞を選びなさい。ただし単語は一度しか使えません。

① (　　　　)聞こえません。大きい声で話してください。

② 村上春樹の小説は(　　　　)読みました。

③ (　　　　)勉強していましたから、(　　　　)合格するでしょう。

④ (　　　　)部屋を出る人は、電気を消してください。

⑤ ただ今、混雑しております。(　　　　)お待ちください。

⑥ 1年間日本に留学すると、テレビのニュースが(　　　　)わかります。

⑦ わからないところがあれば、(　　　　)質問してください。

⑧ 甘いものは(　　　　)食べないようにしてください。

しばらく　いつでも　さいごに　はっきり　かなり　できるだけ ほとんど　あんなに　きっと

16 접속사

접속사는 뒤에 이어지는 내용이 앞의 내용과 어떤 의미관계를 가지는 지를 나타내는 품사이다. 의미에 따른 접속사의 종류에는 병렬, 첨가, 선택, 순접, 역접, 설명, 보충, 전환접속사 등이 있다.

16.1 병렬접속사

앞뒤의 단어나 문장을 대등하게 연결시킬 때 사용한다.

① また : 또, 또한

ex) 彼は医者でもあり、また、小説家でもある。

(그는 의사이기도 하고 또한 소설가이기도 하다.)

② および : 및, 또

ex) 田中病院の所在地および連絡先は次の通りです。

(다나카병원의 소재지 및 연락처는 다음과 같습니다.)

③ かつ : 동시에, 한편으로는, 또한, 그 위에

ex) 高級料理店はさておき、どこか、うまそうで、かつ気安く入れそうな所があればと、長さ二キロもある通りを往復した。

(고급요리점은 제쳐두고라도, 어딘가 맛있으면 서도 또한 맘 편히 들어갈 수 있을만한 곳이 있을까 하고 길이 2킬로미터나 되는 길을 왕복했다.)

④ ならびに ：및, 또

ex) 名称ならびにロゴの使用を希望される方は、以下の使用規定をご確認いただき、事務局までお申込み下さい。

(명칭 및 로고의 사용을 희망하시는 분은 아래의 사용규정을 확인하시고 사무국으로 신청바랍니다.)

16.2 첨가접속사

앞 단어 및 문장 뒤에 다른 요소를 첨가할 때 사용한다.

①しかも ：게다가

ex) これ以上簡単な料理はない。しかもうまい。

(이 이상 간단한 요리는 없다. 게다가 맛도 있다.)

② そして ：그리고

ex) 宇宙の創造から生命の神秘まで、科学の対象とする世界は広く深い。そして、そこで見いだされるのは人間の好奇心を満たしてくれる科学の不思議である。

(우주창조부터 생명의 신비까지, 과학의 대상이 되는 세계는 넓고도 깊다. 그리고 거기에서 발견되는 것은 인간의 호기심을 채워줄 과학의 불가사의이다.)

③ それに：게다가, 더욱이

ex) 明日試験なのに頭が痛い。それに吐気もして大変だ。

(내일 시험인데 머리가 아프다. 게다가 구역질도 나서 큰일이다.)

16.3 선택접속사

복수의 것 중에서 어느 한 쪽을 선택하는 경우에 사용.

① あるいは ：혹은, 또는

ex) みんなゆっくりと歩いていたり、あるいはベンチに座っていたりした。

(모두들 천천히 걷고 있거나 혹은 벤치에 앉아있거나 했다.)

偽造500円硬貨は、本物と比べやや白っぽい、あるいはやや黒味がかっている。

(위조된 500엔화(동전)는 진짜와 비교하여 약간 하얗거나 혹은 약간 검은 빛이 돈다.)

② それとも：그렇지 않으면, 혹은, 또는

ex) 和食にしようか、それとも洋食にしようか。

(일식으로 할까, 아니면 양식으로 할까.)

③ または ：혹은

ex) 連絡は電話または電子メールでお願いします。

(연락은 전화 혹은 전자메일로 부탁드립니다.)

16.4 순접접속사

앞 문장이 뒷 문장의 원인이나 이유로서 기능하는 경우에 사용한다.

① だから：그러므로, 그러니까, 그래서

ex) 彼女はいつも嘘ばかり言う。だから信用できないのだ。

(그녀는 언제는 거짓말만 한다. 그러니까 신용할 수 없는 것이다.)

② それで：그래서, 그런 까닭에, 그로 인해서

ex) いきなり雨が降ってきて・・・。それでこの地味な傘を買うしかなかったの。

(갑자기 비가 와서… 그래서 이 촌스러운 우산을 살 수 밖에 없었어.)

③ すると：그러자

ex) ハロゲンヒーターが急に止まったので、叩いてみた。すると、いきなり火を噴いた。

(할로겐히터가 갑자기 멈추어서 두드려보았다. 그러자 갑자기 불이 뿜었다.)

④ したがって：따라서

ex) 本ウェブサイトに掲載されている全ての商標は当社が所有するものです。したがって、当社の事前の許諾がない限り、これらを無断で使用することは禁止されています。

(본 웹사이트에 게재되어있는 모든 상표는 당사가 소유하고 있는 것입니다. 따라서, 당사의 사전승락이 없는 한, 이들을 무단으로 사용하는 것은 금지되어 있습니다.)

16.5 역접접속사

뒷 문장의 내용이 앞문장의 내용과 반대되는 경우에 사용한다.

① けれども ：그러나, 그렇지만, 하지만

ex) 田中さんはいつも私のそばにいてくれた。けれども彼はもうどこにもいない。

(다나카씨는 늘 내 옆에 있어 주었다. 그렇지만 그는 이제 아무데도 없다.)

② しかし ：그러나, 그렇지만

ex) こんどの犯人は、半年も前から計画を練り、詳細な犯行計画書まで持っていたという。しかし、結局は金をとりに現れたところを逮捕された。

(이번 사건의 범인은 반년이나 이전부터 계획을 세워, 상세한 범행계획서 까지 가지고 있었다고 한다. 그러나 결국은 돈을 가지러 나타난 현장에서 붙잡혔다.)

③ それでも ：그런데도, 그래도

ex) ガソリン代は毎日上がりっぱなしだ。それでも車を買う人は後を絶たない。

(기름값은 매일 오르기만 하고 있다. 그런데도 차를 구입하는 사람들은 끊이지 않는다.)

④ ところが ：그런데, 그러나

ex) パーティーは順調に進んでいた。ところが、何時頃だったか、ハプニングが起こってしまった。

(파티는 순조롭게 진행되고 있었다. 그런데 몇 시경이었을까, 해프닝이 일어나고 말았다.)

16.6 설명접속사

앞문장의 내용을 뒤에서 다시 설명하고자 하는 경우에 사용한다.

① すなわち ：즉

ex) 感染症は一般にはウィルスや細菌、すなわち環境要因によるものと考えられがちであるが、実はそうでもない。

(감염증은 일반적으로 바이러스나 세균, 즉 환경 요인에 의한 것이라고 생각되기 쉬우나 실은 그렇지도 않다.)

② つまり ：요컨대, 다시 말하면

ex) それはつまり、このようになるということです。

(그것은 다시 말해 이렇게 된다 라는 뜻입니다.)

③ たとえば ：예를 들면

ex) 甘いものが全て嫌いなわけではないです。たとえば、チョコレートは好きじゃないですが、果物は甘いのが好きです。

(단 음식을 모두 싫어하지는 않습니다. 예를 들면 초콜릿은 좋아하지 않지만 과일은 단 것이 좋습니다.)

④ 要するに ：요컨데

ex) 要するに、今回の失敗は全て僕の責任ということですね。

(요컨대, 이번 실패는 모두 제 책임이라는 뜻이네요.)

16.7 보충접속사

앞 문장의 내용을 뒷 문장을 통해 보충하고자 하는 경우에 사용한다.

① ただし ：단, 다만

ex) 学習の後の45分間の昼寝は、記憶を形成して、容易に思い出すことができるように促します。ただし、よく学んだ場合にだけ、昼寝の恩恵はもたらされるようです。

(학습 후 45분간의 낮잠은 기억을 형성하여 쉽게 생각을 떠오를 수 있도록 도와줍니다. 단, 학습이 충분히 되었을 때에 한해 낮잠의 혜택을 받을 수 있는 것 같습니다.)

② だって ：그래도, 그렇지만, 그도 그럴 것이

ex) 眠くてしょうがない。だって、昨夜、帰りが遅かったんだもの。

(피곤해서 못 견디겠어, 그도 그럴 것이 어제 집에 늦게 들어왔거든.)

③ なぜなら ：왜냐하면

ex) ここで共有される情報は、各出版社がいままで、書籍化したいと思ってきた内容です。なぜなら、売れる本になることが明らかだからです。

(여기에서 공유되는 정보는, 각출판사가 지금까지 출판하고 싶다고 생각해왔던 내용입니다. 왜냐하면 팔릴만한 책이란 것이 확실하기 때문입니다.)

16.8 전환접속사

앞 문장의 내용과 다른 내용을 뒷 문장에서 제시하고자 화제를 바꾸어 문맥을 전환할 경우에 사용한다.

① さて ：그런데

ex) さて、次に取り上げる話題ですが、環境問題に注目してみたいと思います。

(그런데, 다음에 언급할 화제입니다만, 환경문제에 주목해보고자 합니다.)

② それでは ：그럼, 그렇다면

ex) そろそろ時間になりました。それでは発表を始めさせていただきます。

(슬슬 시간이 되었습니다. 그럼 발표를 시작하도록 하겠습니다.)

③ ところで ：그런데

ex) ところで、最近、体の調子はどう? (그런데, 요즘 몸 상태는 좀 어때?)

심화학습

(1)「すなわち」vs「つまり」vs「要するに」

①「すなわち」vs「つまり」

ex) 100センチ{(○)すなわち・(○)つまり}1メートル。(100센티 즉, 1미터.)

私の兄の娘、{(○)すなわち・(○)つまり}私のめいが今度結婚するんです。

(나의 형의 딸 즉, 나의 조카가 이번에 결혼하는 겁니다.)

「すなわち」는 두 개의 사태 및 사상이 단순히 동일한 관계에 있다는 것을 나타낼 뿐이나,「つまり」의 경우는 두 개의 사태 및 사상이 동일한 관계라는 것을 나타냄과 동시에「결론」을 나타내

고자 하는 의식이 있을 때 사용된다.

위 예문은 두 개의 사태가 단순히 동일한 관계에 있다는 것을 바꾸어 말하는 상황이므로 둘 다 자연스럽다. 그러나 다음의 예문에서는 결론을 내고자 하는 의식이 강하게 작용하는 문장이므로 「つまり」가 자연스러우며, 「すなわち」와 바꾸어 쓰면 다소 어색해 진다.

ex) それは{つまり・(?)すなわち}、彼に過失があったとういことなんですね。

(그것은 즉 그에게 과실이 있었다는 것이네요.)

{つまり・(?)すなわち}君は何がいいたいんだね。

(그래서, 너는 무엇을 말하고 싶은 건데.)

②「要するに」vs「つまり」

결론을 나타내는 접속사로서의 용법을 가진다는 면에서 양 접속사는 유사하나, 「要するに」는 앞서 서술한 내용을 요약하려는 의식이 보다 강하게 작용하며, 「つまり」는 앞서 서술한 내용을 결론지으려는 의식이 보다 강하게 작용한다.

ex) お金で幸福は買えない。{つまり・?要するに}、お金は万能ではない。

(돈으로는 행복을 살 수 없다. 즉, 돈이 만능은 아니다.)

→「お金は万能ではない」라는 후건은 내용의 요약이 아니라 결론임을 나타내므로 「つまり」가 보다 자연스럽다.

ex) {?つまり・要するに}、貸した金がもどってくればそれでいいんだ。

(결국, 빌린 돈이 돌아오면 그것으로 되는 거다.)

→ 앞서 서술한 내용을 결론내린다기보다, 중요한 포인트를 끄집어내어 다시 한번 강조함을 나타내므로 「要するに」가 보다 자연스럽다.

(2)「さて」vs「ところで」

①さて

지금까지의 이야기가 일단락되어지고 다음 화제로 넘기려고 하는 경우, 또는 지금까지의 화제 중에서 특정한 무엇인가를 언급하여 그것을 새로운 화젯거리로 제시할 경우에 사용된다. 특히 이야기, 연설, 강연 등 일방적인 이야기 속에서 사용되는 경우가 많다.

②ところで

화제의 전환 새로운 화제의 제시 등에 사용된다는 점에서는「さて」와유사하나, 지금가지의 문장의 흐름등과는 관계없이 전혀 새로운 화제로의 갑작스런 변화 및 이 행이 이뤄질 때 사용된다. 또한「さて」와는 달리, 문장이나 연설 등 일방적인 이야기 뿐 아니라, 대화와 같은 구어체의 어투에서도 화제의 전환으로서 많이 사용 된다.

ex) その件についての話はこのへんで終わります。さて、次は何について話しましょうか。

(그 건에 관한 이야기는 이쯤에서 마치겠습니다. 그건 그렇고 다음은 무엇에 대해 이야기할까요?)

{(?)さて・ところで}、この間の見合いはどうだった?

(그건 그렇고, 저번 선 본건 어땠어?)

연 습 문 제

1. 다음 해석에 알맞은 표현을 보기에서 골라 넣으시오.

(1) 그는 꼭 올 거라고 했다. 그러나 결국 오지 않았다.

彼は必ず来ると言った。(　　　　　　　　)結局来なかった。

(2) 이 건물은 남향이다. 따라서 볕이 아주 잘 든다.

このビルは南向きだ。(　　　　　　　)日当たりがとてもよい。

(3) 그는 머리가 좋다. 게다가 잘 생겼다.

彼は頭がいい。(　　　　　　　　)ハンサムだ。

(4) 지금까지 해 주신 얘기 잘 알겠습니다. 요약하자면 이번 제안에 응해주실 수 없다는 것이지요?

いままでの話、よくわかりました。(　　　　　　　　)今回の提案に応じられないということですね。

(5) 오른쪽에 있는 버튼을 눌러보았다. 그러자 닫혀있던 문이 조금씩 열리기 시작했다.

右側にあるボタンを押してみた。(　　　　　　　　)閉っていたドアが少しずつ開き始めた。

(보기)	および	すると	だから	しかしながら	要するに	すなわち
	そこで	それに	だが	したがって	ただし	なお

2. 다음 중 「それで」가 잘못 쓰인 문장을 고르시오.

① 昨日は雨がひどかった。それで、道が悪い。

② お酒を飲みすぎました。それで、頭が痛いです。

③ 今日は暇だった。それで、遊びに行った。

④ 台風が来るそうですよ。それで、旅行はやめたほうがいいですよ。

3. 다음 중 「それに」가 나머지 셋과 성질이 다른 것을 고르시오.

① 今日は雨も降るし、それに風も強い。

② テーブルの上に紙があるから、それに書きなさい。

③ 家も新しいし、それに庭もかなり広い。

④ 日が暮れてきた。それに雨も降ってきた。

4. 다음 문장을 한국어로 옮기시오.

(1) 支店には私、または田中さんが行くことになるかもしれません。

⇒ ______________________________

(2) 山登りは土曜日にしましょうか。それとも日曜日にしましょうか。

⇒ ______________________________

(3) 来年、中国へ行きます。それで今一生懸命中国語の勉強をしています。

⇒ ______________________________

(4) その件については課長、あるいは部長のどちらかが知っています。

⇒ ______________________________

(5) テニスコートの使用料は一時間千円、ただし、午前中は半額となります。

⇒ ______________________________

5. 다음 문장을 일본어로 옮기시오.

(1) 이 근처는 조용하다. 게다가 공기도 좋다.

⇒ ____________________

(2) 다나카씨는 이모의 아들이다. 즉, 나와 사촌이다.

⇒ ____________________

(3) 이번 일본여행은 비행기로 갈까 아니면 배로 갈까.

⇒ ____________________

(4) 학교에 갈 때에는 도보나 자전거로 갑니다.

⇒ ____________________

(5) 그 일에 대해서는 여러 가지로 조사해 보았습니다만, 그래도 잘 모르겠습니다.

⇒ ____________________

독 해 문 제 1

「討論会」

議長：「本日はわざわざ遠いところお越しくださりありがとうございました。それでは、本日のテーマ『小学生１年生から英語教育は必要か』について討論会を始めたいと思います。まず、初めに東都大学の山中さんお願いします。」

山中：「ええと、まず結論から言いますと、必要です。なぜならば、今の時代、英語は世界の共通語であり、英語ができるかできないかは非常に重要なことだからです。」

議長：「例えば、英語ができないとどんなデメリットがあるのでしょうか。」

山中：「たくさんありますが、ビジネス、就職、進学といった場面で不利でしょうね。」

議長：「なるほど。必要ということはわかりましたので、とりあえず、反対の意見、(A)、必要ではないというご意見を北都大学の北山さんにお願いします。」

北山：「山中先生がおっしゃっていることは、いい学校に入って、いい会社に就職する。そして外国とビジネスするために英語は必要だということですよね。要するに、エリートサラリーマンにとっては必要だということですよ。」

山中：「そんなことは言っていませんよ。」

議長：「すみません、山中さん。とりあえず、北山さんの話を最後まで聞いてみましょう。」

北山：「みんながそんな仕事をするわけではないし、英語を使う必要のない人だって必ずいるでしょう。それなのに、わざわざ勉強する必要性はどこにあるのでしょうか。」

山中：「確かに、みんなが上手になる必要はないかもしれません。しかし、中学に入ってからでは受験英語になってしまい英語に興味を持つ前に嫌いになってしまんです。(B)、小学校のうちに英語に親しむ必要があるんです。」

北山：「でも、せっかく英語が楽しくなったとしても、結局受験戦争で同じ結果になるのではないですか。」

山中：「いいえ。同じではないでしょうね。英語が好きな人は増えるでしょう。しかも、より高いレベルの競争が期待できます。」

議長：「ありがとうございました。(C)、これをご覧になっているみなさんはどう思いますか?では、そこのあなた！」

(1) (A)(B)(C)に入れる組み合わせとして正しいものを一つ選びなさい。

① (A)しかし	(B)そして	(C)だから
② (A)なぜならば	(B)しかし	(C)ところで
③ (A)それで	(B)それでは	(C)わざわざ
④ (A)つまり	(B)だから	(C)ところで
⑤ (A)わざわざ	(B)だけど	(C)ところが

(2)本文の内容に合っていないものはどれですか。

① 山中さんは、小学生の英語教育に反対だ

② 北山さんは、みんなが英語が上手になる必要はないと思っている。

③ 山中さんは、中学校から英語を勉強すると英語が下手になると思っている。

④ 北山さんは、小学校から英語を勉強しても中学校で英語が嫌いになると思っている。

⑤ 山中さんは、英語は海外旅行や外国人の友達を作るときに大切だと言っている。

(3) あなたは、小学１年生からの英語教育についてどう思いますか？

友達とディスカッションしてみましょう。

독 해 문 제 2

「言い訳」

さて、どうしよう。これはかなりまずい状況だ。とりあえず、何かいい言い訳を探さなくては…。まず、今の状況を整理しよう。

「今、私の隣、M14にはカズヤくんがいる。私はM15。そして、彼の左手は私の右手の上に置かれている。そう、私たちは映画を見に来たのだ。カズヤくんと私はポップコーンを食べながら、上映開始前の10分間、好きな映画俳優の話で盛り上がっていた。例えば、『私はイコラス・エイジのような頭の薄い人がタイプなの』、『えぇ、それって僕みたいな人?』といったように、時より冗談を交えながら。カズヤくんはユーモアがあるし、教養もある。それに、人の話を聞くのもうまい。（　A　）、頭がいいのだ、彼は。その上、将来も安泰だ。なぜかって?だって、彼の実家は病院だもの。それでもカズヤくんはとっても謙虚。あぁ、何て

素敵な人。こんな人とはなかなかめぐり会えない。頭がよくて、お金持ちで、その上、謙虚な人。だからもちろん彼のファンは多い。でも、今、私の右手は彼の左手に包まれている。私が一歩リードかな。それとも、もう私のカズヤくん?今、私は彼の手の温もりを感じながら、彼から発せられる一言一言に心を躍らせている。」と映画が終わるまで幸せな時間を満喫するはずだった。

しかし、そんな幸せな時間ももうおしまい。見つけてしまったのだ、彼を…。彼の名はジュン。もう3年も付き合っている私のカ・レ・シだ。よりによって彼は一人。あぁ、わざわざ隣町の映画館まで来たのに、なぜ彼がここに…。

一応、髪をほどき、下を向いてみる。<u>まだ彼には気づかれていない</u>ようだ。カズヤくんとの会話にも声を押し殺しながら小さくあいづちを打つことぐらいしかできなくなってしまった。冗談を言っても、私は頷くだけ。すると、そんな異変に気付いたのか、カズヤくんが言った。「プリンちゃん。どうしたの?体調でも悪いの?」「あぁ、カズヤくん、そんなに大きな声で私の名前を呼ばないで。」と心の中で叫んでも時すでに遅し。K列に座っていた彼が「プリン」という珍しい私の名前に反応して、体を後方に向けた。万事休すか…。もう見つかるのも時間の問題だ。必ず彼は私たちのもとへとやってくるだろう。そして、怒鳴り散らすか、(B)理由を問いただすのだろう。さて、どうしよう。これはかなりまずい状況だ。何かいい言い訳を探さなくては。

(1)(A)(B)に入れるものとして最も適当なものはどれですか。

① A：要するに　　B：そして
② A：ただし　　B：それとも
③ A：つまり　　B：あるいは
④ A：ところで　　B：恐らく
⑤ A：わざわざ　　B：きっと

(2)下線部「まだ彼には気づかれていない」と同じ意味のものはどれですか。

① カズヤくんはまだ私の彼氏が映画館にいるということを知らない。

② カズヤくんは私に彼氏がいるということをまだ知らない。

③ 彼氏は私が映画館にいるということをまだ知らない。

④ 彼氏は私がポップコーン好きだということをまだ知らない。

(3) いずれプリンちゃんはジュンくんに見つかるでしょう。もし、あなたがジュンくんなら、どうしますか。また、もし、あなたがプリンちゃんなら、どんな言い訳をしますか。ペアでジュンくんとプリンちゃんになって、この場面の続きを考え、会話練習してみましょう。